La réassurance

CAHIERS
FINANCIERS

La réassurance

Jean-François Walhin

Ingénieur civil, licencié en sciences actuarielles et docteur en sciences de l'UCL (Louvain-la-Neuve). Il est également titulaire d'un MBA (Vlerick School). Jean-François Walhin est reinsurance manager auprès de Fortis où il participe à l'optimalisation des couvertures de réassurance du groupe Fortis. Il est également chargé de cours invité à l'UCL (Louvain-la-Neuve), et à l'ISFA (Université de Lyon 1).

larcier

La collection Financiële Cahiers Financiers rassemble des monographies de qualité orientées vers la pratique. Les Cahiers traitent de sujets bien délimités dans le domaine des sciences financières. La collection offre à un public de professionnels des ouvrages en français ou en néerlandais.

Sous la direction de Bruno Colmant, professeur à l'École Supérieure des Sciences Fiscales, professeur invité à l'ULg et aux HEC-Liège et à la Luxembourg School of Finance et de Sophie Manigart, professeur à l'Universiteit Gent et au Vlerick Leuven Gent Management School.

Pour toute information sur notre fonds et les nouveautés dans votre domaine de spécialisation, consultez notre site web **www.larcier.com**

Éditions Larcier
Rue des Minimes, 39 • B-1000 Bruxelles

Imprimé en Belgique

Dépôt légal 2007/0031/128 ISBN 978-2-8044-2467-1

Dans la même collection

1 **Les obligations**
Notions financières essentielles
Bruno Colmant, Vincent Delfosse et Louis Esch, 2002, 131 p., € 43

2 **Le système financier islamique**
De la religion à la banque
Imane Karich, 2002, 144 p., € 43

3 **La fiscalité des entreprises**
Aspects économiques de la concurrence fiscale dommageable au sein de l'Union européenne
Emmanuel Rubens, 2002, 218 p., € 54

4 **Les stock options en Belgique**
Considérations financières et fiscales
Bruno Colmant, Jacques Ghysbrecht et Benoît Waltrégny, 2002, 113 p., € 43

5 **Les instruments financiers optionnels**
Pascal Philippart, Bruno Colmant, 2002, 149 p., € 40

6 **Produits dérivés de crédit**
Applications et perspectives
Bruno Colmant, Jacques Ghysbrecht et Bruno Rauïs, 2003, 178 p., € 48

7 **Efficience des marchés : concepts, bulles spéculatives et image comptable**
Bruno Colmant, Roland Gillet, Ariane Szafarz, 2003, 96 p., € 40

8 **Les dividendes, la fiscalité et les comportements opportunistes**
Jérôme Wouters, 2003, 102 p., € 36

9 **La décote boursière des holdings belges : décrypter l'énigme financière**
Bruno Colmant, Alexandre Detournay et Leslie Servaty, 2003, 159 p., € 48

10 **Les nouveaux défis financiers et techniques de la fonction de trésorier**
François Masquelier, 2003, 240 p., € 56

11 **Valeur et risque des brevets pour les biotechnologies**
Considérations financières et fiscales
Georges Hübner, Pierre-Armand Michel et Mélanie Servais, 2003, 92 p., € 36

12 **Les normes comptables IAS 32 et IAS 39 sur les instruments financiers**
Origine, dispositions, applications et exemples
Bruno Colmant, Jean-François Hubin et François Masquelier, 2004, 403 p., € 88

13 **Les stock options en Belgique**
Considérations fiscales, financières et comptables - Édition 2004
Bruno Colmant, Jacques Ghysbrecht, Jacqueline Haverals et Benoît Waltrégny, 2004, 221 p., € 49

14 **Les obligations**
Concepts financiers et comptables essentiels - Édition 2004
Bruno Colmant, Vincent Delfosse et Louis Esch, 2004, 221 p., € 43

15 **Le financement des ventes par le compte-clients**
Bernard Rosen, 2004, 91 p., € 39

16 **Les obligations convertibles**
Bruno Colmant et Vincent Delfosse, 2005, 224 p., € 55

17 **Le risque opérationnel**
Implications de l'Accord de Bâle pour le secteur financier
Ariane Chapelle, Georges Hübner et Jean-Philippe Peters, 2005, 224 p., € 55

18 **Financial buy-outs**
Value drivers, deal structuring, financial instruments and funds. Analysis from investor and management standpoints in Belgian practice
Hugues Lamon, 2005, 214 p., € 55

19 **Les obligations souveraines**
Situation du marché, évaluation du risque-pays, et gestion des défauts
Kim Oosterlinck et Ariane Szafarz, 2005, 105 p., € 41

20 **Les accords de Bâle II pour le secteur bancaire**
Bruno Colmant, Vincent Delfosse, Jean-Philippe Peters et Bruno Rauïs, 2005, 267 p., € 58

21 **Application des normes comptables IAS 32 et IAS 39 en 2005**
Bruno COLMANT, Jean-François HUBIN et François MASQUELIER, 2005, 267 p., € 58

22 **La bancassurance en mouvement**
Bernard DE GRYSE, 2005, 104 p., € 39

23 **La finance comportementale**
Amos SUSSKIND, 2005, 116 p., € 41

24 **Les carrousels à la TVA**
Étude économique et juridique
Claire KAECKENBEECK, 2005, 118 p., € 46

25 **Les stock options**
Analyse en droit fiscal, social et comptable belge
Bruno COLMANT, Nadine BEAUFILS, Françoise PLATTEBORSE et Gauthier RAZÉE, 2006, 205 p., € 49

26 **Les intérêts notionnels**
Aspects juridiques, fiscaux et financiers de la déduction pour capital à risque
Bruno COLMANT, Pascal MINNE, Thierry VANWELKENHUYZEN, 2006, 112 p., € 30

Reeds verschenen in deze reeks

1 **De techniek van het effectiseren en toepassing op de Belgische markt**
Caroline JANSSENS, 2003, 192 p., € 46

2 **De Belgische Commercial Paper-Markt**
Hubert OOGHE en Veerle VOET, 2003, 112 p., € 36

3 **Financing entrepreneurial companies**
How to raise private equity as a high-growth company
Sophie MANIGART en Miguel MEULEMAN, 2004, 140 p., € 40

4 **The Real Options**
Approach to Strategic Capital Budgeting and Company Valuation
Wouter DE MAESENEIRE, 2006, 190 p., € 40

Table des matières

Préface

1. Parmi tous les procédés qui permettent de transférer un risque en contrepartie du versement d'une prime ou d'une cotisation, la réassurance est assurément un de ceux qui est le moins connu du grand public. Cette méconnaissance s'explique aisément lorsqu'on sait que le réassureur n'entretient, en règle, aucun contact direct ni avec l'assuré, ni avec les personnes lésées. Ceux-ci ignorent donc tout de la part parfois considérable prise par le ou les réassureurs dans un sinistre.

Sans doute certains initiés savent-ils que la réassurance est une assurance au second degré permettant d'éviter que des sinistres cumulatifs ou de grande ampleur ne viennent peser trop lourdement sur les résultats de l'assureur, mais on n'en dit guère plus car la réassurance est avant tout une affaire de spécialistes.

2. Pourtant, cette activité tend aujourd'hui à sortir de l'ombre. Il est de plus en plus fréquent en effet que les assureurs directs invoquent la pression exercée par les réassureurs afin de justifier une augmentation de la prime, une modification des conditions de garantie ou encore la réforme d'une législation jugée par trop défavorable aux assureurs. Les exemples récents sont nombreux en Belgique, que l'on songe à la suppression de la garantie illimitée en assurance RC automobile, à l'exclusion du risque du terrorisme, à l'utilisation des clauses dites «claims made» dans les contrats d'assurance de la responsabilité civile ou à l'instauration d'une obligation d'assurance pour la couverture de la responsabilité des architectes. Autant d'occasions où les difficultés de trouver des acceptations en réassurance ont été brandies, à tort ou à raison, par les compagnies d'assurance pour justifier leurs prétentions. Tout ceci démontre à quel point la réassurance est devenue vitale pour le bon fonctionnement de l'assurance.

Par ailleurs, la réassurance apparaît désormais en première ligne pour affronter les grands changements qui traversent la société et les nouveaux risques qu'elle engendre: développement des biotechnologies, dérive des responsabilités et des indemnisations, terrorisme, dépendance ... Comme la société, les risques changent de nature.

Dans un tel contexte, la réassurance ne peut que rappeler sa mission première qui est de participer à la couverture des risques de pointe en les mutualisant à l'échelle de la planète. L'ouvrage signé par Jean-François Walhin arrive donc à point nommé afin de sortir cette activité économique de l'obscurité dans laquelle elle est restée trop longtemps plongée. Est-il besoin de souligner l'indigence de la littérature francophone à ce sujet?

L'ouvrage qui est présenté au lecteur n'est pas un livre pour initiés. Il introduit de manière concise et précise, sur un ton pédagogique, au cœur même du fonctionnement du mécanisme de la réassurance (formation du prix, détermination et justification de la commission de réassurance, calcul de la part qui revient à l'assureur et au réassureur, comptabilisation des primes et des sinistres, clauses usuelles dans les traités...).

Qu'on ne s'y trompe pas. Il ne s'agit pas pour autant d'un ouvrage de vulgarisation. Tous les développements sont nourris par une longue expérience acquise sur le terrain dans une compagnie de réassurance belge, et accompagnés de nombreux tableaux et graphiques qui permettent au lecteur de comprendre aisément les principes théoriques.

Les chapitres les plus consistants concernent bien entendu la description des principaux traités, proportionnels et non proportionnels, de réassurance. A cet égard, l'auteur met remarquablement en lumière les différences fondamentales qui existent entre les premiers et les seconds. Alors que la réassurance non proportionnelle constitue une véritable opération d'assurance fondée sur l'analyse et le transfert d'un risque, la réassurance proportionnelle relève davantage d'une opération d'investissement. Le réassureur qui conclut un tel traité participe en effet réellement à l'entreprise d'assurance puisqu'il partage à la fois les primes et les sinistres selon une proportion prédéfinie.

L'exposé fourmille en outre de considérations qui témoignent d'une excellente connaissance du marché. On apprend notamment que les traités en excédent de perte annuelle dits *«stop loss»*, constituent certes la couverture idéale pour l'assureur cédant mais que les réassureurs sont peu enclins à la proposer en raison de l'aléa moral particulièrement présent dans ce type de traités.

3. Considérée comme une activité internationale par nature, la réassurance a longtemps bénéficié d'un encadrement juridique souple, à tout le moins en Europe. Le contrat qui se noue entre l'assureur et le réassureur, appelé «traité», fait rarement l'objet d'une réglementation impérative. La matière est régie principalement par des principes généraux, des usages ou des règles de bonne conduite soulignant l'importance d'une collaboration loyale entre les parties. Ceux-ci sont opportunément rappelés dans l'ouvrage. Le même constat

peut être dressé du côté du droit administratif. Jusqu'à l'adoption de la récente directive européenne du 16 novembre 2005, aucun contrôle n'était exercé par les autorités publiques sur les activités de réassurance. Celui-ci était *de facto* pris en charge par les agences privées de notation ou exercé indirectement auprès de l'assureur direct par le biais des valeurs déposées par le réassureur en représentation des engagements bruts de réassurance pris par l'assureur.

A cet égard, l'auteur note à juste titre le caractère opaque et parfois ambigu des analyses financières effectuées par les agences de notations rémunérées par les réassureurs eux-mêmes, de même que le caractère partiel et insatisfaisant des obligations collatérales de dépôt.

Dès que la directive européenne sera transposée dans le droit des Etats membres, un contrôle intégré et harmonisé sera exercé sur toutes les compagnies de réassurance disposant d'un établissement dans l'Union européenne. Cette directive repose sur les mêmes bases que celles relatives à l'assurance directe : harmonisation minimale des règles de solvabilité, reconnaissance mutuelle des contrôles exercés par les autorités nationales des autres Etats membres et licence unique. Elle supprime progressivement les règles de sécurité collatérales, mais ouvre aux réassureurs la possibilité d'utiliser des véhicules de financement modernes, tel que la titrisation. La règlementation européenne remet donc, elle aussi, la réassurance à l'ordre du jour.

Il convient de noter au passage que ces nouvelles règles de solvabilité ne devraient guère embarrasser les réassureurs car les exigences européennes sont bien moindres que celles requises par les agences de notation. Il n'empêche que l'organisation d'un contrôle européen permettra aux réassureurs de consolider leur position face à la concurrence et de gagner en crédibilité. On se souvient des faillites retentissantes de certaines compagnies de réassurance installées en Europe et notamment en Belgique. Tout ceci dans l'attente de l'exercice «Solvency II» qui devrait augmenter sensiblement les exigences en capitaux propres. Comme l'indique Jean-François Walhin dans le dernier chapitre de son ouvrage, ces nouvelles normes prudentielles et comptables constituent un défi majeur, dans une activité aussi volatile que la réassurance.

Les observateurs et analystes financiers savent que le marché oligopolistique de la réassurance se concentre autour d'un nombre de plus en plus réduit d'entreprises. Il est traversé actuellement par des tendances contradictoires: la recherche de prix compétitifs de la part des clients se heurte à la recherche de rendements de plus en plus élevés dans le chef des actionnaires et des investisseurs. Sans compter la concurrence réelle des marchés financiers...

Dans un environnement aussi chahuté, le rôle de la réassurance est appelé à évoluer et ne peut que gagner en importance. L'ouvrage de Jean-François Walhin permet d'en donner l'exacte mesure. Grâce à ce travail, cette technique compliquée est mise à la portée de tous sans tomber dans le travers de la vulgarisation ou du raccourci.

Bernard DUBUISSON
Professeur à l'UCL
Président de la Commission des assurances

1. Introduction

La réassurance est inconnue du grand public. Qui imagine que sa police d'assurance responsabilité civile auto, sa police d'assurance contre l'incendie ou sa police d'assurance-vie est réassurée? Qui imagine que son assureur s'assure lui aussi auprès d'un autre assureur, appelé réassureur?

La réassurance est une activité très particulière; même au sein des compagnies d'assurance, la relation avec le ou les réassureurs n'est maîtrisée que par quelques collaborateurs: le directeur général et les employés du département réassurance.

Les réassureurs sont généralement inconnus de l'assuré car ce dernier n'est, à aucun moment, amené à entrer en relation avec eux. L'assureur est toujours responsable envers le client et dédommagera celui-ci en cas de sinistre. Ensuite, si un contrat de réassurance le lui permet, l'assureur fera appel à la couverture qu'il a souscrite pour réclamer au réassureur la portion contractuellement convenue du dédommagement versé au client final. En général, le client final (l'assuré) ne sait même pas qu'un réassureur a partiellement pris en charge son indemnisation.

Cette situation a quelque peu évolué ces dernières années. Les tempêtes qui ont touché l'Europe, en particulier la France en décembre 1999, puis les attaques terroristes du 11 septembre 2001 aux Etats-Unis, et enfin les ouragans qui ont frappé les Etats-Unis en 2004 et 2005 (en particulier l'ouragan Katrina qui a dévasté la Nouvelle-Orléans) ont mis en évidence l'intervention des réassureurs. Les sinistres étaient d'une importance telle que la presse généraliste s'est intéressée à ces assureurs en second rang, qui ont pris en charge une partie importante de la sinistralité. La presse s'est également penchée sur ces acteurs dès lors que certains d'entre eux ont disparu à la suite de ces événements, ou ont publié pour la première fois de leur histoire des résultats négatifs! Notons que les assureurs font parfois référence aux augmentations des primes de réassurance pour justifier l'augmentation de leurs propres tarifs.

La réassurance est une branche souvent très technique, ce qui se traduit par le fait que les réassureurs emploient de nombreux actuaires, lesquels utilisent une multitude de modèles actuariels tous plus élaborés les uns que les autres. Cet ouvrage n'a toutefois pas vocation à décrire ces modèles compliqués. L'objectif est d'offrir au lecteur un texte raisonnablement dépouillé de formules mathématiques en vue de présenter ce métier particulier qu'est la réassurance. Nous n'aborderons pas ici les techniques de cotation des contrats de réassurance.

Le chapitre 12 sur la réassurance optimale sera l'exception qui confirme la règle. La recherche d'une structure de réassurance optimale du point de vue de l'assureur est un sujet passionnant mais qui nécessite l'utilisation de modèles actuariels sophistiqués. Ceux-ci seront évoqués au chapitre 12. Le lecteur qui ne serait pas intéressé par ces formules pourra néanmoins aisément parcourir ce chapitre un peu plus technique sans prêter attention aux formules.

Il convient de bien faire la distinction entre la coassurance et la réassurance. Carton de Tournai & Van Der Meersch (1970) définissent la coassurance comme suit: la coassurance consiste dans la division des risques entre divers assureurs qui s'engagent chacun pour une fraction déterminée; la police mentionne expressément chaque quote-part; la gestion du contrat et des sinistres est confiée à une compagnie désignée comme apéritrice. Ajoutons que la loi (belge) du 25 juin 1992 sur le contrat d'assurance terrestre prescrit dans son article 27 que «sauf convention contraire, la coassurance n'implique pas la solidarité».

D'après Ramel (1980), la réassurance est l'opération par laquelle une personne, généralement personne morale, s'engage à apporter son concours financier, dans des conditions strictement liées à l'évolution d'un certain risque préalablement défini, à une autre personne qui a accepté de garantir ce risque envers une troisième personne appelée l'assuré.

Picard (1912) définit la réassurance comme une opération d'assurance, greffée sur le contrat d'assurance primitif et étrangère à l'assuré, par laquelle l'assureur atténue dans la mesure nécessaire les inconvénients résultant des écarts statistiques. Nous voyons apparaître dans cette définition quelques éléments typiques de la réassurance:

- c'est une assurance au second degré,
- le réassureur suit le sort de l'assureur,
- l'assuré ignore tout de l'opération dont il n'est pas partie,
- la réassurance permet de stabiliser le résultat de l'assureur.

L'activité d'assurance est basée sur la loi des grands nombres qui nous assure que la moyenne empirique de la charge de sinistre d'un portefeuille de risques indépendants et identiquement distribués tend vers le sinistre moyen d'une police lorsque le nombre de polices tend vers l'infini. La loi des grands nombres peut ne pas fonctionner correctement lorsque le portefeuille contient des risques hétérogènes, et donc non identiquement distribués. De plus, la taille du portefeuille peut être insuffisante pour l'application de la loi des grands nombres, ce qui peut nécessiter une compensation des risques dans le temps. Enfin, certains risques sont des risques d'accumulation pour lesquels la loi des grands nombres s'appliquera difficilement. L'assureur doit dès lors réaliser des compensations dans l'espace, dans le temps, et limiter ses souscriptions de manière à conserver un portefeuille homogène. Il n'est pas toujours aisé d'obtenir ces compensations, ou de limiter sa souscription. Nous verrons dans cet ouvrage que la réassurance offre une solution attrayante à ces problèmes.

La réassurance permet aux compagnies d'assurance et, partant, aux sociétés en général ainsi qu'aux particuliers, d'entreprendre des activités risquées, ce qui a pour conséquence une plus grande compétition sur le marché économique tout en aidant les acteurs de ce marché à faire preuve d'innovation. En effet, un des buts de la réassurance est de partager le coût de sinistres potentiels subis par les compagnies d'assurance. A cet égard, la réassurance permet d'éclater les gros montants de sinistre en les mettant à charge de très nombreux réassureurs, en utilisant la capacité disponible au niveau mondial. En fait, lorsqu'un assuré est responsable d'un sinistre en RC automobile occasionnant des débours pour un montant de 10.000.000 EUR, ce montant est par exemple pris en charge par des réassureurs en Europe, au Japon et aux Etats-Unis.

La directive réassurance de l'Union européenne (Directive 2005/68/CE du 16 novembre 2005) définit la réassurance comme suit: «La réassurance constitue une activité financière essentielle, puisqu'elle permet aux assureurs directs, en facilitant une répartition plus large des risques au niveau mondial, d'augmenter leur capacité de souscription et de couverture, et de réduire leur coût en capital. En outre, elle joue un rôle fondamental en matière de stabilité financière, puisque, en tant qu'intermédiaires financiers et investisseurs institutionnels majeurs, les réassureurs contribuent, de façon décisive, à la solidité financière et à la stabilité des marchés de l'assurance directe et du système financier en général». Nous analyserons les éléments de cette définition dans la suite de cet ouvrage.

Notons immédiatement que la réassurance n'a pas pour objet de:

- changer la nature inhérente du risque à assurer,
- rendre une exposition au risque plus souhaitable, ou plus prévisible.

Cet ouvrage est organisé comme suit. Le chapitre 2 décrit le marché de la réassurance. Nous y présentons les plus grands groupes de réassurance et positionnons la réassurance par rapport au monde de l'assurance. Le chapitre 3 introduit les diverses formes de réassurance sous différents angles. La réassurance proportionnelle est décrite en détail au chapitre 4 tandis que le chapitre 5 est consacré à la réassurance non proportionnelle. Le chapitre 6 est consacré aux spécificités de la réassurance vie. Au chapitre 7, nous analysons les raisons pour lesquelles les assureurs peuvent être amenés à acheter de la réassurance. Le chapitre 8 discute la principale raison d'être de la réassurance, à savoir le fait qu'elle est une alternative à la détention de capital économique pour les assureurs. Le chapitre 9 est consacré à la problématique du risque de contrepartie supporté par les assureurs qui se réassurent. Le fonctionnement d'une compagnie de réassurance est décrit au chapitre 10. Un bref historique de la réassurance est proposé au chapitre 11. Ce chapitre arrive assez tard car il nécessite la compréhension de quelques concepts qui ont été présentés dans les chapitres qui précèdent. Le chapitre 12 est le seul chapitre réellement technique de cet ouvrage. Nous y réalisons quelques analyses de réassurance optimale. Au chapitre 13, nous passons en revue quelques clauses qui assortissent généralement les traités de réassurance. La conclusion de ce livre est donnée sous la forme de l'évolution possible du marché de la réassurance au chapitre 14. Le lecteur pourra aisément passer d'un chapitre à l'autre, en fonction de ses intérêts. Enfin, les annexes reprennent quelques exemples de textes contractuels.

Il existe assez peu d'ouvrages traitant de la réassurance. Souvent, il s'agit de recueils de chapitres écrits par des auteurs différents (voyez par exemple Strain (1996), Strain (1997) et Blondeau & Partrat (2003)), ce qui ne facilite pas toujours la cohérence du texte. D'autres ouvrages s'adressent plus spécifiquement à des souscripteurs de réassurance et sont à cet égard soit trop détaillés, soit trop techniques par rapport à l'objectif poursuivi par le présent ouvrage (voyez par exemple Brown & Reed (1981), Carter *et al.* (2000), Kiln (1981)). La référence majeure est Gerathewohl (1980) et Gerathewohl (1982). Très peu d'ouvrages traitent de la cotation pratique des affaires de réassurance. Ramel (1980) en est cependant un bon exemple. Mack (1997) propose un traitement actuariel plus récent. Nous n'entrerons pas dans ce type de détails dans le présent ouvrage, qui se veut ouvert au plus grand public et dont l'objectif est de présenter les mécanismes de la réassurance et son impact sur le marché de l'assurance. Hagopian (1981) et Grossmann (1983) proposent également une introduction à la réassurance.

2. Le marché de la réassurance

La Table 2-1 indique qu'en 2001 environ 6% de la prime d'assurance mondiale était réassurée. De même 18% de la prime de réassurance souscrite par les dix-huit plus gros réassureurs était rétrocédée (la rétrocession est la réassurance des réassureurs).

	Assurance-vie	Assurance non-vie	Total
Assureurs			
Primes d'assurance	1.439,2	969,1	2.408,3
Primes cédées	24,4	129,5	153,9(6%)
Cession aux 18 plus grands réassureurs			
Primes de réassurance	14,9	79,1	94,0
Primes rétrocédées (à l'exclusion de la titrisation)	3,1	16,4	19,5(18%)

Table 2-1. Cessions en réassurance (chiffres pour 2001 en USD Mia) (source: Swiss Re Sigma 2003/5)

La Table 2-2 donne le partage de la prime de réassurance non-vie entre les différentes régions du monde. Nous y observons que l'Amérique du Nord et l'Europe pèsent très lourd dans ce classement. Il ne fait toutefois aucun doute que l'Asie sera le marché de réassurance de ce début de XXIe siècle.

	1990	1995	2000	2001	2002	2003
Amérique du Nord	25,48	35,73	48,64	58,14	66,37	71,90
Amérique du Sud	1,18	3,09	3,61	4,39	4,55	4,67
Europe de l'Ouest	26,99	37,32	30,64	32,61	39,93	48,95
Asie	6,03	12,56	9,91	10,88	12,49	13,82
Reste	1,59	4,50	4,73	4,63	5,10	6,70
Total	61,27	93,20	97,52	110,65	128,44	146,04

Table 2-2. Prime de réassurance non-vie en Mia USD (source: Swiss Re Economic research & Consulting)

La Table 2-3 donne un classement similaire relatif aux primes de réassurance vie. Nous y observons un poids plus important de l'Amérique du Nord par rapport à l'Europe, en comparaison avec les primes de réassurance non-vie.

	1990	1995	2000	2001	2002	2003
Amérique du Nord	4,31	6,00	13,47	15,40	17,82	19,57
Amérique du Sud	0,12	0,41	0,95	0,88	0,41	0,40
Europe de l'Ouest	2,64	4,06	4,56	4,85	5,55	7,50
Asie	0,25	0,59	0,72	0,72	0,81	0,91
Reste	0,48	0,60	0,72	0,75	0,81	1,11
Monde	7,79	11,66	20,42	22,60	25,40	29,50

Table 2-3. Prime de réassurance vie en Mia USD (source: Swiss Re Economic research & Consulting)

La fin du XXe siècle a été caractérisée par un mouvement de globalisation sur le marché de la réassurance comme en témoigne l'évolution du top 25 des réassureurs entre 2000 (Table 2-5) et 2005 (Table 2-6). Notons qu'en prenant en compte l'acquisition en 2006 de GE Insurance Solutions par Swiss Re, et de Revios par Scor, le top 10 en 2005 serait le suivant:

1	Swiss Re	Suisse	33.953
2	Munich Re	Allemagne	25.780
3	Berkshire Hathaway Re	U.S.A.	10.580
4	Hannover Re	Allemagne	10.125
5	Lloyd's	Grande-Bretagne	7.653
6	Allianz Re	Allemagne	5.586
7	Scor	France	4.681
8	Everest Re	Bermudes	4.531
9	XL Re	Bermudes	4.149
10	PartnerRe	Bermudes	3.852

Table 2-4. Top 10 en 2005 avec les acquisitions de 2006 en primes émises (en Mia USD)

1	Munich Reinsurance Group	Allemagne	13.566
2	Swiss Reinsurance Group	Suisse	12.838
3	Berkshire Hathaway Re	U.S.A.	9.452
4	Employers Reinsurance Group (GE)	U.S.A.	6.921
5	Gerling Global Reinsurance Group	Allemagne	3.937
6	Lloyd's	Grande-Bretagne	3.799
7	Assicurazioni Generali Group	Italie	3.533
8	Allianz Reinsurance Group AG	Allemagne	3.299
9	SCOR Reinsurance Group	France	2.720
10	Hannover Rückversicherung Group	Allemagne	2.564
11	Zurich Reinsurance Group	Suisse	1.878
12	Transatlantic Holdings	U.S.A.	1.498
13	AXA Reinsurance Group	France	1.141
14	PartnerRe Ltd.	Bermudes	1.326
15	CNA Reinsurance Group	U.S.A.	1.275
16	Everest Reinsurance Group	Bermudes	1.095
17	St. Paul Reinsurance Group	U.S.A.	1.056
18	XL Capital Reinsurance Group	Bermudes	970
19	Toa Reinsurance Co. Ltd.	Japon	965
20	Korean Reinsurance Co.	Corée du Sud	837
21	Tokyo Marine & Fire Insurance Group	Japon	831
22	Overseas Partners Ltd.	Bermudes	819
23	Caisse Centrale de Réassurance	France	793
24	Hartford Reinsurance Co.	U.S.A.	702
25	QBE Insurance Group	U.S.A.	587

Table 2-5. Classement 2000 des réassureurs en primes émises (en Mia USD) (source Standard & Poor's (2001))

1	Munich Re	Allemagne	28.889
2	Swiss Re	Suisse	25.780
3	Berkshire Hathaway Re	U.S.A.	10.580
4	Hannover Re	Allemagne	10.125
5	GE Insurance Solutions	U.S.A.	8.173
6	Lloyd's	Grande-Bretagne	7.653
7	Allianz Re	Allemagne	5.586
8	Everest Re	Bermudes	4.531
9	XL Re	Bermudes	4.149
10	PartnerRe	Bermudes	3.852
11	Transatlantic Holdings Inc.	U.S.A.	3.749
12	Converium	Suisse	3.553
13	Tokio Marine & Nichido Fire Insurance Co. Ltd.	Japon	3.455
14	Reinsurance Group of America Inc.	U.S.A.	3.342
15	SCOR	France	3.296
16	Odyssey Re	U.S.A.	2.362
17	Sompo Japan Insurance Inc.	Japon	2.052
18	Mitsui Sumitomo Insurance Co. Ltd.	Japon	1.956
19	Caisse Centrale de Réassurance	France	1.718
20	Korean Re	Corée du Sud	1.678
21	Platinum Underwriters Holdings Ltd.	Bermudes	1.646
22	ACE Tempest Re	Bermudes	1.524
23	Revios Re	Allemagne	1.384
24	Aioi Insurance Co. Ltd.	Japon	1.370
25	RenaissanceRe Holdings Ltd.	Bermudes	1.349

Table 2-6. Classement 2005 des réassureurs en primes émises (en Mia USD) (source Standard & Poor's (2006))

3. Les formes traditionnelles de réassurance

3.1. Critère juridique

On distingue quatre formes de réassurance selon le caractère obligatoire ou facultatif de la cession ou de l'acceptation. Sous forme de tableau, nous avons

Cession (assureur) \ Acceptation (réassureur)	Facultative	Obligatoire
Facultative	Facultative	FACOB
Obligatoire	OB-FAC	Traité

Table 3-1. Critère juridique

Dans la relation entre assureur et réassureur, l'assureur est habituellement appelé cédant ou cédante.

La réassurance facultative (souvent appelée «fac» par les réassureurs) est une réassurance par police pour laquelle la cédante est libre de proposer le risque au réassureur tandis que ce dernier se réserve la faculté de l'accepter ou de le refuser. La technique de la réassurance facultative est très proche de la coassurance. Elle peut s'appliquer en théorie à tous les types de branches d'assurance. En pratique, elle ne se rencontre que dans l'assurance des risques les plus lourds.

La réassurance facultative peut être proportionnelle ou non proportionnelle (ce critère est discuté à la section 3.2). Notons que la réassurance facultative ne s'assortit en général pas de contrats de réassurance. La cédante soumet la police originale au réassureur et l'accord de ce dernier vaut contrat. Une note de couverture précisera toutefois les éléments tels que le courtage de réassurance et la commission de réassurance (cette notion est discutée à la section 4.2) versée par le réassureur en vue de participer aux frais engendrés par les tâches administratives de l'assureur. Si la couverture est de type non proportionnelle, la note de couverture mentionnera la prime de réassurance, établie par le réassureur.

La réassurance facultative est le seul moyen pour les cédantes de couvrir des risques exceptionnellement grands. Pour le réassureur, c'est l'occasion d'analyser des risques qu'il n'accepte habituellement pas automatiquement et ce, grâce à l'étude technique potentiellement détaillée qui accompagne l'analyse de l'affaire.

La réassurance facultative s'applique risque par risque et requiert donc une administration lourde à gérer, tant au niveau de la négociation que de la comptabilité. En effet chaque affaire doit être soumise au réassureur en vue d'obtenir son approbation. Remarquons toutefois qu'avec les moyens de communication modernes, l'administration liée à cette cession facultative est moins lourde qu'auparavant. Il est néanmoins plus simple de convenir d'une cession automatique. C'est l'objet de la réassurance par traité.

Habituellement, la réassurance facultative sera achetée par une cédante lorsque le risque à assurer dépasse la capacité mise à disposition par la réassurance en traité ou lorsque le risque à assurer ne tombe pas dans la catégorie des risques automatiquement couverts au traité.

La réassurance obligatoire, ou encore réassurance par traité, couvre automatiquement tous les risques d'un portefeuille déterminé. La cédante s'oblige à verser au traité tous les risques répondant à la définition du portefeuille. Le réassureur quant à lui s'oblige à les accepter. La gestion administrative est évidemment bien plus simple que pour des affaires facultatives.

On peut enfin rencontrer des versions hybrides appelées réassurances semi-obligatoires. Deux cas peuvent théoriquement exister: le FACOB qui est une réassurance de type facultative dans le chef de l'assureur et obligatoire dans le chef du réassureur et le OB-FAC qui est obligatoire dans le chef de l'assureur et facultative dans le chef du réassureur. Ce dernier type de réassurance n'existe pas en pratique, au contraire du FACOB, qui porte parfois le nom de *open cover*.

Le terme FACOB est également utilisé pour désigner des excédents de plein (voir section 3.2) de niveau très élevé, particulièrement déséquilibrés, même s'il s'agit de traités obligatoires.

Notons que le FACOB met en exergue l'asymétrie d'information existant entre assureur et réassureur dès lors que l'assureur peut réaliser une sélection des risques qu'il réassure, alors que le réassureur s'oblige à les accepter.

3.2. Critère technique

On distingue deux formes de réassurance au niveau du critère technique: la réassurance proportionnelle et la réassurance non proportionnelle.

3.2.1. Réassurance proportionnelle

En réassurance proportionnelle, un taux de cession (compris entre 0% et 100% et habituellement noté τ) est défini pour chacun des risques en portefeuille. Le réassureur reçoit une portion de la prime originale correspondant au taux de cession et il paie la même portion des sinistres éventuels qui touchent la police d'assurance.

Le taux de cession peut être défini de plusieurs manières:

– soit il est contractuellement le même pour tous les risques en portefeuille: on parle alors de réassurance en quote-part, ou encore de réassurance en participation (*quota share* en anglais). La Table 3-2 précise le mode de fonctionnement d'une quote-part dont le taux de cession est 40%.

Police	Prime	Sinistre	Prime cédée	Sinistre à charge du réassureur
1	1.000	200.000	400	80.000
2	2.000	10.000	800	4.000
3	3.000	0	1.200	0

Table 3-2. Fonctionnement d'une quote-part avec taux de cession 40%

– soit il peut varier en fonction de la somme assurée des risques en portefeuille et de la rétention maximale que la cédante souhaite conserver. Cette rétention est appelée le plein. On parle alors de réassurance en excédent de plein, ou encore de réassurance en surplus par référence à la terminologie anglaise (*surplus reinsurance* ou *surplus share reinsurance*). La terminologie «excédent de sommes» est rarement utilisée. Dans un excédent de plein, seuls les risques présentant une somme assurée supérieure au plein sont cédés au réassureur selon un taux de cession choisi de manière telle que le sinistre maximal n'entraîne pas une perte supérieure au plein pour la cédante. La Table 3-3 précise le mode de détermination du taux de cession d'un excédent de plein dont le plein vaut 1.500.000.

Police	Capital assuré	Capital cédé	Taux de cession
1	1.000.000		0%
2	2.000.000	500.000	25%
3	3.000.000	1.500.000	50%

Table 3-3. Détermination du taux de cession d'un excédent de plein dont le plein vaut 1.500.000

Nous constatons que la police 1, dont la somme assurée vaut 1.000.000, n'est pas réassurée, ce qui est logique puisqu'un sinistre total relatif à cette police coûterait moins que le plein. La police 2 quant à elle est réassurée puisqu'un sinistre total coûterait 2.000.000, soit un montant plus élevé que le plein. Il y a donc nécessité de réassurer si l'objectif est de limiter la rétention de la cédante à 1.500.000 par sinistre. Le taux de cession est choisi de manière telle qu'en cas de sinistre total, la cédante aura à sa charge un montant égal au plein. Pour cet exemple, le taux de cession vaut 25%. En cas de sinistre total, soit 2.000.000, le réassureur prend à sa charge 25% de 2.000.000, soit 500.000. Il reste donc 1.500.000 en rétention. En fait la formule à appliquer pour trouver le taux de cession est

$$\tau = \max\left(0,1 - \frac{R}{SI}\right)$$

où R est le plein et SI la somme assurée (*sum insured* en anglais). La Table 3-4 décrit le partage de la prime et des sinistres pour les trois polices de la Table 3-3.

Police	Prime	Sinistre	Prime cédée	Sinistre à charge du réassureur
1	1.000	200.000	0	0
2	2.000	2.000.000	500	500.000
3	3.000	10.000	1.500	5.000

Table 3-4. Fonctionnement de l'excédent de plein décrit à la Table 3-3

Les deux formes de réassurance proportionnelle, la quote-part et l'excédent de plein, connaissent chacune une variante:

- la quote-part variable: il s'agit d'une quote-part pour laquelle le taux de cession peut varier en fonction de classes de risques définies par la cédante.
- l'excédent de plein avec tableau de pleins: il s'agit d'un excédent de plein pour lequel le plein peut varier en fonction de classes de risques définies par la cédante.

Nous reviendrons plus en détail sur ces formes particulières de réassurance proportionnelle, et de manière plus générale sur le fonctionnement de la réassurance proportionnelle au chapitre 4.

3.2.2. *Réassurance non proportionnelle*

En réassurance non proportionnelle, la cédante et le réassureur conviennent d'un seuil fixe au-delà duquel le réassureur prendra en charge la sinistralité.

En-dessous de ce seuil, appelé classiquement priorité, la cédante garde la sinistralité pour propre compte. La prime de réassurance est fixée par le réassureur et il n'existe plus aucune proportionnalité entre la prime d'assurance et la prime de réassurance d'une part et les sinistres originaux et l'engagement du réassureur dans les montants de sinistres d'autre part. Ceci explique la terminologie utilisée: réassurance non proportionnelle.

La réassurance non proportionnelle peut s'appliquer sinistre par sinistre (ou événement par événement): on parle alors de réassurance en excédent de sinistre, ou *excess of loss* selon la terminologie anglaise, largement répandue. Lorsque la réassurance non proportionnelle s'applique sur la sinistralité agrégée (sur base annuelle le plus souvent), on parle de réassurance en excédent de perte annuelle, ou *stop-loss* selon la terminologie anglaise. La Table 3-5 décrit le fonctionnement d'un excédent de sinistre dont la priorité est 1.000.000.

Police	Sinistre	Part du réassureur
1	1.500.000	500.000
2	800.000	0
3	3.500.000	2.500.000

Table 3-5. Fonctionnement d'un excédent de sinistre de priorité 1.000.000

Nous reviendrons plus en détail sur le fonctionnement de la réassurance non proportionnelle au chapitre 5.

3.3. Critère commercial

La prime de réassurance peut faire l'objet d'ajustements en fonction de la sinistralité mise à charge du traité. Quand la prime de réassurance est fixe, cela signifie que l'on ne prend pas en compte cette sinistralité. Passons alors au cas de la prime variant en fonction de la sinistralité observée. Il ne s'agit nullement d'un système bonus-malus, par lequel la prime de réassurance varierait automatiquement en fonction de la sinistralité antérieure. Il n'est guère envisageable de mettre en place de tels systèmes pour des couvertures de réassurance. Il s'agit en fait de faire varier la prime annuelle en fonction du résultat du traité; on parlera aussi de tarification rétrospective. Si les résultats du traité sont favorables au réassureur, la prime sera faible. Par contre, s'ils sont défavorables au réassureur, la prime sera élevée. Proposer une prime dépendant de la sinistralité observée est un moyen efficace pour diminuer l'aléa moral. En effet, lorsque la cédante achète une couverture de réassurance, elle peut être amenée à adopter un comportement différent de celui qu'elle aurait adopté sans couverture de réassurance. Par exemple, elle pourrait régler les sinistres plus largement dès lors que c'est le réassureur qui, en second rang, prend en charge l'augmentation de l'indemnisation. C'est ce que l'on appelle le risque moral (ou aléa moral), qui caractérise presque toutes les transactions d'assurance. Nous détaillerons plus loin plusieurs méthodes permettant de faire varier la prime en fonction de la sinistralité observée et nous analyserons comment réduire l'aléa moral. Faire varier la prime rétrospectivement est également un moyen permettant de lisser les résultats de l'assureur et du réassureur. Autrement dit, sous l'hypothèse qu'un traité est conclu entre l'assureur et le réassureur, si celui-ci prévoit une formule faisant varier la prime de réassurance en fonction de la sinistralité mise à charge du traité, les résultats du traité seront lissés sur le long terme par rapport à la situation d'un traité avec prime de réassurance fixe. Cette situation est favorable au réassureur, qui lisse ses résultats, mais pas à la cédante. Un exemple numérique est développé à la section 4.13.

3.4. Sens de la réassurance

La réassurance peut avoir deux sens:

- en réassurance passive, l'assureur se contente de céder les risques qui dépassent sa capacité de souscription aux réassureurs: on parle de la cession en réassurance.
- en réassurance active, l'assureur (ou le réassureur) cherche à couvrir d'autres compagnies: on parle d'acceptation en réassurance. Notons que les assureurs qui ont une activité de réassurance acceptée se font de plus en plus rares. Il est communément admis que la réassurance utilise des techniques différentes de l'assurance directe et qu'elle doit donc être gérée de manière professionnelle par des réassureurs à part entière. Les réassureurs dont le seul métier est d'accepter des affaires de réassurance sont appelés réassureurs professionnels.

3.5. Mode de distribution

La réassurance se caractérise, comme l'assurance, par la distribution d'un service au client. Cette distribution peut être assurée en direct, ou via un intermédiaire. En assurance, les canaux de distribution sont:

- en direct,
- via internet,
- via des agents captifs,

- via la bancassurance,
- via des courtiers d'assurance indépendants.

En réassurance, l'on ne distingue que deux canaux de distribution: en direct ou via des courtiers de réassurance indépendants.

Au niveau de la distribution de la réassurance, les compagnies de réassurance sont classifiées en deux types: les «direct writers», qui travaillent sans courtiers de réassurance et les «broker companies», qui travaillent par le biais d'un intermédiaire de réassurance. Il est clair que de nombreuses compagnies de réassurance travaillent selon les deux modes. Notons que le choix de placer les affaires réassurées par un courtier ou en direct est posé par la cédante. Le client du courtier est la compagnie d'assurance.

Rares sont les réassureurs qui travaillent exclusivement en direct. Plus fréquents sont les réassureurs qui ne travaillent que via des courtiers de réassurance. Ce sera le cas pour les réassureurs qui travaillent avec un personnel réduit, et qui ont fait le choix de ne pas investir dans une relation de long terme avec leurs cédantes, préférant avoir accès à un maximum d'affaires tout en limitant la charge de travail liée à cet accès, donc en travaillant exclusivement via des courtiers de réassurance. Ce modèle sera typiquement adopté par des souscripteurs d'affaires de type catastrophes naturelles, souvent situés aux Bermudes.

Le courtage est généralement payé par le réassureur sous la forme d'un pourcentage fixe de la prime. Il est bien entendu que ce courtage est répercuté par le réassureur dans la prime de réassurance réclamée au client: le courtage est finalement payé par le client. Notons que, surtout en réassurance proportionnelle, le courtage peut faire l'objet d'une négociation entre courtier et réassureur. Il peut aussi arriver que la cédante rémunère son courtier de réassurance sous la forme d'honoraires, pas nécessairement proportionnels à la prime de réassurance. Dans ce cas, le réassureur fournit un prix hors courtage. Un système hybride consiste à payer au courtier un courtage proportionnel, mais limité en montant absolu.

Le courtier de réassurance assure toute une série de services pour son client, l'assureur:

- il définit les besoins de couverture avec la cédante,
- il cherche les meilleures conditions sur le marché de la réassurance. Le courtier a une connaissance étendue des tendances sur le marché de la réassurance,

- il place les affaires auprès de réassureurs dont le niveau de sécurité financière est jugé suffisant,
- il aide la cédante à préparer l'information de renouvellement,
- il aide la cédante dans la gestion de la comptabilisation des affaires cédées,
- il est le point de contact unique, ce qui réduit la charge administrative de la cédante dès lors qu'il ne faut pas communiquer les informations à tous les réassureurs,
- il est un consultant qui proposera des solutions objectives.

Notons qu'un courtage payé proportionnellement à la prime de réassurance n'incite pas le courtier à rechercher les meilleures conditions pour son client. Un courtage payable sous forme d'honoraires s'indique mieux à cet égard. Toutefois la norme est d'appliquer un courtage proportionnel. Le même type de problème se pose pour les clients des assureurs. Remarquons néanmoins que la concurrence entre les courtiers de réassurance est tellement forte que ces derniers ont intérêt à rechercher les conditions les plus favorables pour leurs clients. Dans le cas contraire, ces derniers n'hésiteront pas à s'adresser aux concurrents en vue d'obtenir de meilleures conditions. Les barrières à la sortie sont quasiment inexistantes dans la relation qui lie assureur et courtier de réassurance. Notons enfin que les grosses cédantes font généralement appel à plusieurs courtiers pour réaliser le placement de leur réassurance.

Historiquement, le courtier de réassurance avait un rôle principalement commercial, consistant à réaliser le placement des affaires de la cédante. De plus en plus, les courtiers réalisent des analyses du risque conservé par les cédantes de manière à leur proposer les couvertures de réassurance les plus adéquates. Le métier de courtier de réassurance tend à devenir de plus en plus technique, comme en témoignent les très nombreux actuaires qui rejoignent les gros bureaux de courtage en réassurance.

La Table 3-6 donne le classement des courtiers de réassurance en fonction du chiffre d'affaires. Les données proviennent de Business Insurance (2005).

1	Aon Re	940.000.000 USD
2	Guy Carpenter	868.000.000 USD
3	Benfield Group	558.331.800 USD
4	Willis Re	550.000.000 USD
5	Towers Perrin	146.000.000 USD
6	Jardine Lloyd Thompson Group	145.173.600 USD
7	Cooper Gay	87.550.000 USD
8	Gallagher Re	78.000.000 USD
9	BMS Group	72.951.798 USD
10	Heath Lambert Group	59.931.675 USD

Table 3-6. Classement 2004 des courtiers de réassurance

3.6. Réassurance individuelle-globale

Ce critère est également un critère technique. En réassurance, soit chaque risque bénéficie de la réassurance, on parle alors de réassurance individuelle, soit le portefeuille de risques bénéficie de la réassurance, on parle alors de réassurance globale.

Plus mathématiquement, nous avons: soient $(x_1, x_2, \dots, x_n)$ les sinistres touchant la cédante. La fonction de compensation du réassureur est une fonction réelle des sinistres, f, telle que

$$0 \leq f(x_1, \dots, x_n) \leq \sum_{i=1}^{n} x_i.$$

La fonction de compensation modélise l'intervention du réassureur dans la sinistralité de l'assureur.

Dans le cadre de la réassurance individuelle, la fonction de compensation est du type

$$f(x_1, \dots, x_n) = \sum_{i=1}^{n} f^I(x_i),$$

où f^I est elle-même une fonction de compensation jouant sinistre par sinistre.

Dans le cadre de la réassurance globale, la fonction de compensation est du type

$$f(x_1, \dots, x_n) = f^G\left(\sum_{i=1}^{n} x_i\right),$$

où f^G est une fonction de compensation jouant sur la sinistralité agrégée.

Classiquement les affaires facultatives seront du type réassurance individuelle.

En ce qui concerne les traités, que nous analyserons en détail plus loin, ils se classent comme suit:

1. Quote-part: individuelle et globale
2. Surplus: individuelle
3. Excédent de sinistre: individuelle
4. Excédent de perte annuelle: globale.

4. La réassurance proportionnelle

Nous avons brièvement introduit la réassurance proportionnelle à la section 3.2. Dans le présent chapitre, nous détaillons son fonctionnement et ses particularités.

4.1. Définition

La réassurance proportionnelle est conceptuellement très simple. L'assureur et le réassureur conviennent d'un taux de cession (entre 0% et 100%) pour chacun des risques en portefeuille (le taux de cession peut être différent pour chacun des risques en portefeuille). Ce taux de cession est alors appliqué à la prime originale, pour former la prime de réassurance. Lorsqu'il y a un sinistre, le taux de cession est appliqué au montant de sinistre pour former l'intervention du réassureur dans le montant de sinistre.

4.2. Commission de réassurance

La prime commerciale réclamée par l'assureur au preneur d'assurance comprend, outre la prime pure (c'est-à-dire la sinistralité attendue, ou encore l'espérance mathématique de la sinistralité), le chargement pour rémunération du capital mis à disposition par l'actionnaire, le chargement pour frais généraux et le chargement pour rémunération à payer à l'intermédiaire. La prime à céder au réassureur est obtenue en multipliant cette prime commerciale par le taux de cession. Le réassureur reçoit donc une fraction identique de la prime pure et de tous les chargements.

Par conséquent, lorsque le réassureur reçoit une portion fixée (le taux de cession) de la prime de l'assureur, il reçoit l'équivalent de la prime pure servant à couvrir le risque (sous l'hypothèse que le tarif pur de la cédante est correct) ainsi qu'une portion des chargements appliqués par la cédante. Il est clair que les coûts d'acquisition et de gestion des affaires sont nettement plus faibles pour le réassureur que pour l'assureur. En effet, les coûts d'acquisition de l'assureur sont élevés: il s'agit de la commission payée au courtier ou à l'agent, et/ou des coûts liés au marketing, en ce compris le développement de la souscription de polices d'assurance par internet. Cette commission est souvent supérieure à 20% de la prime. Le coût d'acquisition du réassureur est nettement plus faible: il y a éventuellement un courtier de réassurance à rémunérer (au maximum 2,5% de la prime de réassurance en réassurance proportionnelle) ainsi que les coûts liés à la gestion de la relation commerciale (voyages et salaire du souscripteur), qui sont largement plus faibles qu'une commission de 20%. La gestion administrative est, elle aussi, nettement plus coûteuse pour l'assureur. Ce dernier doit produire les polices et gérer les sinistres par milliers, ce qui nécessite de nombreux gestionnaires. Le réassureur, lui, se contente de suivre la tarification et la gestion des sinistres de l'assureur, selon les conditions contractuelles de réassurance. Il est donc bien évident que le réassureur a moins de frais de gestion que l'assureur. De plus les coûts liés à la rémunération du capital ne sont pas nécessairement les mêmes pour l'assureur et le réassureur. Pour ces raisons le réassureur sert à l'assureur une commission de réassurance, qui est censée représenter les coûts d'acquisition et de gestion de l'assureur. En pratique assureur et réassureur conviennent d'un taux de commission de réassurance, qui sera appliqué sur la prime de réassurance pour former la commission de réassurance. La Table 4-1 illustre notre propos:

Prime d'assurance	1.000.000
Taux de cession	40%
Taux de commission de réassurance	30%
Prime de réassurance	40% × 1.000.000 = 400.000
Commission de réassurance	30% × 400.000 = 120.000

Table 4-1. Commission de réassurance

Supposons que le ratio sinistre à prime de la cédante soit de 55% et que les coûts d'acquisition et de gestion s'élèvent à 25%. La Table 4-2 donne le compte de résultat de l'assureur sans réassurance:

	Débit	Crédit
Prime		1.000.000
Frais de gestion	250.000	
Sinistres	550.000	
Résultat:	+ 200.000	
En pourcentage de la prime	20%	

Table 4-2. Compte de résultat sans réassurance

Le compte de résultat avec réassurance mais sans commission de réassurance est présenté à la Table 4-3:

	Débit	Crédit
Prime		1.000.000
Prime de réassurance	400.000	
Frais de gestion	250.000	
Sinistres	550.000	
Part des réassureurs dans les sinistres		220.000
Résultat:	+ 20.000	
En pourcentage de la prime	2%	
En pourcentage de la prime retenue	3,33%	

Table 4-3. Compte de résultat avec réassurance et sans commission de réassurance

Nous observons que le résultat est fortement diminué. Cette situation est due au fait que l'assureur a cédé 40% de la marge qui lui sert normalement à financer les frais de gestion et d'acquisition.

La Table 4-4 détaille le compte de résultat avec réassurance et avec paiement d'une commission de réassurance:

	Débit	Crédit
Prime		1.000.000
Prime de réassurance	400.000	
Frais de gestion	250.000	
Commission de réassurance		120.000
Sinistres	550.000	
Part des réassureurs dans les sinistres		220.000
Résultat:	+ 140.000	
En pourcentage de la prime	14%	
En pourcentage de la prime retenue	23,33%	

Table 4-4. Compte de résultat avec réassurance et paiement d'une commission de réassurance

Dans cet exemple, le résultat de l'assureur avec réassurance est moins bon que celui sans réassurance. C'est dû au fait que les affaires sont bonnes (S/P de 55%) et qu'une portion de la marge est cédée au réassureur. Notons toutefois que le réassureur cède 30% de taux de commission de réassurance alors que les coûts d'acquisition et de gestion ne sont que de 25%. Implicitement, le réassureur reconnaît la bonne qualité des affaires de la cédante et est donc prêt à lui verser une commission de réassurance plus élevée que les frais de gestion. La commission de réassurance est en fait l'élément sur lequel la négociation va porter. L'assureur préfère recevoir la commission de réassurance la plus élevée tandis que le réassureur préfère servir la commission de réassurance la plus faible. Notons qu'en pourcentage de la prime retenue (qui est le critère à retenir pour la fixation de la marge de solvabilité selon les normes actuellement en vigueur), le résultat est meilleur avec réassurance (23,33%) que sans réassurance (20%). Cet effet de levier positif est dû à l'avantage octroyé par le réassureur via la commission de réassurance.

Les facteurs suivants influencent la hauteur du taux de commission de réassurance:

- le type de marché: en effet, les frais à mettre en œuvre pour obtenir et analyser les risques dépendent du type d'affaires et de la maturité du marché sur lequel on se trouve. Logiquement, le taux de commission de réassurance sera affecté en ce sens,
- le type de traité: le taux de commission de réassurance décroît assez logiquement en fonction de la variabilité attendue du traité. En particulier, un traité déséquilibré (c'est-à-dire dont le rapport capacité à prime est très élevé) servira une commission de réassurance moins élevée qu'un traité équilibré,
- les résultats du traité: le réassureur utilisera la commission de réassurance pour récompenser la cédante pour les affaires de qualité qu'elle lui soumet. La commission de réassurance sera donc plus élevée pour des affaires de bonne qualité que pour des risques de mauvaise qualité. Même s'il est illogique d'imaginer que les résultats du traité sont liés à la structure des frais d'acquisition, cette utilisation de la commission de réassurance est fréquente.

Dans certains cas, les primes sont cédées nettes de frais d'acquisition originaux. Dans ce cas, une surcommission (ou *overrider*) représentative des frais de gestion de la cédante et du prix d'achat du traité est payée par le réassureur à la cédante. La surcommission se substitue ainsi en partie à la commission habituelle.

Dans le cas d'une rétrocession (voir section 10.6), une surcommission peut être payée sur les primes rétrocédées, représentant la contribution forfaitaire du rétrocessionnaire aux frais de gestion et de marketing de la rétrocédante.

4.3. Comptabilisation des traités

Les traités de réassurance sont le plus souvent annuels. Ils courent généralement du 1er janvier au 31 décembre. Il va de soi que les polices originales d'assurance ne courent pas toutes du 1er janvier au 31 décembre. De plus, elles ne sont pas nécessairement annuelles; dans certaines branches d'assurances, comme en transport, en aviation, ou en crédit, les polices peuvent s'étaler sur une période de plusieurs années.

Il convient donc de définir clairement comment les primes originales doivent être affectées au traité de réassurance. Le problème est similaire en ce qui concerne les sinistres. Ceux-ci peuvent être payés pendant la période de couverture originale, ou plus tard. Même s'ils sont payés durant la période de couverture originale, il est nécessaire de définir à quel exercice de réassurance ils appartiennent. Il appartiendra aussi de définir le sort à réserver aux sinistres en suspens, survenus durant l'exercice de réassurance, ou antérieurement, correctement évalués ou non, voire même inconnus.

La pratique de la réassurance proportionnelle a défini trois systèmes de comptabilisation, généralement typiques de branches particulières de l'assurance. Il s'agit de la réassurance par année comptable, par année de souscription et par année de survenance.

4.3.1. Réassurance par année comptable

La réassurance par année comptable met en rapport la charge de sinistralité affectée à l'année comptable et les primes acquises lors de cette même année comptable. En d'autres mots, tous les mouvements durant une année comptable affectent le traité en vigueur pour cette année comptable. Cette méthode de comptabilisation présente l'avantage de ne pas subir d'ajustements lorsque l'année de réassurance (année comptable ici) est clôturée.

Nous distinguerons le traitement des primes et des sinistres.

Primes

Du fait que les polices d'assurance n'ont pas toutes le 31 décembre comme date d'échéance, la prime émise par l'assureur sert à couvrir le risque pendant l'année comptable, mais aussi pendant la portion d'année suivante précédant l'échéance de la police d'assurance.

Il convient donc de définir la prime acquise à l'exercice comptable. Pour ce faire, nous faisons référence à la notion de provision pour primes non acquises (PPNA), c'est-à-dire à la provision servant à couvrir le risque après l'extinction de l'année comptable.

Idéalement, la provision pour primes non acquises peut être calculée exactement, comme le montre l'exemple de la Table 4-5, dans lequel toutes les polices sont annuelles:

Risque	Echéance	Prime	Proportion non utilisée	PPNA
1	01.01	1.000	0	0
2	15.03	2.000	74/365	405
3	01.06	1.500	151/365	621
4	10.08	1.700	222/365	1.034
5	23.09	2.800	266/365	2.041
Total		9.000		4.101

Table 4-5. Calcul exact de la provision pour primes non acquises

Le calcul exact de la provision pour primes non acquises est fastidieux, bien qu'élémentaire à l'ère du traitement électronique de l'information.

Parfois, les assureurs utilisent encore des méthodes forfaitaires comme la méthode des 24e. Cette méthode fait l'hypothèse simplificatrice que toutes les primes sont émises en moyenne au milieu de chaque mois. Il suffit alors de disposer des primes émises mois par mois pour en déduire la provision pour risques en cours. L'exemple numérique de la Table 4-6 met en application la méthode des 24e.

Mois	Prime	Proportion non utilisée	PPNA
Janvier	200.000	1/24	8.333
Février	240.000	3/24	30.000
Mars	170.000	5/24	35.417
Avril	160.000	7/24	46.667
Mai	200.000	9/24	75.000
Juin	250.000	11/24	114.583
Juillet	130.000	13/24	70.417
Août	140.000	15/24	87.500
Septembre	230.000	17/24	162.917
Octobre	260.000	19/24	205.833
Novembre	300.000	21/24	262.500
Décembre	310.000	23/24	297.083
Total	2.590.000		1.396.250

Table 4-6. Méthode des 24^{e}

En réassurance, la provision pour primes non acquises porte généralement le nom de réserve de prime. Souvent cette dernière est calculée de manière très forfaitaire, comme un pourcentage des primes émises (l'hypothèse sous-jacente est donc que l'échéance moyenne des polices est en milieu d'année). Généralement ce pourcentage tourne autour de 30-40%. Il peut être fonction de la saisonnalité des contrats et donc dépendre des dates de renouvellement de ceux-ci. Ce pourcentage s'explique comme suit: le réassureur cède généralement une commission de réassurance sur les primes qu'il perçoit (voir section 4.2). Le taux de commission de réassurance s'élève généralement entre 20% et 40%. La portion de prime servant à couvrir le risque varie donc entre 80% et 60%. Faisant l'hypothèse que l'échéance moyenne des polices est en milieu d'année, nous obtenons alors un pourcentage variant entre 40% et 30% des primes émises pour la réserve de prime.

Nous pouvons à présent définir la prime acquise pour l'exercice comptable: il s'agit des primes émises durant l'exercice moins la réserve de prime (dite sortante) servant à couvrir les risques durant l'exercice comptable suivant plus la réserve de prime (dite entrante) servant à couvrir les risques émis lors de l'exercice comptable précédant et non encore échus.

Il nous faut à présent introduire une technique permettant aisément l'entrée ou la sortie d'un réassureur au traité, ou encore un changement de part (comme nous le verrons plus loin, les réassureurs participent au traité à hauteur d'un certain pourcentage, appelé part au traité) du réassureur ou de rétention de la cédante.

La notion retenue est celle de mouvement de portefeuille-primes. Lorsqu'un réassureur entre sur un traité par année comptable, il perçoit une entrée de portefeuille-primes, correspondant à la réserve de prime entrante servant à couvrir les risques en cours à charge du traité. Automatiquement, le réassureur assume la responsabilité des sinistres provoqués par des polices émises durant l'exercice précédant et non encore échues.

De même, lorsqu'un réassureur résilie sa part au traité, il est débité d'une sortie de portefeuille-primes, correspondant à la réserve de prime sortante, servant à couvrir la portion des risques émis et non encore échus. Le paiement de cette sortie de portefeuille-primes dégage le réassureur de toute responsabilité relative à la survenance de sinistres touchant ces polices lors de l'exercice comptable suivant.

Le cas intermédiaire, qui est celui d'un changement de part du réassureur, s'accompagne d'une sortie de portefeuille-primes calculée avec l'ancienne part et d'une entrée de portefeuille-primes avec la nouvelle part.

Dans le même ordre d'idée, lorsque la cédante modifie sa rétention, une sortie de portefeuille-primes est calculée avec l'ancienne rétention et une entrée de portefeuille-primes est calculée avec la nouvelle rétention.

L'exemple numérique de la Table 4-7 mélange changement de part et de rétention pour un traité en quote-part dont la rétention passe de 40% à 60% et la part du réassureur de 50% de la cession à 30% de la cession.

	2005	2006
Prime émise	1.000.000	1.200.000
Taux de commission	30%	30%
Rétention cédante	40%	60%
Part du réassureur	50% de la cession	30% de la cession

Table 4-7. Portefeuille-primes: changement de part et de rétention

Le pourcentage de réserve de prime est établi comme $\frac{100\% - 30\%}{2} = 35\%$ où 30% est le taux de commission de réassurance.

La sortie de portefeuille-primes 2005 vaut
$1.000.000 \times 60\% \times 50\% \times 35\% = 105.000$.

L'entrée de portefeuille-primes 2006 vaut
$1.000.000 \times 40\% \times 30\% \times 35\% = 42.000$.

Sinistres

En ce qui concerne les sinistres, il convient de tenir compte des paiements relatifs aux sinistres survenus durant les exercices antérieurs à l'exercice actuel. Ces paiements sont censés être couverts par la réserve pour sinistres en suspens entrante. De même, des paiements relatifs à l'exercice de réassurance actuel, ou à des exercices antérieurs, peuvent avoir lieu lors d'exercices ultérieurs. Il convient donc de prévoir une réserve de sinistres sortante pour le paiement des sinistres restant à payer à cette date. Ces réserves sont établies par la cédante en fonction de son anticipation du développement de la sinistralité.

La charge de sinistralité affectant une année comptable se définit comme étant la somme des paiements durant l'exercice diminuée de la provision pour sinistres en suspens des exercices antérieurs (ou réserve de sinistre entrante) et augmentée de la provision pour sinistres en suspens non encore définitivement réglés (réserve de sinistre sortante).

On comprend immédiatement que cette manière de travailler peut être inéquitable pour un exercice donné, par exemple si la réserve pour sinistres à régler d'entrée est sous-estimée et/ou si la réserve pour sinistres à régler de sortie est surestimée (ou inversement si l'on adopte la point de vue de la cédante). Toutefois, ce type de comptabilisation s'applique principalement en branche incendie où les délais de règlement sont généralement courts et les réserves faibles par rapport aux montants payés. Il y a donc proportionnellement peu de chances de réaliser des boni ou mali sur réserves. Donc, seules les branches d'assurance à développement court sont habituellement réassurées sous forme comptable.

La notion de mouvement de portefeuille-sinistres est également utilisée pour régler le sort des situations avec changement de part et/ou de rétention.

Lorsqu'un réassureur entre sur un traité par année comptable, il est crédité d'une entrée de portefeuille-sinistres, correspondant à sa part dans la provision pour risques en suspens à charge du traité. Dès lors, le réassureur assume toute responsabilité concernant les paiements et aggravations relatives à ces sinistres.

De même, lorsqu'un réassureur résilie sa part au traité, il est débité d'une sortie de portefeuille-sinistres, correspondant à sa part dans la provision pour risques en suspens à charge du traité. Le réassureur est alors déchargé de toute responsabilité quant à l'évolution future des sinistres provisionnés.

La cédante pourra convenir d'une entrée de portefeuille-sinistres avec son nouveau réassureur, sur les mêmes bases, ce qui lui évitera de tenir une multiplicité de comptes et la mettra à l'abri de toute surprise.

Le cas intermédiaire, qui est celui d'un changement de part du réassureur, s'accompagne d'une sortie de portefeuille-sinistres calculée avec l'ancienne part et d'une entrée de portefeuille-sinistres avec la nouvelle part.

De la même manière, lorsque la cédante modifie sa rétention, une sortie de portefeuille-sinistres est calculée avec l'ancienne rétention et une entrée de portefeuille-sinistres est calculée avec la nouvelle rétention.

L'exemple numérique de la Table 4-8 mélange changement de part et de rétention:

	2005	2006
Provision pour sinistres en à régler	1.000.000	1.200.000
Rétention cédante	40%	60%
Part réassureur	50% de la cession	30% de la cession

Table 4-8. Portefeuille-sinistres: changement de rétention et de part

La sortie de portefeuille-sinistres 2005 vaut 1.000.000 × 60% × 50% = 300.000, à payer par le réassureur à la cédante.

L'entrée de portefeuille-sinistres 2006 vaut 1.000.000 × 40% × 30% = 120.000, à payer par la cédante au réassureur.

Comme nous le constatons, la réassurance par année comptable est caractérisée par le fait que l'on ne suit pas les résultats de la souscription des affaires. Elle ne peut dès lors s'appliquer qu'à des affaires présentant peu de développement. Notons que dans certains cas limites, comme la grêle par exemple, il peut ne pas y avoir d'entrée et sortie de portefeuille-primes/sinistres. Toutefois, lorsqu'il y a une entrée de portefeuille-sinistres, l'analyse que peut en faire le réassureur est loin d'être aisée. Il s'agit de provisions relatives à des sinistres survenus durant les derniers exercices. Si l'un ou l'autre sinistre a été fortement sous-évalué et que la correction a lieu pendant l'exercice à venir, l'entrée de portefeuille-sinistres s'avèrera insuffisante et le réassureur fera une perte importante sur cette dernière.

Lorsqu'un réassureur sort d'un traité par année comptable, il est débité d'une sortie de portefeuille-primes et d'une sortie de portefeuille-sinistres, avec pour effet d'éteindre complètement sa responsabilité sur le développement de l'affaire. Il s'agit du système de retrait du portefeuille à la date de résiliation du traité, ou *clean cut system* en anglais.

4.3.2. Réassurance par année de souscription

Ce type de réassurance s'applique principalement lorsque la branche d'assurance est telle que les polices originales courent sur des durées plus ou moins longues, ou non définies à l'avance (assurances Tous Risques Chantiers, Transport, ...). Les primes sont alors payées en plusieurs fois et l'on parle d'ailleurs de traités de réassurance avec développement de prime.

Dans ce système de comptabilisation, l'assureur sépare les primes et sinistres selon la date de renouvellement de chaque police originale. Les réserves pour sinistres à régler ne sont jamais reportées à l'année de réassurance suivante mais sont toujours considérées dans l'année de souscription à la fin de chaque année de développement.

Il n'y a pas lieu d'introduire la notion de prime acquise et l'on parle d'ailleurs souvent de prime encaissée.

On analyse les statistiques du traité à la fin de chaque année comptable, mais relatives à l'exercice de souscription auquel les primes et sinistres se rapportent. Les statistiques par exercice de souscription n'incluent en général pas de mouvements de réserves pour risques en cours ou pour sinistres en suspens d'un exercice sur le suivant. A la fin de chaque année on tient néanmoins compte des sinistres en suspens pour juger des résultats.

Pour ce type de réassurance, plus que le résultat figé à une date donnée, on étudie l'évolution des résultats de chaque année de souscription au fil des années comptables. Ce type de réassurance s'appliquera particulièrement aux branches Aviation, Transport, Crédit-Caution, Engineering, Tous Risques Chantier, …

Dans ce type de comptabilisation, les sinistres sont effectivement comparés aux primes perçues pour la couverture des polices en portefeuille.

La réassurance par année de souscription est plus lourde d'un point de vue administratif que la réassurance par année comptable. De plus, il faut attendre plusieurs années avant de connaître le résultat final du traité.

Lorsque l'année de souscription est presque complètement développée, c'est-à-dire lorsque toutes les primes ont été encaissées, et que la provision pour sinistres à régler est suffisamment certaine, une pratique courante consiste à clôturer l'année de souscription, ce qui peut se faire de deux manières:

- soit le réassureur paie sa part des réserves pour sinistres en cours (il s'agit d'une sortie de portefeuille-sinistres) et est alors dégagé de toute responsabilité quant à l'évolution ultérieure des sinistres. On parle de *cut off*. La sortie de portefeuille-sinistres est souvent assortie d'un rabais par rapport à la hauteur de la provision pour risques en suspens. En effet:
  - la cédante bénéficiera sans doute de récupérations (dans un esprit conservatif, les réserves sont habituellement gonflées et la sinistralité effectivement payée plus petite que ce qui est provisionné) qui n'ont pas été prises en compte dans les réserves,
  - il y a moins d'administration pour la cédante, qui ne doit pas préparer de comptes de *run-off* (c'est-à-dire qu'il ne faut pas suivre le développement de la sinistralité jusqu'à son extinction),

  - la cédante ne paiera les sinistres que plus tard, et réalise donc un gain d'intérêt sur la sortie de portefeuille-sinistres,
- soit il y a un mouvement de sortie de portefeuille et d'entrée de portefeuille-sinistres sur le traité de l'année de souscription suivante. Cette deuxième technique présente l'inconvénient que les résultats des traités ne correspondent plus parfaitement à la souscription réalisée. Cette manière de procéder est évidemment coûteuse administrativement mais meilleure en terme de gestion du risque. Le *cut off* est en général préféré.

Lorsqu'un réassureur résilie sa part à un traité par année de souscription, il reste responsable, pour sa part, du développement des sinistres se rattachant aux années de souscription pour lesquelles il a octroyé une couverture; on parle aussi du système d'expiration naturelle des polices. On dira aussi que le réassureur assure le *run-off* des polices sinistrées: il reste engagé jusqu'à l'extinction des sinistres.

4.3.3. Réassurance par année de survenance

L'assureur alloue toutes les primes au traité selon l'année à laquelle elles se rapportent et tous les sinistres selon leur date de survenance. La réserve de prime sortante est renvoyée à l'année suivante et la réserve pour sinistres à régler reste dans l'année de survenance. Le résultat technique tient compte de la réserve de prime entrante de l'année de survenance précédente, et de la réserve de prime sortante ainsi que de la réserve pour sinistres en suspens.

Un traité de réassurance par année de survenance des sinistres s'applique à tous les sinistres survenus au cours de l'année comptable (ou de réassurance).

Les statistiques par exercice de survenance incluent les mouvements de réserves de primes, mais pas de transferts de réserves de sinistres d'un exercice vers le suivant. A la fin de chaque année, on introduit une réserve pour sinistres en suspens afin de juger les résultats.

Pour ce type de réassurance, plus que le résultat figé à une date donnée, on étudie l'évolution des résultats de chaque année de survenance au fil des années comptables.

Ce type de réassurance s'appliquera particulièrement pour des branches à développement long comme la responsabilité civile par exemple.

La réassurance par année de survenance est donc une sorte de compromis entre la réassurance par année comptable et la réassurance par année de souscription.

4.3.4. Réassurance par année de déclaration

Ce type de réassurance est similaire à la réassurance par année de survenance, si ce n'est que les sinistres sont couverts en fonction de l'année de déclaration à l'assureur. Pour des branches comme la RC médicale, il peut y avoir un grand décalage entre la survenance et la déclaration à l'assureur. Ce type de couverture est assez particulier car les primes n'ont en général rien à voir avec l'exposition réelle mise à charge du réassureur dès lors que ce dernier couvre des sinistres survenus à une époque où la politique de souscription de la cédante était sans doute complètement différente de sa politique actuelle. En anglais, on parle de réassurance en *claims made*.

4.3.5. Taux de sinistre

Le taux de sinistre, ou rapport $\frac{S}{P}$ est défini différemment selon le type de comptabilisation retenu.

Par année comptable:

a) Charge (ou sinistres) = Sinistres payés pendant l'année + réserve pour sinistres en suspens constituée au cours de l'exercice ou sortie de portefeuille-sinistres – réserve pour sinistres en suspens constituée au cours de l'exercice précédent ou entrée de portefeuille-sinistres.

b) Primes acquises = Primes émises pendant l'année + réserve de prime entrante ou entrée de portefeuille-primes – réserve de prime sortante ou sortie de portefeuille-primes.

Par année de souscription:

a) Charge (ou sinistres) = Sinistres payés relatifs à l'année de souscription + réserve pour sinistres en suspens relative aux sinistres rattachés à l'année de souscription ou sortie de portefeuille-sinistres.

b) Primes acquises (ou primes encaissées) = Primes émises pour la souscription.

Par année de survenance:

a) Charge (ou sinistres) = Sinistres payés relatifs à l'année de survenance + réserve pour sinistres en suspens relative aux sinistres survenus durant l'exercice ou sortie de portefeuille-sinistres.

b) Primes acquises = Primes émises pendant l'année + réserve de prime entrante ou entrée de portefeuille-primes – réserve de prime sortante ou sortie de portefeuille-primes.

4.3.6. *Illustration numérique*

Supposons les résultats comptables suivants, rangés selon l'année de souscription des polices originales. Nous ferons l'hypothèse que l'année 2002 est la première année d'opération d'assurance et que 2004 est la dernière année de souscription.

Nous décrirons d'abord les statistiques détaillées par année de souscription, car elles permettent de déduire les statistiques par année comptable ou par année d'accident.

Par année de souscription

La Table 4-9 donne l'évolution des primes par année de souscription:

	Primes dues en				
Année de souscription	**2002**	**2003**	**2004**	**2005**	**2006**
2002	12.000	8.000	3.000		
2003		14.000	5.000	1.500	
2004			15.000	5.000	3.000

Table 4-9. Évolution des primes par année de souscription

La Table 4-10 donne l'évolution des paiements de sinistres par année de souscription:

Année de souscription 2002 Date de survenance	Date de paiement					
	2002	2003	2004	2005	2006	2007
2002	6.000	1.000	1.000	500		
2003		2.000	500	500		
2004			500	500		
2005				500		
Année de souscription 2003 Date de survenance	**Date de paiement**					
		2003	2004	2005	2006	2007
2003		8.000	500	500	1.000	
2004			2.000	1.000	1.000	
2005				1.000	500	
2006					500	
Année de souscription 2004 Date de survenance	**Date de paiement**					
			2004	2005	2006	2007
2004			7.000	2.000	1.000	500
2005				2.000	1.000	500
2006					500	1.000
2007						500

Table 4-10. Évolution des paiements de sinistres par année de souscription

Habituellement, les paiements par année de souscription sont fournis sous forme moins détaillée, comme à la Table 4-11.

Année de développement	2002	2003	2004	2005	2006	2007
Année de souscription 2002	6.000	9.000	11.000	13.000	13.000	13.000
Année de souscription 2003		8.000	10.500	13.000	16.000	16.000
Année de souscription 2004			7.000	11.000	13.500	16.000

Table 4-11. Sinistres payés cumulés par année de souscription

Si les sinistres (déjà déclarés, et ceux à venir) sont parfaitement réservés par la cédante, alors, la Table 4-12 donne les réserves et la Table 4-13 donne le triangle des charges de sinistres:

Année de développement	2002	2003	2004	2005	2006	2007
Année de souscription 2002	7.000	4.000	2.000	0	0	0
Année de souscription 2003		8.000	5.500	3.000	0	0
Année de souscription 2004			9.000	5.000	2.500	0

Table 4-12. Évolution des réserves techniques par année de souscription

Année de développement	2002	2003	2004	2005	2006	2007
Année de souscription 2002	13.000	13.000	13.000	13.000	13.000	13.000
Année de souscription 2003		16.000	16.000	16.000	16.000	16.000
Année de souscription 2004			16.000	16.000	16.000	16.000

Table 4-13. Évolution de la charge par année de souscription

Sous l'hypothèse de réservation parfaite, la Table 4-14, détaille l'évolution des ratios sinistres à primes par année de souscription:

Année de développement	2002	2003	2004	2005	2006	2007
Année de souscription 2002	108,33%	65,00%	56,52%	56,52%	56,52%	56,52%
Année de souscription 2003		114,29%	84,21%	78,05%	78,05%	78,05%
Année de souscription 2004			106,67%	80,00%	69,57%	69,57%

Table 4-14. S/P par année de souscription

Souvent la statistique des sinistres payés sur la prime encaissée cumulée est renseignée. C'est l'objet de la Table 4-15:

Année de développement	2002	2003	2004	2005	2006	2007
Année de souscription 2002	50,00%	45,00%	47,83%	56,52%	56,52%	56,52%
Année de souscription 2003		57,14%	55,26%	63,41%	78,05%	78,05%
Année de souscription 2004			46,67%	55,00%	58,70%	69,57%

Table 4-15. S(payés)/P par année de souscription

La Table 4-16 renseigne l'évolution des réserves techniques sous l'hypothèse d'une sous-réservation systématique de 20%.

Année de développement	2002	2003	2004	2005	2006	2007
Année de souscription 2002	5.600	3.200	1.600	0	0	0
Année de souscription 2003		6.400	4.400	2.400	0	0
Année de souscription 2004			7.200	4.000	2.000	0

Table 4-16. Évolution des réserves techniques avec sous-réservation par année de souscription

La Table 4-17 renseigne l'évolution de la charge sous l'hypothèse d'une sous-réservation systématique de 20%.

Année de développement	2002	2003	2004	2005	2006	2007
Année de souscription 2002	11.600	12.200	12.600	13.000	13.000	13.000
Année de souscription 2003		14.400	14.900	15.400	16.000	16.000
Année de souscription 2004			14.200	15.000	15.500	16.000

Table 4-17. Évolution de la charge avec sous-réservation par année de souscription

La Table 4-18 renseigne l'évolution du rapport sinistres à primes dans le cas d'une sous-réservation systématique de 20%:

Année de développement	2002	2003	2004	2005	2006	2007
Année de souscription 2002	96,67%	61,00%	54,78%	56,52%	56,52%	56,52%
Année de souscription 2003		102,86%	78,42%	75,12%	78,05%	78,05%
Année de souscription 2004			94,67%	75,00%	67,39%	69,57%

Table 4-18. Évolution du S/P en cas de sous-réservation

Nous constatons que le résultat final de l'année de souscription est indépendant de la politique de réservation, ce qui correspond bien à la notion de suivi des polices jusqu'à expiration. Il est évident que l'assureur ou le réassureur qui veut se faire une idée de la qualité des affaires souscrites doit anticiper l'éventuelle sous-réservation.

Par année comptable

A partir des statistiques par année de souscription, il est également possible de déterminer les statistiques par année comptable. Nous ferons l'hypothèse que la réserve de prime est calculée comme étant 40% de la prime émise et que les réserves pour sinistres en suspens entrantes et sortantes sont calculées comme étant 100% des montants de sinistre réservés. Nous supposons une réservation parfaite des sinistres. La Table 4-19 décrit le calcul des primes acquises tandis que la Table 4-20 décrit le calcul de la charge.

Année comptable	Primes émises	Réserve de primes entrante	Réserve de primes sortante	Primes acquises
2002	12.000	0	4.800	7.200
2003	22.000	4.800	8.800	18.000
2004	23.000	8.800	9.200	22.600
2005	6.500	9.200	2.600	13.100
2006	3.000	2.600	1.200	4.400
2007	0	1.200	0	1.200

Table 4-19. Évolution des primes par année comptable

Année comptable	Sinistres payés	Réserve de sinistres entrante	Réserve de sinistres sortante	Charge
2002	6.000	0	2.500	8.500
2003	11.000	2.500	4.500	13.000
2004	11.500	4.500	8.500	15.500
2005	8.500	8.500	5.500	5.500
2006	5.500	5.500	2.000	2.000
2007	2.500	2.000	0	500

Table 4-20. Évolution des sinistres par année comptable

Nous pouvons à présent établir les taux de sinistre par année comptable. Ceux-ci sont définis à partir de la charge et des primes acquises.

Année comptable	S/P
2002	118,06%
2003	72,22%
2004	68,58%
2005	41,98%
2006	45,45%
2007	41,67%

Table 4-21. Taux de sinistre par année comptable

Comme indiqué plus haut, lorsque l'année comptable est terminée, il n'y a plus d'ajustements ultérieurs.

La Table 4-22 donne les rapports sinistres à primes en fonction de l'année comptable mais sous l'hypothèse d'une sous-réservation systématique de 20%. Nous observons que ces ratios sont sensiblement différents de ceux de la Table 4-21, ce qui confirme les distorsions qui peuvent exister lorsque l'on traite par année comptable des statistiques à développement long.

Année comptable	S/P
2002	111,11%
2003	70,00%
2004	65,04%
2005	46,56%
2006	61,36%
2007	75,00%

Table 4-22. Taux de sinistre par année comptable sous-réservation systématique de 20%

Par année de survenance

Nous gardons les mêmes hypothèses quant aux réserves de primes et à la bonne réservation des sinistres. La Table 4-23 donne l'évolution des sinistres payés tandis que la Table 4-24 donne l'évolution de la charge sous l'hypothèse que la réservation est parfaite.

Année de développement	2002	2003	2004	2005	2006	2007
Année de survenance 2002	6.000	7.000	8.000	8.500	8.500	8.500
Année de survenance 2003		10.000	11.000	12.000	13.000	13.000
Année de survenance 2004			9.500	13.000	15.000	15.500
Année de survenance 2005				3.500	5.000	5.500
Année de survenance 2006					1.000	2.000
Année de survenance 2007						500

Table 4-23. Évolution des sinistres payés cumulés par année de survenance

Année de développement	2002	2003	2004	2005	2006	2007
Année de survenance 2002	8.500	8.500	8.500	8.500	8.500	8.500
Année de survenance 2003		13.000	13.000	13.000	13.000	13.000
Année de survenance 2004			15.500	15.500	15.500	15.500
Année de survenance 2005				5.500	5.500	5.500
Année de survenance 2006					2.000	2.000
Année de survenance 2007						500

Table 4-24. Évolution de la charge par année de survenance

Nous pouvons à présent établir les taux de sinistre par année de survenance. Ceux-ci sont définis à partir des sinistres payés et réservés et des primes acquises. Ils sont donnés à la Table 4-25:

Année de développement	2002	2003	2004	2005	2006	2007
Année de survenance 2002	118,06%	118,06%	118,06%	118,06%	118,06%	118,06%
Année de survenance 2003		72,22%	72,22%	72,22%	72,22%	72,22%
Année de survenance 2004			68,58%	68,58%	68,58%	68,58%
Année de survenance 2005				41,98%	41,98%	41,98%
Année de survenance 2006					45,45%	45,45%
Année de survenance 2007						41,67%

Table 4-25. Évolution des taux de sinistre par année de survenance

Ces taux de sinistre n'évoluent pas au fil des années de développement car nous avons fait l'hypothèse d'une parfaite réservation. C'est pour cette raison qu'ils sont égaux aux taux de sinistres obtenus par année comptable.

Dans la suite de l'exposé, nous ne considérerons que les systèmes par année de souscription et par année comptable, étant donné que le système par année de survenance est un cas hybride entre les deux premiers.

4.4. Comptabilisation de la commission de réassurance

La commission de réassurance représente le prix que le réassureur est prêt à payer pour obtenir les affaires. Il s'agit d'un des axes essentiels de la négociation entre assureur et réassureur. Son objectif premier est de rembourser à la cédante les coûts encourus en vue d'obtenir les affaires sur le marché direct. Dès lors que la commission payée à l'intermédiaire se calcule sur la prime émise, la commission de réassurance s'applique donc logiquement aux primes émises.

Reprenons notre exemple numérique de la section précédente et supposons un taux de commission de réassurance fixe de 25%.

Par année de souscription

La Table 4-26 donne l'évolution de la commission de réassurance cumulée par année de souscription:

Année de développement	2002	2003	2.004	2.005	2.006	2.007
Année de souscription 2002	3.000	5.000	5.750	5.750	5.750	5.750
Année de souscription 2003		3.500	4.750	5.125	5.125	5.125
Année de souscription 2004			3.750	5.000	5.750	5.750

Table 4-26. Commission de réassurance cumulée par année de souscription

Par année comptable ou par année de survenance

La Table 4-27 donne la commission de réassurance par année comptable ou par année de survenance, ainsi que le résultat du traité:

Année comptable	2002	2003	2004	2005	2006	2007
Primes émises	12.000	22.000	23.000	6.500	3.000	0
Primes acquises	7.200	18.000	22.600	13.100	4.400	1.200
Charge	8.500	13.000	15.500	5.500	2.000	500
Commission	3.000	5.500	5.750	1.625	750	0
Résultat	–4.300	–500	1.350	5.975	1.650	700

Table 4-27. Commission de réassurance par année comptable ou année de survenance

Bien entendu la commission de réassurance se calcule sur les primes émises et non sur les primes acquises, puisqu'il s'agit, pour le réassureur, de rémunérer l'assureur pour les frais encourus pour la souscription des polices.

Il convient de remarquer que le fait que la commission de réassurance soit calculée en fonction de la prime émise alors que le taux de sinistre, lui, est calculé en fonction de la prime acquise, peut mener à des situations peu cohérentes. Par exemple, pour l'année 2003, le rapport S/P vaut 72,22%. Si l'on y ajoute 25% de commission, on trouve un ratio combiné inférieur à 100%. Or le résultat du réassureur est négatif en 2003. Ceci est dû au fait que le portefeuille est en forte croissance et le calcul de la commission sur la prime émise rend l'année 2003 déficitaire pour le réassureur. Cette situation met en exergue le fait que le ratio combiné est un instrument de gestion imparfait, résultant de la somme de fractions présentant des dénominateurs différents.

4.5. Clauses affectant les traités proportionnels

4.5.1. Taux de commission à échelle

Les conditions de réassurance sont essentiellement fixées par la commission de réassurance. Celle-ci peut être fixe, comme décrit à la section précédente, ou bien variable, ce qui a pour effet de rendre les conditions de réassurance variables. Le réassureur a intérêt à ce que la cédante lui cède de bonnes affaires (c'est-à-dire présentant un rapport S/P observé aussi petit que possible). Pour motiver cette dernière, le réassureur sera enclin à offrir une commission de réassurance élevée lorsque les affaires sont bonnes et une commission de réassurance faible lorsque les affaires sont mauvaises. Ainsi, le profit du réassureur est partagé avec la cédante lorsque les affaires sont bonnes et la perte du réassureur est atténuée lorsque les affaires sont mauvaises. On parle alors de taux de commission de réassurance à échelle.

Notons qu'en réassurance proportionnelle, la cédante est toujours directement intéressée à ce que le règlement du sinistre se fasse aux conditions les plus favorables possible (pour elle, et donc pour le réassureur). Il n'est donc *a priori* pas nécessaire de mettre en œuvre des techniques permettant de contrer un éventuel aléa moral qui pourrait animer la cédante (nous reviendrons en détail sur cet aspect plus loin). L'objectif premier de la commission à échelle est donc de lisser les résultats sur le long terme entre assureur et réassureur.

Clairement la commission à échelle ne modifie pas le rapport S/P mis à charge du réassureur. Elle a pour effet de stabiliser le résultat de réassurance sur le long terme.

Comme l'information nécessaire au calcul du taux de commission de réassurance n'est pas connue avant la fin de l'extinction de la sinistralité (ou du paiement des primes s'il s'agit de réassurance par année de souscription), il convient de prévoir un taux de commission de réassurance provisoire.

Il existe plusieurs types de taux de commission de réassurance à échelle. Par exemple:

- échelle linéaire. Par exemple: taux de commission minimum de 30% à laquelle il convient de rajouter 50% de la différence positive entre 80% et le taux de sinistre observé, avec un maximum de 25%. Graphiquement, cette formule littéraire se traduit par:

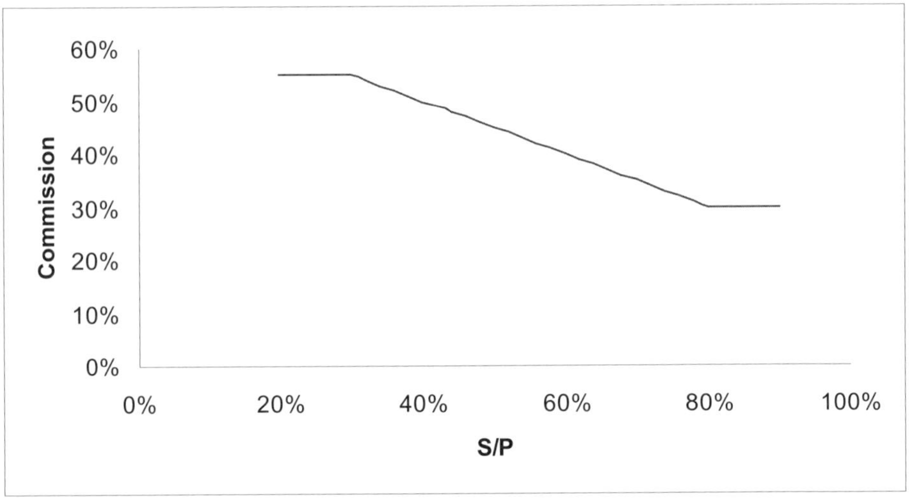

Figure 4-1. Fonctionnement de la commission à échelle

Mathématiquement, la formule littéraire se traduit par

$$\tau_C = 30\% + \min(25\%, 50\% \times \max(0, 80\% - S / P))$$

où τ_C représente le taux de commission à échelle,

- échelle en escalier. Ce type de taux de commission varie en fonction du taux de sinistre par paliers constants. La Table 4-28 en fournit un exemple:

Sinistralité	Taux de commission de réassurance
$S/P < 60\%$	40%
$60\% \leq S/P < 62\%$	39%
$62\% \leq S/P < 64\%$	38%
$64\% \leq S/P < 66\%$	37%
$66\% \leq S/P < 68\%$	36%
$68\% \leq S/P < 70\%$	35%
$S/P \geq 70\%$	34%

Table 4-28. Commission à échelle en escalier

Il est clair qu'il est possible d'inventer une multitude de types de commission de réassurance dépendant du taux de sinistre.

Reprenons notre exemple numérique et appliquons-lui une commission de réassurance à échelle de taux sous la forme suivante:

Commission minimum: 24% pour un taux de sinistre supérieur ou égal à 76%.

Commission maximum: 44% pour un taux de sinistre inférieur ou égal à 46%.

Deux tiers de pour cent de différence de taux de commission par pour cent de différence de taux de sinistre. Le taux de commission de réassurance est donné par

$$\tau_C = 24\% + \min\left(20\%, \frac{2}{3}\max\left(0, 76\% - S/P\right)\right).$$

Par année de souscription

La Table 4-29 donne l'évolution du taux de commission de réassurance pour nos trois années de souscription. La Table 4-30 donne l'évolution de la commission payée et la Table 4-31 donne l'évolution du résultat du réassureur.

Année de développement	2002	2003	2004	2005	2006	2007
Année de souscription 2002	24,00%	31,33%	36,99%	36,99%	36,99%	36,99%
Année de souscription 2003		24,00%	24,00%	24,00%	24,00%	24,00%
Année de souscription 2004			24,00%	24,00%	28,29%	28,29%

Table 4-29. Évolution du taux de commission de réassurance par année de souscription

Année de développement	2002	2003	2004	2005	2006	2007
Année de souscription 2002	2.880	6.267	8.507	8.507	8.507	8.507
Année de souscription 2003		3.360	4.560	4.920	4.920	4.920
Année de souscription 2004			3.600	4.800	6.507	6.507

Table 4-30. Évolution de la commission de réassurance par année de souscription

Année de développement	2002	2003	2004	2005	2006	2.007
Année de souscription 2002	–3.880	733	1.493	1.493	1.493	1.493
Année de souscription 2003		–5.360	–1.560	–420	–420	–420
Année de souscription 2004			–4.600	–800	493	493

Table 4-31. Évolution du résultat du réassureur par année de souscription

Lorsque la commission est fonction du taux de sinistre, on ne connaît la commission qu'après que les sinistres sont complètement développés.

Par année comptable

La Table 4-32 donne le résultat par année comptable.

Année comptable	2002	2003	2004	2005	2006	2007
Primes émises	12.000	22.000	23.000	6.500	3.000	0
Primes acquises	7.200	18.000	22.600	13.100	4.400	1.200
Charge	8.500	13.000	15.500	5.500	2.000	500
Rapport S/P	118,06%	72,22%	68,58%	41,98%	45,45%	41,67%
Taux de commission	24,00%	26,52%	28,94%	44,00%	44,00%	44,00%
Commission	2.880	5.834	6.657	2.860	1.320	0
Résultat	–4.180	–834	443	4.740	1.080	700

Table 4-32. Compte de pertes et profits par année comptable

La technique de la commission à échelle a été développée avec pour objectif de permettre à la cédante de recevoir plus de commission lorsque le traité est profitable et moins de commission lorsque le traité est moins profitable. Utiliser une commission à échelle a pour effet de stabiliser les résultats du traité au fil des ans, en réduisant le profit du réassureur les bonnes années et en réduisant les pertes du réassureur les mauvaises années.

A partir de maintenant, nous ne donnons l'application numérique que pour le traité par année comptable afin de ne pas alourdir le texte.

4.5.2. Participation aux sinistres

La terminologie anglaise est souvent utilisée. On parle alors de *loss corridor*. Supposons qu'au cours d'une année calendrier, la sinistralité rapportée aux primes acquises dépasse un certain niveau. Le traité peut prévoir contractuellement une intervention de la cédante dans cette sinistralité exceptionnelle en excédent du taux de sinistre critique et avec un maximum déterminé dans les conditions du traité.

Par exemple, le traité prévoit une participation aux sinistres comme suit: la cédante participera pour 50% à la sinistralité du réassureur dépassant 76% et ce avec un maximum de 10% des primes acquises. Le taux de sinistre à retrancher du S/P du réassureur et à rajouter au S/P de la cession vaut $\tau_{PS} = \min(10\%, 50\% \times \max(0, S\,/\,P - 76\%))$. La Figure 4-2 décrit le fonctionnement de la participation aux sinistres, en fonction du $S/_P$ original:

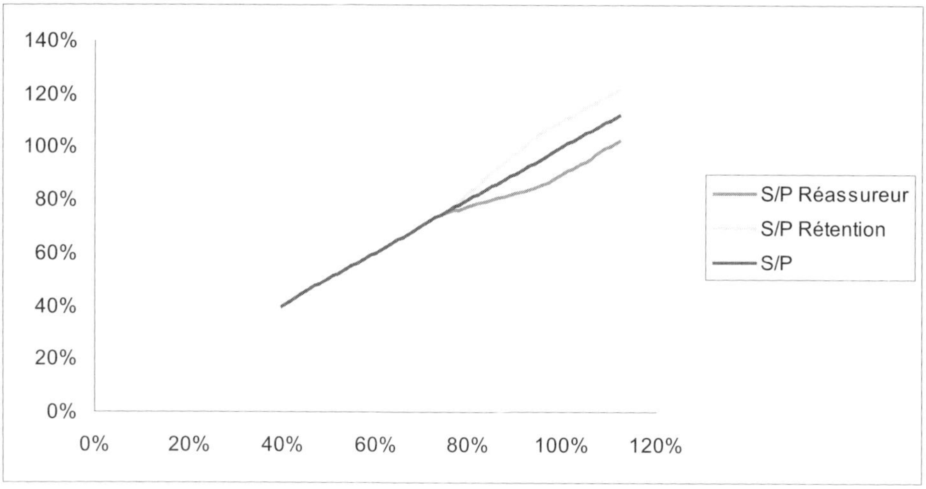

Figure 4-2. Fonctionnement de la participation aux sinistres

Nous observons que la participation aux sinistres a un effet assez désastreux sur le S/P de la rétention. Bien entendu, la cédante ne cède pas 100% de son portefeuille. La Figure 4-3 décrit l'effet de la participation aux sinistres sur le S/P global de la cédante en fonction d'une cession à 40% ou à 60%:

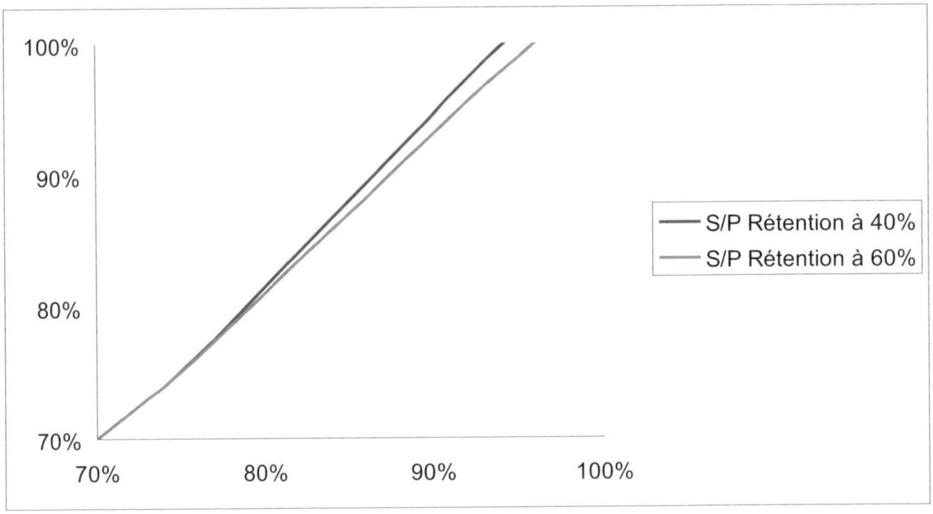

Figure 4-3. Effet de la participation aux sinistres

Reprenons notre exemple numérique et appliquons cette participation aux sinistres. La Table 4-33 donne le compte de pertes et profits par année comptable.

Année comptable	2002	2003	2004	2005	2006	2007
Primes émises	12.000	22.000	23.000	6.500	3.000	0
Primes acquises	7.200	18.000	22.600	13.100	4.400	1.200
Charge de sinistre	8.500	13.000	15.500	5.500	2.000	500
Taux de sinistre	118,06%	72,22%	68,58%	41,98%	45,45%	41,67%
Excédent de taux de sinistre	42,06%	0,00%	0,00%	0,00%	0,00%	0,00%
Participation en pourcentage	10,00%	0,00%	0,00%	0,00%	0,00%	0,00%
Participation en montant	720	0	0	0	0	0
Taux de commission	24,00%	26,52%	28,94%	44,00%	44,00%	44,00%
Commission	2.880	5.834	6.657	2.860	1.320	0
Résultat	–3.460	–834	443	4.740	1.080	700

Table 4-33. Compte de pertes et profits par année comptable

Il est clair qu'une clause de participation aux sinistres est très pénalisante pour l'assureur. En effet, ce dernier paie la prime de réassurance sous forme proportionnelle et lorsque la sinistralité atteint le seuil critique, le réassureur réduit son intervention, ce qui aggrave d'autant la situation de la cédante. Ce type de clause sera exigé par le réassureur lorsque le traité lui semble désespéré (en termes de résultats profitables). La cédante ne devrait accepter ce type de clause que lorsqu'elle estime avoir pris toutes les mesures afin d'éviter que le rapport S/P n'atteigne le seuil critique. Si c'est effectivement le cas, la clause aura eu un effet moralisateur sur la cédante.

4.5.3. Participation aux pertes

La participation aux pertes est l'équivalent de la participation aux sinistres lorsque l'on échange le ratio sinistres à primes par le ratio combiné ($\frac{\text{Sinistres}}{\text{Primes acquises}} + \frac{\text{Commission}}{\text{Primes émises}}$). Ici la cédante est amenée à participer aux mauvais résultats lorsque le ratio combiné dépasse un certain seuil.

Dans notre exemple numérique, appliquons une participation aux pertes de 50% de la perte au-delà de 96% avec un maximum de 20% des primes acquises. La Table 4-34 donne le compte de pertes et profits du réassureur pour les différentes années comptables.

Année comptable	2002	2003	2004	2005	2006	2007
Primes émises	12.000	22.000	23.000	6.500	3.000	0
Primes acquises	7.200	18.000	22.600	13.100	4.400	1.200
Charge de sinistre	8.500	13.000	15.500	5.500	2.000	500
Taux de sinistre	118,06%	72,22%	68,58%	41,98%	45,45%	41,67%
Taux de commission	24,00%	26,52%	28,94%	44,00%	44,00%	44,00%
Commission	2.880	5.834	6.657	2.860	1.320	0
Ratio combiné	142,06%	98,74%	97,53%	85,98%	89,45%	85,67%
Excédent de taux	46,06%	2,74%	1,53%	0,00%	0,00%	0,00%
Participation en pourcentage	20,00%	1,37%	0,76%	0,00%	0,00%	0,00%
Participation en montant	1.440	247	173	0	0	0
Résultat	–2.740	–587	616	4.740	1.080	700

Table 4-34. Compte de pertes et profits par année comptable

4.5.4. Report de pertes et profits excessifs

Afin de lisser les résultats d'un traité sur plusieurs années, il peut être adéquat de reporter sur l'année suivante un résultat exceptionnel, que celui-ci soit bon ou mauvais, en vue du calcul de la commission à échelle.

Le traité peut en effet prévoir que l'excédent d'un taux de sinistre déterminé est reporté vers l'année suivante. Ceci aura pour effet d'éviter le paiement d'une commission de réassurance élevée l'année suivante alors que l'année en cours a été très mauvaise. Il y a donc une forme de lissage.

De manière identique, le traité peut prévoir que la différence positive entre un taux de sinistre seuil et le taux de sinistre observé puisse être reportée vers l'année suivante. Il s'agit en fait d'une sorte de bonus pour la cédante, qui entraînera une diminution du taux de sinistre de l'année suivante et, par conséquent, une commission de réassurance plus élevée. La perte excessive, ou le bonus, peuvent être reportés jusqu'à extinction ou pendant une période limitée. Prenons l'exemple suivant:

La sinistralité en excédent de 76% est reportée jusqu'à extinction. La sinistralité en dessous de 46% est reportée jusqu'à extinction. La Table 4-35 présente les statistiques par année comptable.

Année comptable	2002	2003	2004	2005	2006	2007
Primes émises	12.000	22.000	23.000	6.500	3.000	0
Primes acquises	7.200	18.000	22.600	13.100	4.400	1.200
Charge de sinistre	8.500	13.000	15.500	5.500	2.000	500
Taux de sinistre	118,06%	72,22%	68,58%	41,98%	45,45%	41,67%
Report du passé	0	3.028	2.348	672	0	–24
Charge pour calcul du taux de com.	8.500	16.028	17.848	6.172	2.000	476
S/P pour calcul du taux de com.	118,06%	89,04%	78,97%	47,11%	45,45%	39,67%
Taux de commission	24,00%	24,00%	24,00%	43,26%	44,00%	44,00%
Commission	2.880	5.280	5.520	2.812	1.320	0
Perte excessive	42,06%	13,04%	2,97%	0,00%	0,00%	0,00%
Perte en montant	3028	2348	672	0	0	0
Profit excessif	0,00%	0,00%	0,00%	0,00%	0,55%	6,33%
Profit en montant	0	0	0	0	24	76
Report	3.028	2.348	672	0	–24	–76
Résultat	–4.180	–280	1.580	4.788	1.080	700

Table 4-35. Compte de pertes et profits par année comptable

Analysons à la Table 4-36 le résultat du réassureur lorsque le report de pertes ou de profits excessifs est limité dans le temps.

	2002	2003	2004	2005	2006	2007
Primes émises	12.000	22.000	23.000	6.500	3.000	0
Primes acquises	7.200	18.000	22.600	13.100	4.400	1.200
Charge sinistre	8.500	13.000	15.500	5.500	2.000	500
Taux de sinistre	118,06%	72,22%	68,58%	41,98%	45,45%	41,67%
Report du passé	0	3.028	0	0	–526	–24
Charge pour calcul du taux de com.	8.500	16.028	15.500	5.500	1.474	476
S/P pour calcul du taux de com.	118,06%	89,04%	68,58%	41,98%	33,50%	39,67%
Taux de commission	24,00%	24,00%	28,94%	44,00%	44,00%	44,00%
Commission	2.880	5.280	6.657	2.860	1.320	0
Perte excessive	42,06%	13,04%	0,00%	0,00%	0,00%	0,00%
Perte en montant	3.028	2.348	0	0	0	0
Profit excessif	0,00%	0,00%	0,00%	4,02%	12,50%	6,33%
Profit en montant	0	0	0	526	550	76
Report	3.028	0	0	–526	–24	–52
Résultat	–4.180	–280	443	4.740	1.080	700

Table 4-36. Perte excessive avec report de un an

4.5.5. Participation bénéficiaire

Une autre technique permettant de partager le profit du réassureur consiste à assortir le traité de réassurance d'une participation bénéficiaire. Dans ce cas, la commission sera généralement fixe car il n'y a pas de raison d'utiliser une commission à échelle et une participation bénéficiaire. Souvent la participation bénéficiaire prévoit qu'une fraction du profit est servie à l'assureur. Le profit est contractuellement défini comme étant la prime de réassurance moins les sinistres moins la commission de réassurance moins un forfait censé représenter les frais du réassureur (souvent 7,5% ou 5% de la prime de réassurance). De plus la participation bénéficiaire fait généralement l'objet d'un report de pertes. En clair si un traité est en perte, celle-ci est reportée vers les années suivantes en vue d'atténuer les bénéfices futurs et par conséquent les participations bénéficiaires futures. Il est en effet peu logique de servir des participations bénéficiaires après que le réassureur a subi de grosses pertes.

Dans le cas de la résiliation d'un traité par exercice de survenance de sinistres, ou par exercice de souscription, le compte charges-produits établi pour la dernière année de validité du traité fera l'objet d'ajustements à la fin de chaque année ultérieure aussi longtemps que des sinistres resteront à régler, et la participation bénéficiaire déjà octroyée sera adaptée en conséquence.

Le compte charges-produits, qui permet de déterminer si une participation bénéficiaire peut être servie, dépend du type de statistiques comptables retenues:

Statistiques par année de souscription

a) Produits
   i. Primes émises
   ii. Profit reporté
   iii. Participation aux sinistres ou aux pertes

b) Charges
   i. Sinistres payés
   ii. Réserves pour sinistres en suspens
   iii. Perte reportée
   iv. Commission de réassurance
   v. Frais d'administration du réassureur
   vi. Autres frais: taxes (dans certains pays, les primes de réassurance sont grevées d'une taxe), courtage, ...

Statistiques par année comptable

a) Produits
   i. Primes émises
   ii. Réserve de prime entrante OU entrée de portefeuille-primes
   iii. Réserve pour sinistres en suspens entrante OU entrée de portefeuille-sinistres
   iv. Profit reporté
   v. Participation aux sinistres ou aux pertes

b) Charges
   i. Sinistres payés
   ii. Réserve pour sinistres en suspens sortante OU sortie de portefeuille-sinistres
   iii. Réserve de prime sortante OU sortie de portefeuille-primes
   iv. Perte reportée
   v. Commission de réassurance
   vi. Frais d'administration du réassureur

vii. Autres frais: taxes, courtage, ...

Statistiques par année de survenance

a) Produits

i. Primes émises

ii. Réserve de prime entrante OU entrée de portefeuille-primes

iii. Profit reporté

iv. Participation aux sinistres ou aux pertes

b) Charges

i. Sinistres payés

ii. Réserve pour sinistres en suspens

iii. Réserve de prime sortante OU sortie de portefeuille-primes

iv. Perte reportée

v. Commission de réassurance

vi. Frais d'administration du réassureur

vii. Autres frais: taxes, courtage, ...

Nous reprenons notre exemple numérique sous les hypothèses suivantes:

- commission à échelle telle que définie à la section 4.5.1,
- participation aux pertes telle que définie à la section 4.5.3,
- frais d'administration = 7,50% des primes émises,
- courtage = 2% des primes émises,
- taxes = 0,40% des primes émises,
- taux de participation bénéficiaire = 40%.

Le calcul de la participation bénéficiaire par année comptable lorsque l'on applique une commission à échelle et une participation aux pertes comme ci-dessus permet de servir une participation bénéficiaire comme mentionné à la Table 4-37. Comme nous l'avons déjà indiqué, il est peu logique de prévoir une participation bénéficiaire lorsqu'une commission à échelle est d'application. Cette situation existe toutefois, résultant le plus souvent de négociations multiples entre assureur et réassureur.

Année comptable	2002	2003	2004	2005	2006	2007
Primes acquises	7.200	18.000	22.600	13.100	4.400	1.200
Participation aux pertes	1.440	247	173	0	0	0
Charge de sinistres	8.500	13.000	15.500	5.500	2.000	500
Commission	2.880	5.834	6.657	2.860	1.320	0
Frais	900	1.650	1.725	488	225	0
Courtage	240	440	460	130	60	0
Taxes	48	88	92	26	12	0
Résultat	-3.928	-2.765	-1.661	4.097	783	700
Participation bénéficiaire	0	0	0	1.639	313	280

Table 4-37. Participation bénéficiaire

Le taux de participation bénéficiaire peut ne pas être fixe. Par exemple, on peut prévoir un taux de participation bénéficiaire dépendant de la hauteur du résultat positif comme suit:

Taux de PB	Portion du résultat
25%	Sur la part du résultat inférieure à 10% de la prime acquise
35%	Sur la part du résultat comprise entre 10% et 20% de la prime acquise
45%	Sur la part du résultat comprise entre 20% et 30% de la prime acquise
55%	Sur le solde

Table 4-38. Taux de participation bénéficiaire dépendant de la hauteur du résultat

Appliquant cette clause de participation bénéficiaire sur l'exemple ci-dessus, nous obtenons:

Année comptable	2002	2003	2004	2005	2006	2007
Primes acquises	7.200	18.000	22.600	13.100	4.400	1.200
Résultat	-3.928	-2.765	-1.661	4.097	783	700
Tranche 1	0	0	0	1.310	440	120
Tranche 2	0	0	0	1.310	343	120
Tranche 3	0	0	0	1.310	0	120
Tranche 4	0	0	0	167	0	340
Participation bénéficiaire tranche 1	0	0	0	328	110	30
Participation bénéficiaire tranche 2	0	0	0	459	120	42
Participation bénéficiaire tranche 3	0	0	0	590	0	54
Participation bénéficiaire tranche 4	0	0	0	92	0	187
Participation bénéficiaire totale	0	0	0	1.467	230	313

Table 4-39. Participation bénéficiaire à échelle

Le taux de participation bénéficiaire peut s'appliquer à la moyenne des résultats sur plusieurs années, de manière à lisser les bons résultats avec les moins bons. Par exemple, offrons une participation bénéficiaire basée sur un taux fixe de 40% sur le résultat moyen sur une période de trois ans. Il s'agit d'un système similaire au report de perte limité (voir ci-dessous).

Année comptable	2002	2003	2004	2005	2006	2007
Résultat	–3.928	–2.765	–1.661	4.097	783	700
Moyenne sur trois ans	–3.928	–3.347	–2.785	–110	1.073	1.860
Participation bénéficiaire	0	0	0	0	429	744

Table 4-40. Participation bénéficiaire sur résultat moyen sur période de trois ans

Souvent une clause de report des pertes est associée à la participation bénéficiaire. Les réassureurs la justifient en mettant en avant les relations de long terme entre réassureur et cédante. Le report de perte peut être illimité (comme à la Table 4-41) ou limité dans le temps (comme à la Table 4-42 (report de un an) ou à la Table 4-43 (report de deux ans)).

Année comptable	2002	2003	2004	2005	2006	2007
Résultat	–3.928	–2.765	–1.661	4.097	783	700
Résultat avec report	–3.928	–6.693	–8.355	–4.258	–3.475	–2.775
Participation bénéficiaire	0	0	0	0	0	0

Table 4-41. Participation bénéficiaire avec report de perte illimité

Année comptable	2002	2003	2004	2005	2006	2007
Résultat	–3.928	–2.765	–1.661	4.097	783	700
Résultat avec report	–3.928	–6.693	–4.427	2.435	783	700
Participation bénéficiaire	0	0	0	974	313	280

Table 4-42. Participation bénéficiaire avec report de perte limité à un an

Année comptable	2002	2003	2004	2005	2006	2007
Résultat	–3.928	–2.765	–1.661	4.097	783	700
Résultat avec report	–3.928	–6.693	–8.355	–330	783	700
Participation bénéficiaire	0	0	0	0	313	280

Table 4-43. Participation bénéficiaire avec report de perte limité à deux ans

Il est évidemment possible d'inventer une multitude de types de participations bénéficiaires.

La commission à échelle est la combinaison d'une commission fixe et d'une participation bénéficiaire. Dès lors une participation bénéficiaire ne devrait pas exister en plus d'une commission à échelle.

4.5.6. *Participation bénéficiaire sur plusieurs traités*

Il est d'usage sur certains marchés (comme l'Espagne, l'Italie, la Grèce ou le Portugal) que la cédante invite le réassureur à participer à l'ensemble de ses traités (on parle alors d'un bouquet), en servant une participation bénéficiaire calculée sur le résultat global des traités.

Par exemple: le réassureur accordera à la cédante une participation bénéficiaire de 25% dans les bénéfices laissés par l'ensemble des traités suivants: quote-part incendie, 1er excédent de plein incendie et 2e excédent de plein incendie.

Notons qu'il existe encore une multitude d'autres méthodes permettant de partager la sinistralité ou le résultat du traité entre assureur et réassureur. L'imagination des actuaires et des courtiers de réassurance est sans limite.

4.6. *Formes de réassurance proportionnelle*

En réassurance proportionnelle, il convient de définir le taux de cession. Celui-ci est appliqué aux primes de l'assureur pour former la prime de réassurance et il est également appliqué aux sinistres de l'assureur pour déterminer l'intervention du réassureur dans les sinistres. Le taux de cession peut varier d'une police à l'autre. Il existe essentiellement quatre formes de réassurance proportionnelle:

- la quote-part: le taux de cession y est identique pour toutes les polices du portefeuille réassuré,
- l'excédent de plein: le taux de cession varie en fonction d'une rétention (appelée le plein) et de la somme assurée de la police de manière telle qu'en cas de sinistre total, la cédante ne garde pas plus que le plein en rétention,
- la quote-part variable, qui est une quote-part dont le taux de cession peut varier en fonction de sous-portefeuilles définis au traité,
- l'excédent de plein avec tableau de pleins, qui est un excédent de plein dont le plein peut varier en fonction de sous-portefeuilles définis au traité.

L'objet des sections 4.7 à 4.10 est de passer en revue les diverses formes de réassurance proportionnelle et d'en mettre en évidence les avantages et inconvénients.

Comme déjà indiqué aux sections précédentes, la négociation portant sur les conditions contractuelles se fait sur la hauteur de la commission de réassurance, ainsi que sur l'application d'autres clauses telles la participation bénéficiaire, la participation aux sinistres, ou aux pertes, ... Dans les sections qui suivent, nous n'analysons que les primes et sinistres sans nous préoccuper de la commission de réassurance et des autres clauses.

4.7. Quote-part

Dans un traité en quote-part, encore appelé traité en participation, cédante et réassureur conviennent d'une cession identique des primes et de la sinistralité. Chaque sinistre, quelle que soit sa hauteur est partagé selon la même proportion entre assureur et réassureur.

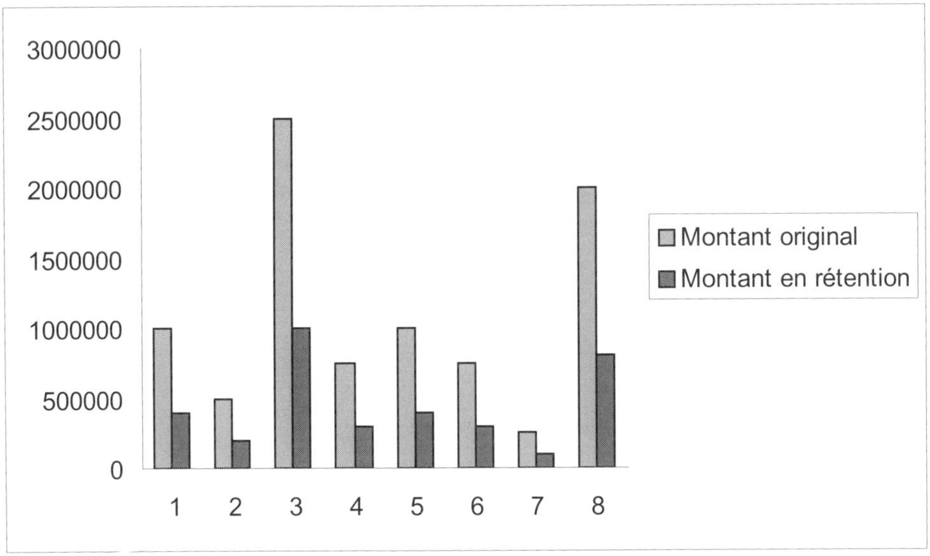

Figure 4-4. Fonctionnement du traité en quote-part

Comme c'est le cas d'une manière générale en réassurance (voir section 10.7), la cédante fait appel à plusieurs réassureurs pour obtenir sa couverture de réassurance. Il convient alors de faire attention au libellé de la cession: les parts des réassureurs s'expriment-elles en fonction de la prime originale ou en fonction de la part cédée au traité? Une même cession peut être libellée de deux manières différentes. Par exemple, les deux libellés suivants sont équivalents:

- La cédante cède 60% des primes. Le réassureur A participe à 30% de la cession tandis que le réassureur B participe à 70% de la cession.

– La cédante cède 60% des primes. Le réassureur A participe pour 18% des primes originales tandis que le réassureur B participe pour 42% des primes originales.

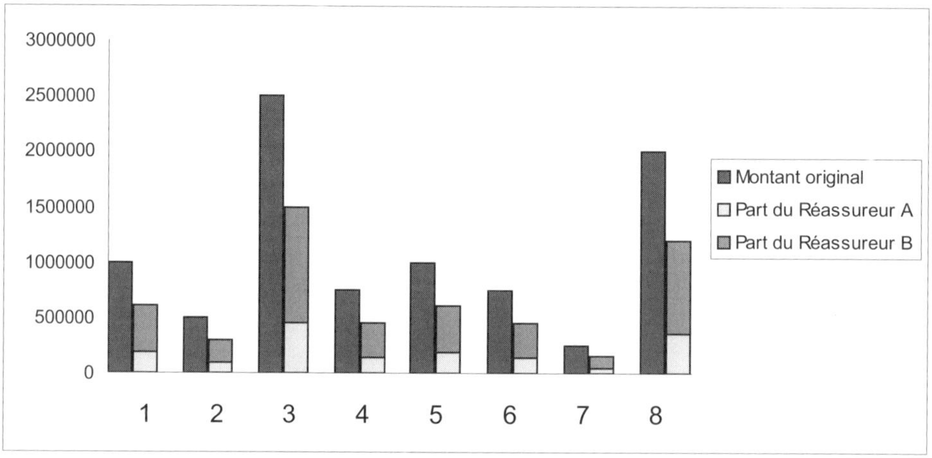

Figure 4-5. Fonctionnement du traité en quote-part

A partir de maintenant, nous ferons comme s'il n'y avait qu'un seul réassureur.

4.7.1. Modélisation

La modélisation de la réassurance en quote-part est extrêmement simple. Posons a le pourcentage de cession au réassureur. Soit P la prime originale. Alors aP représente la prime cédée en réassurance.

Soient $X_1,...,X_n$ les sinistres touchant le portefeuille d'assurance. Définissons $S = X_1 + \cdots + X_n$ la sinistralité agrégée de l'assureur. La sinistralité à charge du réassureur vaut

$$\begin{aligned} S^{\text{Re}} &= aX_1 + \ldots + aX_n \\ &= a(X_1 + \ldots + X_n) \\ &= aS. \end{aligned}$$

ce qui montre que la quote-part est une réassurance de type individuel et global (voir section 3.6).

4.7.2. Lien entre quote-part et capital économique

Soit u le capital d'une compagnie d'assurances. Soit S la variable aléatoire représentant la sinistralité à charge de la compagnie et soit F la fonction de répartition de S. Soit P la prime d'assurance servant à couvrir le risque. Sans réassurance en quote-part, la probabilité de ruine, c'est-à-dire la probabilité que la sinistralité dépasse le capital et les primes encaissées, s'écrit:

$$P[S > u + P].$$

Supposons à présent une quote-part de cession a. La probabilité de ruine devient:

$$P[(1-a)S > u + P(1-a)] = P[S > \frac{u}{1-a} + P].$$

Nous constatons donc que le fait de bénéficier d'une quote-part autorise la cédante à avoir un capital plus petit ($u(1-a) < u$) si l'objectif est de garder une probabilité de ruine constante. Autrement dit, la quote-part de taux de cession a est équivalente à une augmentation de capital de $\frac{100}{1-a}$% selon le critère de la probabilité de ruine.

4.7.3 Avantages

Le traité en participation s'utilisera par exemple en début d'activité: au début une grande cession puis réduction progressive jusqu'à ne plus rien céder en quote-part. En effet, en début d'activité, la cédante a besoin de se constituer un portefeuille susceptible de supporter des écarts majeurs dus à la malchance (le portefeuille étant petit, la loi des grands nombres joue mal). Dès que ce portefeuille est arrivé à maturité (du point de vue de la loi des grands nombres), la cédante peut se passer de sa réassurance en quote-part.

Egalement en début d'activité, la cédante pourra faire appel à son réassureur qui lui fournira des éléments techniques tels que tarifs, modèles de polices, suivi de la sinistralité.

En début d'activité, le réassureur propose une aide financière en ce sens qu'il prend en charge sa part des provisions techniques, qui peuvent être très importantes lorsque le portefeuille est en croissance pour les branches à développement long.

Ceci est également vrai en ce qui concerne le financement des frais d'acquisition pour les compagnies d'assurance-vie qui démarrent. On parle alors de quote-part de financement.

Au niveau comptable, la réassurance en quote-part peut servir à l'établissement d'une marge de solvabilité satisfaisante comme indiqué à la section précédente.

La quote-part permet de réaliser une stabilisation absolue du résultat de l'assureur comme indiqué à la Figure 4-6:

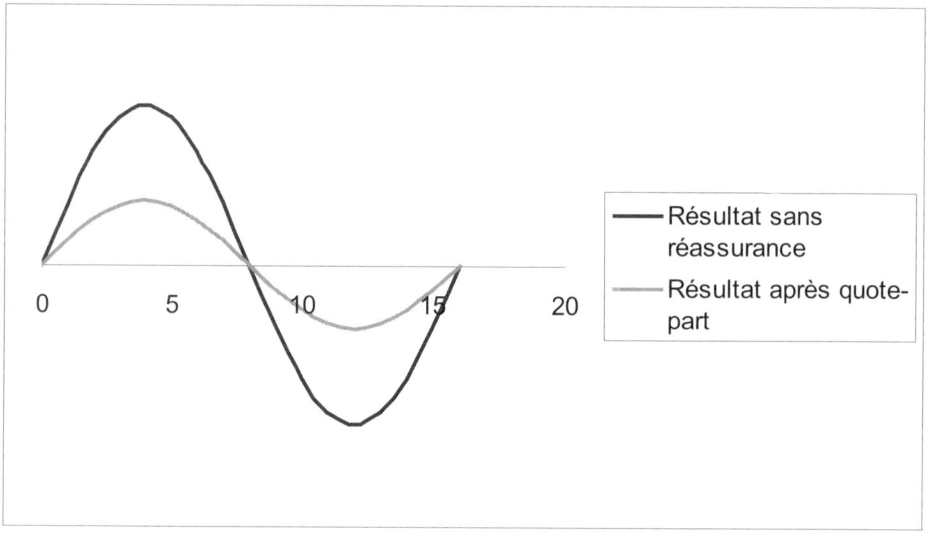

Figure 4-6. Stabilisation du résultat

La réassurance en quote-part augmente la capacité de souscription de la cédante. Supposons en effet qu'une petite compagnie puisse souscrire des risques ayant une somme assurée de 10.000.000 EUR. Si un risque présentant une somme assurée de 20.000.000 EUR est présenté à la compagnie, elle doit le décliner, ou faire appel à la coassurance. Grâce à une réassurance en quote-part de taux de cession 50%, ce risque peut être souscrit par la compagnie.

La gestion d'un traité en participation est assez simple puisqu'une même proportion de chaque prime et de chaque sinistre est cédée au réassureur.

Cette simplicité implique que ce type de traité peut être facilement utilisé, par exemple dans le cadre de la réciprocité (voir chapitre 11 pour plus de détails).

La réassurance en quote-part peut fournir un complément de prime à un réassureur si ce dernier est réticent à accepter des traités par ailleurs déséquilibrés et amenant peu de primes.

4.7.4 Inconvénients

Tout en réduisant la charge de sinistres supportée par la cédante, elle ne la limite pas. En effet si la sinistralité peut être infinie, même après application d'une réassurance en quote-part, la sinistralité à charge de la cédante reste infinie. A contrario, elle fait intervenir le réassureur même dans le plus petit sinistre, ce qui implique de potentiels grands montants de primes à céder. Enfin, la réassurance en quote-part ne rend pas le portefeuille plus homogène. En effet, le coefficient de variation après quote-part est identique au coefficient de variation du portefeuille original:

$$\frac{\sigma_{(1-a)S}}{\mu_{(1-a)S}} = \frac{(1-a)\sigma_S}{(1-a)\mu_S} = \frac{\sigma_S}{\mu_S}.$$

Autrement dit, la variabilité relative du résultat n'est pas modifiée après application de la quote-part. Il en résulte que le portefeuille réassuré n'est pas plus homogène que le portefeuille original.

La Figure 4-7 montre les sommes assurées originales et en rétention après une quote-part de cession 60 %:

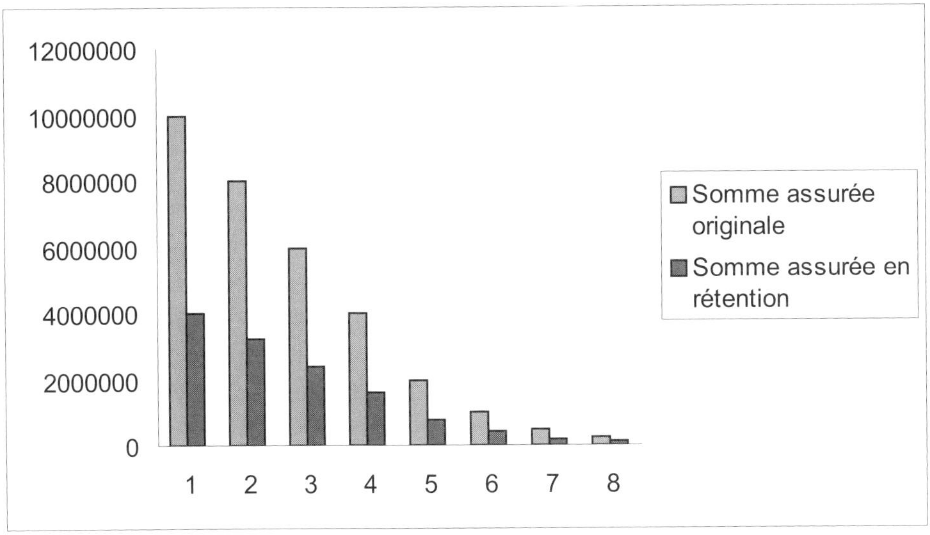

Figure 4-7. Sommes assurées originales et en rétention

Nous y constatons que le portefeuille après réassurance n'est pas plus homogène qu'avant réassurance. Tout au plus subira-t-il des variations absolues d'amplitude moindre.

L'augmentation de la capacité de souscription est limitée. En effet, supposons que la limite de souscription d'un assureur soit fixée à 1.000.000. Cet assureur a la possibilité de souscrire une police dont la somme assurée vaut 10.000.000. Si la quote-part est la seule réassurance disponible, ceci ne peut se faire que moyennant une quote-part de taux de cession $\tau = 90\%$, ce qui implique une énorme cession en réassurance, probablement non voulue par l'assureur. De même l'exposition totale n'est réduite que de manière limitée avec une quote-part.

La quote-part est inadéquate contre l'accumulation de petits sinistres, par exemple une dérive au niveau du nombre de réclamations dans le cadre d'une assurance soins de santé, ou responsabilité générale (une accumulation de petits sinistres dus à un même événement est généralement couverte par un traité en excédent de sinistre par événement (voir section 5.1)). Toutefois, en l'absence de protection en excédent de perte annuelle (que nous décrivons à la section 5.2), la quote-part reste la meilleure protection contre l'accumulation de petits sinistres.

Tous les risques en portefeuille sont réassurés, ce qui, intuitivement, ne semble pas nécessaire. Ceci implique aussi une grosse cession de prime.

4.8. *Excédent de plein*

La réassurance en excédent de plein tente d'apporter des solutions aux inconvénients de la réassurance en quote-part. En particulier, nous avons observé que la quote-part ne coupe pas les pointes, ce qui, pourtant, semble souhaitable pour la cédante. Dès lors, en réassurance en excédent de plein, l'on définit un plein de rétention, ou plein de conservation, que nous noterons R. Le plein (ou *line* en anglais) est le montant monétaire maximal que la cédante souhaite prendre en charge lorsqu'un sinistre survient. Le taux de cession est alors défini, risque par risque, en fonction du capital assuré et de ce plein, de manière à ce qu'un sinistre total ne coûte que le plein à la cédante. Pour les risques dont le capital assuré ne dépasse pas le plein, il n'y a pas de réassurance. Les petits risques ne sont donc pas réassurés, ce qui semble logique, et permet de céder moins de prime au réassureur. Le taux de cession vaut $\tau = \max\left(0{,}1 - \frac{R}{SI}\right)$ où R est le plein et SI le capital assuré, ou somme assurée (*sum insured* en anglais). La réassurance en excédent de plein, ou en excédent de sommes, ou en excédent de capitaux, ou en surplus (en anglais *surplus reinsurance*) partage la prime et le montant de sinistre proportionnellement selon une fraction valant le plein rapporté à la somme assurée.

La Figure 4-8 montre l'écrêtement des sommes assurées à un plein de rétention valant 2.000.000. Notons que l'on parlera fréquemment de plein, ou rétention, ou, en anglais, *line*.

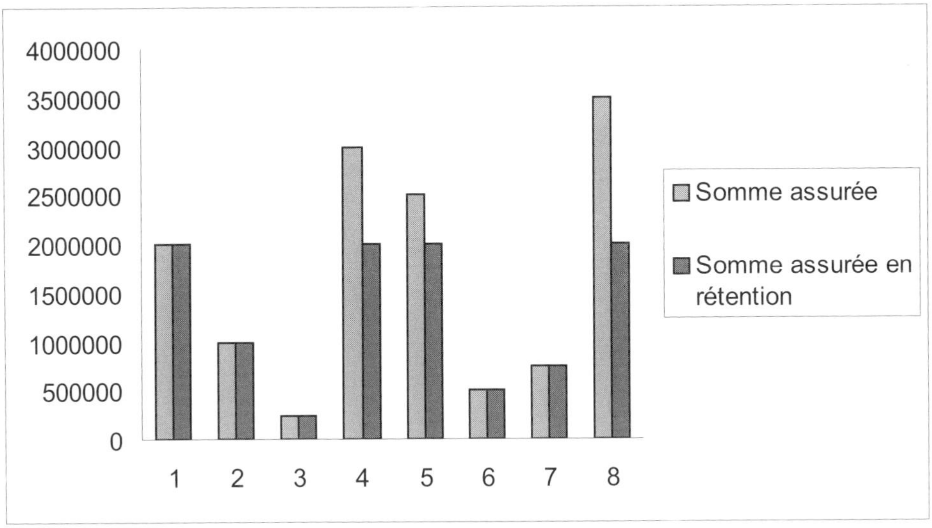

Figure 4-8. Fonctionnement de l'excédent de plein

4.8.1. Modélisation

Définissons R le plein de rétention de la cédante. Le plein est le montant de sinistre maximum que la cédante juge pouvoir conserver. Un risque dont la somme assurée, notée SI, est inférieure au plein ne bénéficiera pas de la réassurance. Un risque dont la somme assurée dépasse le plein bénéficiera de la réassurance en excédent de plein. En échange une portion de la prime relative à ce risque devra être cédée au réassureur. Le taux de cession de prime est défini par

$$\tau = \max\left(0{,}1 - \frac{R}{SI}\right).$$

Lorsqu'un sinistre S survient, le réassureur prend à sa charge τS . Si le sinistre est total ($S = SI$), le coût à charge de la cédante est $(1-\tau)SI = \frac{R}{SI}SI = R$, soit, comme convenu, le plein de rétention.

En pratique, un excédent de plein est limité à un certain nombre de pleins, disons m pleins. Le réassureur limite ainsi sa capacité à m pleins. La capacité de souscription totale est donc $R(1+m)$. Si nécessaire, la cédante peut acheter une réassurance dite en deuxième excédent pour le cas où cette capacité de souscription se révèlerait insuffisante. Un troisième, un quatrième excédent de pleins sont également imaginables. Il est clair que les traités en deuxième, troisième, quatrième excédent sont nettement plus déséquilibrés que des traités en premier excédent: en effet, le réassureur reçoit une toute petite portion de la prime tandis qu'il doit potentiellement subir de très importants sinistres. Autrement dit un seul sinistre peut annihiler plusieurs années de bénéfice. Pour ces raisons, les conditions de réassurance de ce traité sont généralement moins favorables pour l'assureur que pour le premier excédent. Souvent une part dans un surplus déséquilibré peut être couplée à une part dans le traité en quote-part, de manière à limiter le déséquilibre.

Si la capacité est limitée à m pleins, le taux de cession s'écrit

$$\tau = \min\left(\max\left(0, 1 - \frac{R}{SI}\right), \frac{mR}{SI}\right).$$

En pratique, chaque somme assurée est différente (SI). Chaque risque présente donc un taux de cession différent, ce qui est lourd d'un point de vue administratif:

$$\tau_i = \min\left(\max\left(0, 1 - \frac{R}{SI_i}\right), \frac{mR}{SI_i}\right).$$

Soit S_i la variable aléatoire représentant la sinistralité du $i$ème risque en portefeuille, alors la sinistralité totale à charge du réassureur est

$$S^{Ré} = \sum_{i=1}^{n} \tau_i S_i.$$

Obtenir la moyenne et la variance de la sinistralité du réassureur est donc aisé. Par contre, on comprend immédiatement qu'obtenir la distribution de probabilité de la sinistralité du réassureur sera une tâche ardue. Nous reviendrons sur ce point au chapitre 12. Notons que la sinistralité du réassureur peut également s'écrire comme suit:

$$S = \sum_{i=1}^{n} \frac{S_i}{SI_i} \min(\max(0, SI_i - R), mR).$$

Illustrons le fonctionnement de la réassurance en surplus avec le programme de réassurance suivant:

Plein: 1.000.000

Premier surplus: 5 pleins

Deuxième surplus: 10 pleins

Troisième surplus: 15 pleins

En conclusion, la capacité de souscription de la cédante vaut 31.000.000.

Supposons un risque de somme assurée 23.000.000. La prime originale pour ce risque vaut 46.000.

Cette prime est à partager entre la cédante et les réassureurs comme suit:

$$\text{Rétention} = 46.000 \times \frac{1.000.000}{23.000.000} = 4,35\% \times 46.000 = 2.000$$

$$\text{Surplus 1} = 46.000 \times \frac{5.000.000}{23.000.000} = 21,74\% \times 46.000 = 10.000$$

$$\text{Surplus 2} = 46.000 \times \frac{10.000.000}{23.000.000} = 43,48\% \times 46.000 = 20.000$$

$$\text{Surplus 3} = 46.000 \times \frac{7.000.000}{23.000.000} = 30,43\% \times 46.000 = 14.000$$

Supposons qu'un sinistre de 5.000.000 survienne. Il sera partagé entre les réassureurs comme suit:

$$\text{Rétention} = 5.000.000 \times 4,35\% = 217.391$$

$$\text{Surplus 1} = 5.000.000 \times 21,74\% = 1.086.957$$

$$\text{Surplus 2} = 5.000.000 \times 43,48\% = 2.173.913$$

$$\text{Surplus 3} = 5.000.000 \times 30,43\% = 1.521.739$$

4.8.2. Avantages

La réassurance en excédent de plein substitue au portefeuille assuré, un portefeuille conservé pour propre compte plus homogène puisque, pour tout risque assuré pour un montant supérieur au plein de conservation, l'engagement de la cédante est limité à ce plein. Nous avons observé à la section 4.7.4 que la quote-part, elle, n'améliore pas l'homogénéité relative du portefeuille.

Grâce à l'excédent de plein, l'exposition maximale par risque est limitée au plein. Prenons un exemple pour lequel la capacité de souscription de l'assureur vaut 1.000.000 et la somme assurée du risque proposé vaut 10.000.000. Grâce à un excédent de plein, dont le plein vaut 1.000.000, la cédante obtient une protection sans devoir céder la quasi-totalité de son portefeuille. Bien entendu, pour la police en question, la cession sera de 90%, mais pour les autres risques en portefeuille, de sommes assurées plus faibles, la cession sera plus petite. Il est donc plus aisé d'augmenter la capacité de souscription avec un excédent de plein qu'avec une quote-part.

La cession de prime est moindre avec un excédent de plein, ce qui est sans doute souhaitable. En particulier, les petits risques, dont la somme assurée est inférieure au plein, ne sont pas réassurés.

4.8.3. Inconvénients

La réassurance en surplus est complexe dans son fonctionnement et lourde dans sa gestion. En résumé, elle est très lourde d'un point de vue administratif. L'excédent de plein est nettement plus lourd au niveau de la gestion que la quote-part puisque chaque police doit être analysée pour déterminer le taux de cession y afférant, la cession de prime et la responsabilité du réassureur dans la sinistralité.

L'argument de lourdeur administrative devrait perdre de son poids à l'ère du traitement électronique de l'information.

Par ailleurs, une grosse fraction de la prime reste cédée au réassureur et de petits sinistres peuvent mener à une intervention du réassureur si la police relative au sinistre a un capital assuré plus élevé que le plein. Prenons un exemple. Soit une police de somme assurée 1.000.000. Supposons que le plein est 500.000, soit une cession de 50% pour ce risque. Si un sinistre de 100 survient, le réassureur interviendra à hauteur de 50, ce qui ne semble pas nécessaire, mais est rendu obligatoire du fait du caractère proportionnel de la réassurance.

La réassurance en excédent de plein ne peut fonctionner qu'avec des branches d'assurances pour lesquelles la somme assurée est déterminée (donc pas les branches de responsabilité, sauf si ces dernières sont expressément limitées en montant dans la police originale).

Enfin ce type de réassurance reste inadéquat contre le risque d'accumulation de petits sinistres.

4.8.4. Excédent de plein avec cession minimale

Il s'agit d'un excédent de plein classique mais pour lequel le pourcentage de cession (lorsqu'il est positif) doit dépasser un minimum, noté $\tau_{\min}$. La formule devient

$$\tau = \begin{cases} 0 & \text{si} \quad SI < R \\ \max(\tau_{\min}, 1 - \dfrac{R}{SI}) & \text{si} \quad SI \geq R. \end{cases}$$

Il s'agit d'un moyen pour le réassureur de s'assurer d'une prime minimale, par exemple lorsqu'il a fourni une aide technique importante à la cédante et qu'il veut récupérer ses coûts par le bénéfice attendu en réassurance.

4.9. Quote-part variable

Une variante de la quote-part est la quote-part variable: le portefeuille est découpé en sous-portefeuilles et un taux de cession est contractuellement défini pour chaque sous-portefeuille. La quote-part variable se rencontre rarement. La quote-part variable permet de réduire la variabilité relative en rétention. Il en va de même pour un assureur qui protège ses diverses branches d'assurance par plusieurs traités en quote-part.

Supposons une compagnie d'assurance couvrant quatre branches en réassurance en quote-part. Nous supposons, pour simplifier, que la commission de réassurance couvre exactement les chargements de l'assureur. Les caractéristiques des quatre branches sont les suivantes:

Branche	1	2	3	4	Portefeuille
Prime	625	1.250	1.875	2.500	6.250
Sinistralité moyenne	500	1.000	1.500	2.000	5.000
Déviation-standard de la sinistralité	300	350	1.000	400	1.171

Table 4-44. Caractéristiques du portefeuille

Nous supposons ici que les risques sont indépendants.

Pour la branche 1, le gain attendu vaut 625 – 500 = 125. Il est à comparer à la déviation-standard, 300.

Supposons que la branche 1 soit réassurée au moyen d'une quote-part dont le taux de cession est 50%. Nous obtenons

Branche	1
Prime en rétention	312,5
Sinistralité moyenne en rétention	250
Déviation-standard de la sinistralité en rétention	150

Table 4-45. Rétention de la branche 1

Le gain attendu en rétention vaut 312,5 – 250 = 62,5, à comparer à la déviation-standard de la sinistralité en rétention, 150. D'un point de vue relatif, il n'y a pas de gain par rapport à la situation sans réassurance.

Supposons à présent que l'assureur souhaite réassurer les quatre branches au moyen d'une quote-part. Supposons également qu'il souhaite conserver un gain attendu de 600. On peut alors démontrer (voir Glineur & Walhin (2006)) que les taux de cession permettant de minimiser la déviation-standard du portefeuille sont les suivants:

Branche	1	2	3	4
Taux de cession	65,09%	48,70%	90,57%	21,45%

Table 4-46. Taux de cession optimaux

La déviation-standard en rétention vaut 388, à comparer au gain moyen en rétention, 600. Nous constatons que la rétention est plus homogène que le portefeuille original, qui avait pour caractéristiques: gain moyen: 1.250; déviation-standard: 1.171.

4.10. Excédent de plein avec tableau de pleins

Certains assureurs adoptent des pleins différents par classe de risques. A un taux de prime plus élevé, ils font correspondre un plein plus faible généralement fixé d'une manière telle que le produit du taux de prime par le plein de conservation soit constant. L'assureur qui opère ainsi, vise à réaliser une certaine uniformisation des charges de sinistres. Supposons 5 taux de primes: t_1, t_2, t_3, t_4 et t_5. Soit R_1 le plein de conservation correspondant à la première classe. Alors: $R_j = {}^{t_1}\!/_{t_j}\, R_1$, $j = 2, 3, 4, 5$.

Le tableau de pleins (*table of lines* en anglais) est en général plus compliqué que cela et les classes de risques plus diversifiées et classifiées de manière plus qualitative.

Grâce au tableau de pleins, la cédante est en mesure de garder ses bons risques et de ne céder que ses mauvais risques. On peut voir apparaître à ce niveau un risque d'anti-sélection contre le réassureur.

Dans un traité en excédent de plein avec tableau de pleins, la rétention de la cédante est déterminée par nature d'affaires (soit en fonction du tarif, soit en fonction de la catégorie des risques). La cédante établit un tableau de pleins, qui fait partie du traité de réassurance.

Supposons qu'il y ait k types d'affaires dans le portefeuille de la cédante:

Type	Nombre de risques	Plein	Capacité
1	n_1	R_1	m_1
⋮	⋮	⋮	⋮
k	n_k	R_k	m_k

Table 4-47. Tableau de pleins

Clairement, le plein est plus petit pour les classes de risques pour lesquelles le taux de prime est plus élevé. Notons qu'il est possible de construire un tableau de pleins sans faire usage de telles formules mathématiques. La cédante peut très bien construire son tableau de pleins comme bon lui semble et y classer ses risques comme elle l'entend.

La Table 4-48 donne un exemple de tableau de pleins:

	Rétention	Capacité
Risques simples		
10 Risques de simple habitation et assimilé	40.000.000	80.000.000
11 Risques publics	20.000.000	60.000.000
12 Risques de 2e catégorie	12.500.000	37.500.000
13 Risques de 3e catégorie	10.500.000	31.500.000
14 Risques de 4e catégorie	7.500.000	22.500.000
15 Risques de 5e catégorie	4.000.000	12.000.000
16 Risques en dur couverts de chaume ignifugé	2.500.000	7.500.000
17 Risques agricoles		
170 Immeuble et contenu		
1700 meilleur risque agricole partiel	8.000.000	24.000.000
1701 risque agricole moyen et partiel	6.000.000	18.000.000
1702 risque agricole traditionnel complet	4.000.000	12.000.000
171 Contenu seul		
1710 meilleur risque agricole partiel	4.000.000	12.000.000
1711 risque agricole moyen et partiel	3.000.000	9.000.000
1712 risque agricole traditionnel complet	2.000.000	6.000.000
172 Récoltes seules	1.500.000	4.500.000
173 Meubles	600.000	1.800.000
174 Hangars ouverts	600.000	1.800.000
175 Tracteurs agricoles sans matériel de battage	600.000	1.800.000
18 Véhicules automoteurs en cours de route	600.000	1.800.000
Risques industriels		
20 jusqu'à 0.80 pour mille	18.000.000	54.000.000
21 de 0.81 pour mille à 1.20 pour mille	14.000.000	42.000.000
22 de 1.21 pour mille à 1.50 pour mille	12.000.000	36.000.000
23 de 1.51 pour mille à 2.00 pour mille	10.000.000	30.000.000
24 de 2.01 pour mille à 2.50 pour mille	8.000.000	24.000.000
25 de 2.51 pour mille à 3.00 pour mille	6.000.000	18.000.000
26 de 3.01 pour mille à 4.00 pour mille	4.000.000	12.000.000
27 de 4.01 pour mille à 5.00 pour mille	3.000.000	9.000.000
28 de 5.01 pour mille à 6.00 pour mille	2.500.000	7.500.000
29 de 6.01 pour mille à 8.00 pour mille	1.750.000	5.250.000
30 de 8.01 pour mille à 10.00 pour mille	1.250.000	3.750.000
31 plus de 10.01 pour mille	600.000	1.800.000

Table 4-48. Exemple de tableau de pleins

4.11. Exemple de programme de réassurance proportionnelle

Supposons le programme de réassurance suivant, couvrant la branche incendie:

- quote-part de 60% sur une rétention de maximum 50.000 à 100%,
- premier surplus de 7 pleins,
- deuxième surplus de 6 pleins,
- facob de 4 pleins,
- facultative lorsque c'est nécessaire.

Pour les trois risques suivants:

	A	B	C
Somme assurée	400.000	800.000	1.200.000
Prime	4.000	9.000	10.000
Sinistre	20.000	300.000	80.000

Table 4-49. Données

nous obtenons l'engagement, la prime, et le montant de sinistre, à charge de chaque section du programme de réassurance:

	Facultative	
900.000	FACOB: 4 pleins	
700.000	2e surplus: 6 pleins	
400.000	1er surplus: 7 pleins	
50.000	Quote-part 60%	Rétention 40%

Figure 4-9. Programme de réassurance proportionnelle

Partage du risque	A	B	C
Taux de rétention	5.00%	2.50%	1.67%
Taux de cession à la quote-part	7.50%	3.75%	2.50%
Taux de cession au premier surplus	87.50%	43.75%	29.17%
Taux de cession au deuxième surplus	0.00%	37.50%	25.00%
Taux de cession au Facob	0.00%	12.50%	16.67%
Taux de cession en facultative	0.00%	0.00%	25.00%
Sommes assurées			
Rétention	20.000	20.000	20.000
Quote-part	30.000	30.000	30.000
Premier surplus	350.000	350.000	350.000
Deuxième surplus	0	300.000	300.000
Facob	0	100.000	200.000
Facultative	0	0	300.000
Primes			
Rétention	200	225	167
Quote-part	300	338	250
Premier surplus	3.500	3.938	2.917
Deuxième surplus	0	3.375	2.500
Facob	0	1.125	1.667
Facultative	0	0	2.500
Sinistres			
Rétention	1.000	7.500	1.333
Quote-part	1.500	11.250	2.000
Premier surplus	17.500	131.250	23.333
Deuxième surplus	0	112.500	20.000
Facob	0	37.500	13.333
Facultative	0	0	20.000

Table 4-50. Application du programme de réassurance proportionnelle

4.12. Capital et rémunération du capital

Tarifer une affaire proportionnelle est extrêmement compliqué. Dans le meilleur des cas, le réassureur ne dispose que des 10 derniers rapports sinistre à prime de la cédante. Il est très malaisé de mettre en œuvre des modèles actuariels avancés pour analyser la sinistralité prospective du traité. De plus le portefeuille de la cédante peut avoir considérablement évolué et les statistiques du passé peuvent se révéler non représentatives de la sinistralité future. Il est clair que le réassureur se trouve, par rapport à la cédante, dans une situation où l'information est asymétrique. Il semble dès lors évident que la rémunération de l'actionnaire du réassureur soit supérieure à celle de l'assureur (sous l'hypothèse que les deux acteurs investissent dans les mêmes valeurs représentatives). L'assureur a en effet une meilleure connaissance de son portefeuille que le réassureur et il est donc moins sujet aux coûts d'agence, ce qui doit se refléter dans un coût du capital inférieur. La théorie de l'agence, introduite par Jensen & Meckling (1976) compare le point de vue des investisseurs et des employés. Les objectifs de ces parties prenantes ne sont pas toujours les mêmes. L'employé peut être tenté de prendre des mesures qui sont créatrices de valeur pour lui, mais pas pour les actionnaires (voir même destructrices de valeur pour les actionnaires). On parle alors de coûts d'agence, résultant de l'opacité induite par le fonctionnement de l'entreprise: les investisseurs ne comprennent pas parfaitement ce qui s'y passe et ils réclament donc un complément de *return* afin de compenser ce manque de transparence.

Par contre, en terme d'allocation du capital, le réassureur bénéficie de la diversification puisqu'il couvre plusieurs portefeuilles sous forme proportionnelle. Le capital relatif est donc moindre au niveau du réassureur. Notons toutefois qu'il y a des effets systématiques, tels les cycles tarifaires, ou l'évolution de l'inflation, qui touchent tous les portefeuilles. L'effet conjugué d'un capital nécessaire moindre, mais d'une rémunération plus élevée exigée par les actionnaires implique que le chargement du réassureur peut être plus élevé ou plus faible que celui de l'assureur. Lorsque le chargement du réassureur est inférieur à celui de l'assureur, on pourrait imaginer une situation dans laquelle l'assureur cède 100 % de ses affaires au réassureur, et réalise un bénéfice sans prise de risque (si l'on excepte le risque de défaut du réassureur et le risque que les frais administratifs soient *in fine* différents de ceux qui ont été estimés). Souvent, cette situation ne pourra se produire. En effet, lorsque la cédante cède une grosse portion de ses affaires, elle devient moins intéressée au résultat et le risque moral peut alors se manifester. Le réassureur subissant ce risque moral va naturellement réclamer un chargement plus important car ses actionnaires ne sont pas enclins à couvrir des affaires pour lesquelles un risque moral important est d'application. Notons que les réassureurs ont naturellement tendance à refuser les affaires présentant un risque moral trop important.

En résumé, le chargement pour rémunération du capital peut être soit plus élevé, soit moins élevé chez le réassureur par rapport à l'assureur. Toutefois, lorsqu'il est plus faible chez le réassureur, la cédante ne peut normalement pas en profiter pour tout lui céder car dans ce cas, le chargement du réassureur devrait augmenter à cause de l'aléa moral qui peut se manifester.

4.13. Pourquoi la quote-part?

Nous avons constaté plus haut que la quote-part ne semble pas favorable d'un point de vue purement actuariel pour la cédante. Les conclusions du chapitre 12 vont d'ailleurs dans le même sens. Il est dès lors logique de se demander pourquoi ce type de réassurance a eu un tel succès. Voici quelques éléments de réponse:

- la quote-part est une technique permettant à l'assureur de souscrire de grands portefeuilles lorsque l'accès au capital est limité, comme ce fut le cas en Allemagne à la fin de la seconde guerre mondiale,
- dans le même ordre d'idée, la quote-part permet de satisfaire aux règles de solvabilité sans devoir faire appel au marché des capitaux lorsque les tarifs sont très cycliques, comme c'est le cas au Royaume-Uni (nous reviendrons sur cet aspect au chapitre 7),
- historiquement (avant 1985 disons), la réassurance n'était pas régulée, ce qui permettait aux réassureurs de travailler avec un capital beaucoup trop faible. Ils étaient donc en mesure de proposer des conditions très favorables aux cédantes, en particulier sous la forme de réassurance en quote-part,
- historiquement, les cédantes ont également procédé à des arbitrages entre types de réassurance. Lorsque les excédents de sinistre étaient jugés trop chers, elles achetaient des couvertures en quote-part, curieusement cotées plus favorablement par les réassureurs. Ce type de pratique tend à disparaître. Nous pouvons toutefois citer comme contre-exemple les cessions proportionnelles des périls catastrophes naturelles en Italie, Grèce et Portugal,
- comme indiqué dans la section précédente, le réassureur est en mesure de réaliser une diversification impossible pour la cédante. Ceci peut justifier, si l'information fournie par l'assureur est de qualité, des conditions de réassurance favorables et inciter à l'achat d'une quote-part,
- la quote-part est le vecteur naturel pour procéder à des échanges de risques sous forme de réciprocité (voir chapitre 11),
- la quote-part est bien entendu un moyen simple de partager des risques peu connus entre assureur et réassureur. Une telle situation se présente lorsque l'assureur doit, pour des raisons commerciales, offrir des couver-

tures qui ne font pas partie de son *core business*, ou lorsqu'il est en phase de démarrage. Dans ces cas, il y a peu de matériel statistique et l'assureur peut souhaiter partager le risque avec le réassureur,

- la quote-part est également le vecteur privilégié lorsqu'il s'agit de financer la croissance d'une compagnie d'assurance. A nouveau, il s'agit d'un accès alternatif au marché des capitaux,
- le financement de la croissance des jeunes compagnies d'assurance-vie se fera par une quote-part de financement,
- la quote-part est fréquemment utilisée pour compenser les résultats négatifs d'autres traités, en général non proportionnels. L'assureur, reconnaissant que les conditions de ses traités non proportionnels lui sont favorables, accepte de céder une partie de ses affaires, sous forme de quote-part, afin de compenser les réassureurs (à condition que la commission de réassurance ne soit pas trop élevée, bien entendu),
- pour les assureurs de petite taille, ne bénéficiant pas d'une bonne réputation sur le marché financier, le coût du capital peut être assez élevé dès lors que les actionnaires exigent un complément de rendement pour compenser le manque de transparence de l'assureur. Dans de telles conditions, l'assureur peut avoir intérêt à limiter son capital en utilisant implicitement le capital mis à disposition par les actionnaires de son réassureur. Si le réassureur est transparent et a bonne réputation auprès des investisseurs, son coût du capital sera moins élevé que celui de l'assureur (même si ce dernier est censé avoir une meilleure connaissance des affaires que le réassureur) et il peut être optimal pour l'assureur d'utiliser cette source de capital,
- les cessions (en volume de prime) en quote-part sont généralement importantes (par rapport à des cessions non proportionnelles). Même si la rentabilité n'est pas exceptionnelle, certains réassureurs pourraient être tentés de souscrire ces affaires en vue d'augmenter le chiffre d'affaires,
- bénéficier d'un effet de levier positif lorsque la commission de réassurance est plus élevée que les frais d'acquisition et de gestion des polices.

En fait, la quote-part, et d'une manière plus générale la réassurance proportionnelle a un réel effet de stabilisation du résultat. Les diverses clauses qui assortissent généralement les traités proportionnels ont d'ailleurs pour effet de lisser les résultats au maximum entre la cédante et le réassureur: que l'on pense à la commission à échelle, à la participation bénéficiaire, à la participation aux sinistres, ou aux pertes. Historiquement ce besoin de stabilisation était souhaité par les assureurs et dès lors que les relations entre assureurs et réassureurs s'établissaient sur le long terme, avec pour corollaire un lissage des résultats, ce type de réassurance s'indiquait. Comme nous le discuterons au chapitre 11, la donne a changé et la relation de long terme a tendance à disparaître. Dès lors, l'achat de réassurance proportionnelle a tendance à prendre un caractère opportuniste: la cédante cède des affaires sous forme proportionnelle lorsqu'elle a l'impression de bénéficier de conditions favorables. Lorsque le traité aura subi une sinistralité importante, le réassureur souhaitera revoir les conditions, et la cédante, logiquement, renoncera à sa couverture proportionnelle pour se concentrer sur des couvertures non proportionnelles. Ceci explique pourquoi de nombreux réassureurs ont tendance à diminuer progressivement le poids des traités en quote-part, et de la réassurance proportionnelle dans leurs portefeuilles. En dehors de raisons techniques justifiant le recours à ce type de réassurance, les réassureurs ont très peu de chances d'obtenir des conditions favorables sur le long terme avec la réassurance proportionnelle.

Notons enfin que le recours aux clauses de lissage dont il est question ci-dessus réduit l'efficacité de la réassurance d'une compagnie d'assurance en terme de son résultat global. Prenons un exemple numérique pour illustrer notre propos. Supposons qu'un assureur ait un encaissement de prime de 1.000. Avec probabilité 10%, il subit une sinistralité égale à 100, 200, ..., 1000. Il a le choix entre trois stratégies:

- ne pas se réassurer,
- réassurer 50% de son portefeuille en quote-part, moyennant paiement d'une commission fixe de 35,20% (comme le montre la Table 4-54, ce taux de commission fixe est choisi de manière à obtenir le même effet moyen que la commission à échelle présentée ci-dessous),
- réassurer 50% de son portefeuille en quote-part, moyennant paiement d'une commission à échelle: $\tau_C = 24\% + \min\left(20\%, \frac{2}{3}\max(0,76\% - S/P)\right)$.

Supposons que la sinistralité observée soit 500, le compte de résultat se présente comme suit pour nos trois options:

Prime	1.000
Sinistres	-500
Résultat	500

Table 4-51. Compte de résultat sans réassurance

	Global	Traité (pour l'assureur)
Prime	1.000	
Prime cédée	–500	–500
Sinistres	–500	
Sinistres cédés	250	250
Commission	176	176
Résultat	426	–74

Table 4-52. Compte de résultat avec réassurance et commission fixe

	Global	Traité (pour l'assureur)
Prime	1.000	
Prime cédée	–500	–500
Sinistres	–500	
Sinistres cédés	250	250
Commission	207	207
Résultat	457	-43

Table 4-53. Compte de résultat avec réassurance et commission variable

La Table 4-54 donne le résultat global de l'assureur, ainsi que le résultat du traité pour chaque état de la nature. La moyenne et le déviation-standard ont également été calculées.

Sinistralité observée	Pas de réassurance	Résultat du traité commission fixe	Résultat global commission fixe	Résultat du traité commission à échelle	Résultat global commission à échelle
100	900	–274	626	–230	670
200	800	–224	576	–180	620
300	700	–174	526	–130	570
400	600	–124	476	–80	520
500	500	–74	426	–43	457
600	400	–24	376	–27	373
700	300	26	326	–10	290
800	200	76	276	20	220
900	100	126	226	70	170
1.000	0	176	176	120	120
Moyenne	450	–49	401	–49	401
Déviation-standard	303	151	151	109	196

Table 4-54. Effet d'une commission à échelle sur le résultat global de la cédante

Comme attendu, la déviation-standard du résultat du traité est plus faible avec une commission à échelle. Toutefois, la déviation-standard du résultat global de l'assureur est plus élevée en présence d'une commission à échelle. Ce raisonnement met en exergue le danger de la séparation des centres de profit. Pour le responsable de la réassurance, une commission à échelle s'indique puisqu'elle stabilise «son» résultat. Au niveau de l'entreprise, la situation est inversée et c'est évidemment cette dernière qui doit primer.

5. La réassurance non proportionnelle

En réassurance non proportionnelle, contrairement à la réassurance proportionnelle, il n'y a pas de fraction contractuellement fixée permettant de partager proportionnellement primes et sinistres. L'intervention du réassureur est déterminée en fonction du montant de sinistre. Assureur et réassureur conviennent d'une franchise (la priorité) au-delà de laquelle le réassureur prendra en charge la compensation financière relative au sinistre survenu jusqu'à un montant (le plafond) également contractuellement convenu. La prime est fixée par le réassureur, en fonction de son attente de la sinistralité, de ses coûts de gestion et de la rémunération attendue par son actionnaire. En particulier, la commission de réassurance n'a ici pas de raison d'être. Il n'y a donc plus aucun lien de proportionnalité entre d'une part la prime d'assurance et la prime de réassurance, et d'autre part les montants de sinistres originaux et la responsabilité du réassureur dans ces montants de sinistre, ce qui justifie l'appellation «réassurance non proportionnelle».

La prime de réassurance est le prix payé par la cédante au réassureur pour la couverture qu'il lui accorde. Elle fait l'objet d'une tarification spécifique, appelée habituellement cotation, indépendante du tarif des polices originales.

La prime de réassurance s'exprime souvent sous la forme d'un taux de prime à appliquer à l'encaissement de l'assureur, ce qui est assez logique. En effet, en début d'année, l'exposition exacte du traité n'est pas encore connue. Cette dernière est plus ou moins bien représentée par l'encaissement de prime de l'assureur. Il est donc logique de lier la prime de réassurance à cet encaissement de prime. Pour des raisons de simplicité, ceci se fait par l'application d'un taux de prime de réassurance à l'encaissement de prime de l'assureur. En pratique, la cédante paie une prime provisionnelle en début d'année, ou bien par trimestre ou semestre, sur base d'un encaissement estimé (appelé EPI pour *estimated premium income* en anglais). La prime de réassurance est alors adaptée lorsque l'encaissement de l'assureur est connu après la fin de l'année.

Parfois, la prime de réassurance s'exprime en fonction de l'exposition totale du portefeuille. Ce sera typiquement le cas en réassurance des catastrophes naturelles. Cette méthode est plus logique puisqu'elle n'est pas fonction du tarif original appliqué par la cédante. De même, en RC automobile, il arrive que la prime de réassurance soit exprimée sous la forme d'un montant monétaire à appliquer par véhicule assuré.

En réassurance non proportionnelle, le réassureur doit anticiper la sinistralité pour fixer une prime de réassurance. La technique à mettre en œuvre est nettement plus sophistiquée qu'en réassurance proportionnelle puisqu'il n'y a pas de lien proportionnel entre primes et sinistres. En outre, le réassureur reçoit nettement plus d'information puisqu'il va modéliser les sinistres individuellement pour se faire une idée de la sinistralité prospective à charge du traité. Les modèles actuariels mis en œuvre sont nettement plus avancés qu'en réassurance proportionnelle. C'est ce qui explique le développement plus récent de la réassurance non proportionnelle.

Il convient de distinguer deux classes de réassurance non proportionnelle: les excédents de sinistre (ou *excess of loss* en anglais) et les excédents de perte annuelle (ou *stop loss* en anglais).

5.1. Excédent de sinistre

Un traité de réassurance en excédent de sinistre couvre la part de chaque sinistre excédant un seuil donné, appelé priorité. Le réassureur limite son intervention à un montant donné par sinistre, appelé portée. La limite (ou plafond) du traité est obtenue en additionnant la priorité et la portée. Les réassureurs utilisent habituellement la terminologie suivante: portée XS (*excess*) priorité.

Il convient de faire la distinction entre deux types de traités en excédent de sinistre suivant la définition que l'on donne au sinistre. Un traité en excédent de sinistre par risque couvre les sinistres police par police. Un traité en excédent de sinistre par événement couvre les sinistres agrégés résultant d'un même événement. Typiquement les traités en excédent de sinistre couvrant la tempête, l'inondation ou le tremblement de terre sont par événement. L'événement est parfois difficile à définir. C'est la raison pour laquelle il est souvent contractuellement défini au moyen d'une clause horaire: par exemple une tempête est classiquement réputée durer au maximum 72 heures. Au-delà de 72 heures, c'est une nouvelle tempête qui commence et donc un nouvel événement, avec pour implication une nouvelle application de la priorité du traité à la sinistralité attachée au deuxième événement.

Souvent la couverture en excédent de sinistre est découpée en plusieurs tranches de réassurance (*layering* en anglais). Ce découpage s'explique par la volonté de certains réassureurs d'être présents sur les tranches basses (celles qui «travaillent» (*working layers* en anglais), c'est-à-dire celles qui sont régulièrement touchées par des sinistres) tandis que d'autres réassureurs préfèrent offrir leur capacité sur des tranches hautes, c'est-à-dire celles qui sont très rarement touchées. De plus, les réassureurs ont également la volonté de limiter la capacité horizontale, c'est-à-dire l'agrégation de l'utilisation d'une tranche. Nous verrons aux sections 5.3.5 et 5.3.6 comment ils procèdent pour ce faire.

Prenons un exemple. Soit le traité en trois tranches:

T1: 1.000.000 xs 1.000.000

T2: 2.000.000 xs 2.000.000

T3: 6.000.000 xs 4.000.000

Supposons que le portefeuille de l'assureur soit touché par quatre grands sinistres: 800.000, 1.300.000, 2.800.000 et 12.000.000. Analysons la répartition des paiements à la Table 5-1:

Sinistre	Rétention	T1	T2	T3	Rétention
800.000	800.000	0	0	0	0
1.300.000	1.000.000	300.000	0	0	0
2.800.000	1.000.000	1.000.000	800.000	0	0
12.000.000	1.000.000	1.000.000	2.000.000	6.000.000	2.000.000

Table 5-1. Fonctionnement de l'excédent de sinistre

Nous constatons que le plus grand sinistre dépasse le plafond du traité (12.000.000 > 10.000.000) et l'on dit que l'excédent (2.000.000) retombe dans la rétention de la cédante. Une telle situation ne devrait pas se produire en pratique. En effet, si l'assureur veut couper les grands sinistres, on ne comprendrait pas pourquoi il conserverait la partie haute des sinistres les plus grands. Dans certains cas, il est malaisé de fixer le plus grand sinistre. Ceci est vrai en particulier pour les branches caractérisées par l'accumulation, c'est-à-dire par exemple les catastrophes naturelles (tempête, tremblement de terre, inondation, ...) ou l'accident de travail (pensons à un bâtiment dans lequel travaillent les 500 employés d'une entreprise qui exploserait ou verrait un produit toxique se répandre via le système de climatisation).

Souvent, la prime de réassurance est rapportée à la portée de la tranche; ce rapport porte le nom de rate on line (ROL). Il n'existe pas de terme consacré en français. Lorsque le ROL est faible, par exemple 1%, cela signifie que la tranche a une très faible chance d'être complètement traversée par un ou des sinistres. En pratique, une tranche dont le ROL vaut 1% sera traversée en moyenne une fois tous les cent ans. Un traité dont le ROL vaut 1% est particulièrement déséquilibré: le réassureur offre une capacité importante contre le paiement d'une petite prime. A l'inverse, un traité présentant un ROL de 100% implique que la tranche sera sinistrée avec une très grande probabilité: il s'agit d'une tranche travaillante. Parfois, lorsque le souscripteur ne peut réaliser une cotation sur des bases techniques raisonnables, il remettra un prix basé sur un ROL minimum. Notons que l'on rencontre très rarement des tranches de réassurance offertes à un ROL inférieur à 1 %.

Signalons que la notion de déséquilibre n'a pas la même portée pour l'assureur et le réassureur. L'assureur, s'il conserve des risques pour lesquels le ROL est par exemple 1 %, conserve un portefeuille manifestement déséquilibré. Pour le réassureur, qui souscrit plusieurs traités dont le ROL est faible, il y a réalisation d'une certaine diversification, et le résultat global du réassureur est donc moins déséquilibré qu'il n'y paraît à première vue.

5.1.1. Modélisation

Soit X_i le ième montant de sinistre. Soient D la priorité et C la portée du traité. Alors, l'intervention du réassureur dans le sinistre de montant X_i s'élève à

$$R_i = \min(\max(0, X_i - D), C).$$

Supposons que le portefeuille subit N sinistres sur une période de un an. Alors la sinistralité agrégée à charge du réassureur vaut

$$S^{Ré} = R_1 + \cdots + R_N.$$

5.1.2. Avantages

Contrairement au traité en excédent de plein couvrant des sommes assurées supérieures au plein, il ne couvre pas les petits sinistres, ce qui permet de limiter la prime cédée au réassureur.

Le traité en excédent de sinistre coupe les pointes (les grands sinistres), ce qui, intuitivement, doit limiter sérieusement le besoin en capital (notons que les règles actuelles de solvabilité ne tiennent pas compte du type de réassurance, ce qui est illogique) en améliorant l'homogénéité de la rétention.

En réassurance en excédent de sinistre par événement, l'exposition maximale par événement est limitée.

L'administration du traité est très simple puisqu'il suffit de fixer la prime avant le renouvellement et de suivre comptablement uniquement les sinistres dépassant la priorité.

Contrairement à la réassurance en excédent de plein, il ne doit pas y avoir de somme assurée pour mettre en œuvre l'excédent de sinistre. Ceci est particulièrement important pour la couverture du risque de responsabilité civile automobile en Belgique, en France, au Grand-Duché de Luxembourg et en Grande-Bretagne, où la garantie offerte par les assureurs pour les dégâts corporels est illimitée (notons que les autres pays européens offrent de facto cette garantie illimitée via le système de carte verte).

5.1.3. *Inconvénients*

La fixation de la prime de réassurance en excédent de sinistre est parfois malaisée. Pensons à des couvertures qui n'ont jamais été touchées dans le passé. L'actuaire dispose d'un matériel statistique quasiment inexistant pour remettre un prix au client, ce qui complique la fixation de ce dernier.

En excédent de sinistre, le résultat du réassureur peut être instable, ce qui entraîne une certaine volatilité de la prime de réassurance. Par ailleurs, sur le marché de la réassurance des catastrophes naturelles, le prix se fixe au niveau mondial et, des ouragans aux Etats-Unis, par exemple, ont une influence sur les prix des couvertures tempêtes en Europe. Ceci peut entraîner de la volatilité dans les prix de réassurance, même si le portefeuille de la cédante n'est pas touché par des sinistres. La loi de l'offre et de la demande est bien entendu d'application.

En réassurance en excédent de sinistre par événement, la fixation de la limite du traité s'avère difficile. Prenons comme exemple le cas du tremblement de terre. Supposons une cédante qui a un encaissement de 100.000.000 EUR pour un agrégat de sommes assurées valant 100.000.000.000 EUR. Il est bien évident qu'il ne faut pas réassurer une telle somme. Un tremblement de terre ne détruira pas tous les biens assurés, ce qui est heureux car le marché de l'assurance ne dispose pas de capitaux suffisants pour couvrir ce type d'indemnisations. Déterminer un montant raisonnable à couvrir est assez malaisé. Les statistiques du passé sont inutilisables car les tremblements de terre sont très rares. La situation est différente pour les tempêtes. Notons toutefois que le passé ne peut être représentatif du futur. En effet, il se peut qu'il y ait plus de tempêtes qu'il y a dix ou vingt ans. De plus, l'exposition de l'assureur peut avoir fortement évolué. Enfin, les couvertures offertes par les assureurs peuvent avoir évolué par rapport au passé. C'est la raison pour laquelle ce type de couverture est analysé au moyen de logiciels (essentiellement commercialisés par trois firmes, outre les outils internes développés par les plus grands réassureurs) qui simulent des tempêtes, des tremblements de terre ou des inondations. Si l'on dispose d'une bonne photographie de l'exposition de l'assureur (en sommes assurées et par zones géographiques), il est alors possible d'évaluer le prix d'une couverture ou la période de retour d'un événement donné. La période de retour d'un événement donné est le temps moyen qu'il faut attendre entre deux événements présentant une ampleur similaire à l'événement en question. Souvent les cédantes achètent des couvertures dont la capacité permet de couvrir des événements centenaires, c'est-à-dire ayant une période de retour de cent ans. Notons toutefois que les logiciels n'avaient pas prévu que quatre ouragans majeurs puissent frapper la même année la Floride. Les dommages causés par l'ouragan Katrina n'étaient pas non plus prévus par ces logiciels. Ceci indique que l'analyse de ces couvertures reste très compliquée. Remarquons également que les trois logiciels commerciaux ne donnent en général pas les mêmes valeurs pour des événements ayant des périodes de retour données. L'analyse des couvertures de type catastrophes naturelles au moyen de ces logiciels reste donc sujette à caution. Le même type de problème se pose au niveau du risque d'accumulation en assurances de personnes, ou encore en accident du travail en Belgique et au Portugal.

Enfin, l'excédent de sinistre est inadéquat contre une déviation défavorable du nombre de sinistres.

5.1.4. Rémunération du capital et excédent de sinistre

Contrairement aux traités proportionnels, le réassureur reçoit en général une information détaillée pour analyser le risque: l'exposition du portefeuille et l'expérience sinistre des dix dernières années en plus d'éléments plus qualitatifs comme l'évolution de la politique de souscription. Le réassureur peut dès lors analyser finement le comportement des plus grands sinistres et ce d'autant mieux qu'ayant plusieurs clients par marché, il a l'occasion d'analyser de nombreux grands sinistres. On peut donc imaginer que le coût du capital lié à la souscription de telles affaires de réassurance soit plus faible pour le réassureur. Il est d'ailleurs envisageable pour une cédante que le fait d'acheter de telles couvertures fasse diminuer son coût du capital dès lors que la cédante s'est débarrassée de risques mal connus.

Toutefois, la couverture offerte en excédent de sinistre n'est pas aisée à modéliser mathématiquement, notamment parce qu'une partie de la capacité n'est pas ou très peu utilisée dans l'historique sinistre. Il n'est pas toujours évident de coter ces capacités inutilisées. Les modèles développés par les actuaires en vue d'analyser les affaires en excédent de sinistre sont en général très sophistiqués. L'erreur de modèle peut être substantielle. Il s'ensuit que le réassureur devra consommer beaucoup de capital pour couvrir ces excédents de sinistre. Néanmoins, grâce à la diversification qu'il peut obtenir, le réassureur devra probablement allouer moins de capital que l'assureur. Il apparaît donc que toutes les conditions sont remplies pour qu'il y ait de l'intérêt, sur le marché, pour la vente et l'achat de couvertures en excédent de sinistre.

5.1.5. Comptabilisation des traités en excédent de sinistre

Il existe trois types de comptabilisation pour les traités en excédent de sinistre: par année d'accident, par année de souscription ou en claims made (par année de déclaration).

Excédent de sinistre par année d'accident (*losses occurring basis* ou *accident year basis* en anglais)

Soit l'année de réassurance 2006. Les primes acquises ou les primes émises servent de base pour la formation de la prime de réassurance. Tous les sinistres survenus en 2006 sont couverts par le traités, qu'ils soient déclarés en 2006 ou plus tard, qu'ils soient réglés en 2006 ou plus tard.

Excédent de sinistre par année de souscription (*risk attaching basis*, *underwriting year basis* ou *policy issuing basis*)

Soit l'année de réassurance 2006. Toutes les primes relatives à la souscription de nouvelles polices en 2006, qu'elles soient payées en 2006 ou plus tard, forment la base pour la détermination de la prime de réassurance. Tous les sinistres provoqués par des polices souscrites en 2006, qu'ils surviennent en 2006 ou plus tard, qu'ils soient réglés en 2006 ou plus tard, sont couverts par le traité.

Excédent de sinistre en *claims made* (par année de déclaration)

Soit l'année de réassurance 2006. Tous les sinistres rapportés à l'assureur en 2006 sont couverts par le traité, quelle que soit la date de survenance réelle du sinistre. Ceci signifie que le réassureur est amené à offrir une couverture pour des sinistres qui sont déjà survenus, mais qui n'ont pas encore été portés à la connaissance de l'assureur. Ce type de couverture s'appliquera typiquement en RC médicale où dans des branches pour lesquelles il est difficile de dater la survenance du sinistre, comme en RC pollution. L'encaissement 2006 de l'assureur peut ne pas être représentatif de l'exposition du traité et la fixation de la prime de réassurance peut donc se faire indépendamment de cet encaissement.

L'excédent de sinistre par événement sera toujours par année d'accident. En effet, si l'on choisit un autre système de comptabilisation, un événement pourrait s'attacher à deux années de réassurance, ce qui impliquerait que la cédante devrait prendre à sa charge deux fois la priorité du traité.

L'excédent de sinistre par année d'accident présente le défaut que la couverture doit être renouvelée chaque année, avec pour implication que l'assureur pourrait se retrouver sans couverture pour des polices qu'il a en portefeuille. L'excédent de sinistre par année de souscription est exempt de ce défaut.

5.1.6. Excédent de sinistre pour compte commun

Dans le but de se préserver de sinistres dont la dimension ou l'accumulation déséquilibreraient les résultats de sa rétention et de son traité obligatoire, la cédante peut prendre une couverture pour compte commun, c'est-à-dire couvrant sa rétention ainsi que l'engagement proportionnel de ses réassureurs. Cette couverture est souvent laissée au choix des réassureurs qui, parfois, la déclinent en raison d'un double emploi avec leurs propres protections. En conséquence, les réassureurs protégés sont débités de leur part proportionnelle dans le coût (primes pour compte commun) et crédités de la récupération des sinistres éventuels (sinistres pour compte commun).

5.2. Excédent de perte annuelle

La réassurance en excédent de perte annuelle ressemble à l'excédent de sinistre par événement. La seule différence est la définition du sinistre. La réassurance en excédent de perte annuelle couvre l'agrégat annuel de la sinistralité en excédent d'une priorité et avec un plafond d'intervention du réassureur. Le plus souvent la couverture est exprimée en taux de sinistre (rapport sinistres à primes). On aura par exemple 40% xs 80%, ce qui signifie que le réassureur prend en charge la portion de taux de sinistre annuel excédant 80% avec un maximum de 40%. En anglais, on utilise la terminologie *stop loss*.

La Figure 5-1 décrit le fonctionnement de l'excédent de perte annuelle 40% xs 80%:

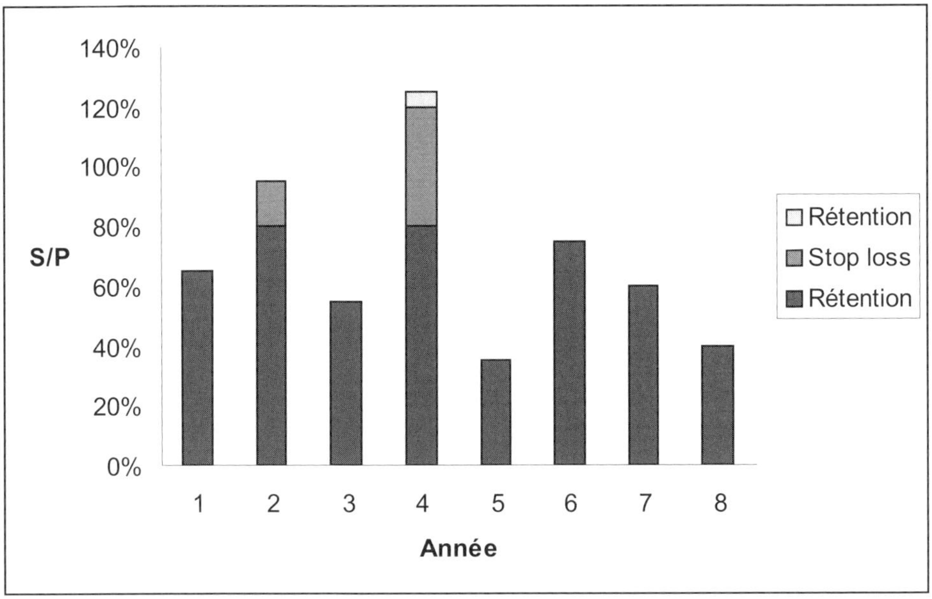

Figure 5-1. Fonctionnement de l'excédent de perte annuelle

Etant donné que seul compte le résultat final pour l'entreprise, nous constatons que l'excédent de perte annuelle offre une protection parfaite à la cédante. A condition que la portée du traité soit suffisante, la cédante est certaine que son rapport sinistre à prime ne dépassera pas la priorité du traité. Il s'agit réellement de la protection idéale pour un assureur.

Notons que priorité et portée du traité sont en général assorties de contraintes monétaires:

- la portée sera généralement limitée à un montant monétaire afin de limiter l'engagement du réassureur. En effet, lorsque ce dernier offre une couverture de 50% de rapport sinistre à prime, cette dernière peut être beaucoup plus grande que prévu si la cédante souscrit plus de polices qu'initialement indiqué au réassureur,
- la priorité ne pourra généralement pas descendre sous un montant minimum. En effet, lorsque le réassureur remet un prix à la cédante, sur base d'un portefeuille d'une taille donnée, il veut éviter que la cédante ne souscrive significativement moins de polices que prévu, ce qui a pour effet de déséquilibrer le traité (la loi des grands nombres joue moins bien) et de rendre la cotation du réassureur caduque.

La couverture portera le nom de *stop loss* lorsque franchise et portée sont exprimées en pourcentage de l'encaissement. On parlera en anglais d'*aggregate excess of loss* lorsque franchise et portée sont exprimées en montants.

5.2.1. Modélisation

Soient d (*deductible* en anglais) la priorité du traité exprimée en pourcentage, et D en unités monétaires. Soient c (*cover* en anglais) la portée du traité exprimée en pourcentage, et C en unités monétaires. Soit S/P le rapport sinistres à primes de la cédante et PI son encaissement de prime. La couverture offerte par le réassureur s'écrit

$$\min\left(\max\left(0,\frac{S}{P}PI-\max(dPI,D)\right),cPI,C\right).$$

Prenons un exemple numérique. Soient

EPI = 100.000.000

d = 80%

c = 60%

D = 70.000.000

C = 70.000.000

La Table 5-2 donne l'intervention du réassureur en fonction de la réalisation du S/P et de l'encaissement de la cédante:

S/P \ PI	60.000.000	80.000.000	100.000.000	120.000.000	140.000.000
75%	0	0	0	0	0
95%	0	6.000.000	15.000.000	18.000.000	21.000.000
105%	0	14.000.000	25.000.000	30.000.000	35.000.000
125%	5.000.000	30.000.000	45.000.000	54.000.000	63.000.000
145%	17.000.000	46.000.000	60.000.000	70.000.000	70.000.000

Table 5-2. Intervention du réassureur

La Table 5-3 donne l'intervention du réassureur lorsque l'on n'applique pas les clauses de priorité minimale et de portée maximale:

S/P \ PI	60.000.000	80.000.000	100.000.000	120.000.000	140.000.000
75%	0	0	0	0	0
95%	9.000.000	12.000.000	15.000.000	18.000.000	21.000.000
105%	15.000.000	20.000.000	25.000.000	30.000.000	35.000.000
125%	27.000.000	36.000.000	45.000.000	54.000.000	63.000.000
145%	36.000.000	48.000.000	60.000.000	72.000.000	84.000.000

Table 5-3. Intervention du réassureur

5.2.2. *Avantages*

Le traité en excédent de perte annuelle offre une solution à l'inconvénient présent pour tous les autres types de réassurance: il s'agit de la protection contre une fréquence anormalement élevée de sinistres.

Le traité en excédent de perte annuelle peut également être utilisé en alternative à l'excédent de sinistre par événement lorsque la définition de l'événement est malaisée.

Il est clair que l'administration d'un traité en excédent de perte annuelle est très simple. Il suffit de définir les conditions contractuelles une fois par an et de faire les comptes à la fin de l'année, en fonction du ratio S/P observé.

Le traité en excédent de perte annuelle est clairement la couverture idéale pour une cédante. Il protège directement le résultat de l'assureur. La protection est totale si le traité fonctionne par année comptable. Elle est néanmoins très intéressante lorsque le traité fonctionne par année d'accident. On peut démontrer actuariellement que l'excédent de perte annuelle est la couverture optimale pour l'assureur. Toutefois, comme nous le discutons à la section 5.2.3, il est quasiment impossible d'obtenir une telle couverture sur le marché de la réassurance.

5.2.3. *Inconvénients*

L'excédent de perte annuelle est peu mis à disposition par les réassureurs principalement à cause du risque de réalisation de l'aléa moral. Lorsque la priorité est atteinte, tout l'excédent (à concurrence de la portée) passe à la charge des réassureurs; l'assureur n'a alors plus aucun intérêt à limiter la sinistralité. Pour cette raison, le réassureur n'octroie pas de couverture si la priorité augmentée des coûts de gestion est inférieure à 100%: la cédante ne peut réaliser un bénéfice avec certitude. De plus, la couverture devrait être co-réassurée par la cédante afin de limiter l'aléa moral. Par exemple la cédante devrait garder pour propre compte 10% de la couverture. On dit alors 90% de 60% xs 80%. L'aléa moral est encore plus présent avec les couvertures par année comptable. En effet, pour ces dernières, une cédante mal intentionnée pourrait gonfler ses réserves une année pour profiter d'une intervention de son réassureur en excédent de perte annuelle, résilier le traité l'année suivante et dégonfler ses réserves. Il est clair que très rares sont les cédantes qui seraient amenées à mettre en place ce petit jeu; il est toutefois malaisé pour un réassureur de mettre en risque les capitaux mis à sa disposition par ses actionnaires lorsqu'un tel risque est présent. Très rares sont les actionnaires qui accepteraient ce type de situation où l'aléa peut être modifié par l'homme.

Par ailleurs, outre le problème lié à l'aléa moral, la prime de réassurance est souvent très difficile à estimer. Prenons un exemple. Soient les statistiques suivantes, d'une compagnie ne couvrant que le risque de grêle:

Année	S/P	Année	S/P	Année	S/P
1983	52%	1990	5%	1998	7%
1984	28%	1992	23%	1999	89%
1985	11%	1993	43%	2000	60%
1986	44%	1994	87%	2002	30%
1987	23%	1995	56%	2003	56%
1988	34%	1996	128%	2004	17%
1989	98%	1997	45%	2005	35%

Table 5-4. Statistiques grêle

Supposons que la cédante souhaite acheter les tranches suivantes:

T1: 60% xs 80%

T2: 60% xs 140%

T3: 200% xs 200%

En ce qui concerne la première tranche, nous pouvons nous faire une idée du prix à demander à la cédante en fonction de l'expérience observée (sous l'hypothèse qu'elle soit relativement bien représentative de l'expérience à venir). Par contre, il est illusoire d'espérer obtenir un prix cohérent en utilisant un modèle mathématique calibré sur les données à notre disposition. Il est sans doute logique que la cédante essaie d'obtenir une protection jusque 400% de rapport sinistre à prime, mais le réassureur n'a quasiment pas d'éléments pour tarifer cette tranche scientifiquement. Dans le même ordre d'idée, la détermination de la limite du traité est également excessivement difficile. Notons que le même type de problème se pose pour les excédents de sinistre par événement, mais la situation de l'excédent de perte annuelle est encore plus complexe.

L'offre est donc limitée aux branches (la grêle par exemple) qui ne peuvent être couvertes que par ce type de réassurance à cause de la difficulté liée à la définition du sinistre. L'excédent de perte annuelle est quasiment absent en Belgique.

5.2.4. *Comptabilisation des traités en excédent de perte annuelle*

La comptabilisation d'un traité en excédent de perte annuelle se fera par année comptable ou par année d'accident, sur le modèle de la réassurance proportionnelle (voir sections 4.3.1 et 4.3.3).

L'excédent de perte annuelle par année comptable semble être idéal pour la cédante puisqu'il protège le résultat comptable de l'assureur. Toutefois, comme expliqué à la section 5.2.3, il est clair que l'excédent de perte annuelle par année comptable est excessivement sujet à l'aléa moral, raison pour laquelle les réassureurs évitent d'offrir cette couverture.

L'aléa moral peut également se manifester avec un excédent de perte annuelle par année d'accident mais pas sous la forme d'un gonflement fictif des réserves de sinistre.

5.3. *Clauses affectant les traités en excédent de sinistre*

Les traités en excédent de sinistre peuvent être assortis d'une série de clauses que nous commentons brièvement.

5.3.1. *Clause d'indexation*

La clause d'indexation est une clause standard sur le marché belge. Elle fait évoluer la priorité et la limite du traité en fonction d'un indice de référence (par exemple l'indice ABEX en incendie sur le marché belge) de manière à ce que le niveau de la couverture de réassurance reste économiquement constant par rapport aux sinistres pouvant survenir au cours d'exercices successifs, auquel cas, toutes autres choses restant égales par ailleurs, le taux de prime de réassurance pourrait rester constant.

Prenons un exemple pour illustrer notre propos:

Soit un traité conclu en 2005 et couvrant des sinistres incendie comme suit: 9.000.000 xs 1.000.000.

Le taux de prime de réassurance négocié était de 1.2% de l'encaissement de la compagnie. La hauteur de ce dernier était de 100.000.000 en 2005. Supposons que l'indice lié au coût de la construction vaut 100 en 2005 et qu'il passe à 110 en 2006.

- Supposons un sinistre de 2.000.000 en 2005. Le réassureur paie 1.000.000 et a reçu une prime 1.200.000.

- Supposons à présent la survenance du même sinistre en 2006. A cause de l'inflation, il vaut $2.000.000 \times \frac{110}{100} = 2.200.000$. On suppose les sommes assurées indexées à l'indice du coût de la construction; l'encaissement de la compagnie vaut donc: $100.000.000 \times \frac{110}{100} = 110.000.000$. La prime de réassurance vaut donc $1{,}2\% \times 110.000.000 = 1.320.000$. Le réassureur prend à sa charge 1.200.000 soit une augmentation de 20% de la sinistralité à sa charge alors que sa prime n'a augmenté que de 10%.

On constate donc que sans application de la clause d'indexation, le réassureur devrait adapter son taux de réassurance chaque année, même si la sinistralité observée de la cédante n'évolue pas. Pour éviter cette manipulation, on applique la clause d'indexation:

- Supposons un sinistre de 2.000.000 en 2005. Le réassureur paie 1.000.000 et a reçu une prime 1.200.000.

- Supposons à présent la survenance du même sinistre en 2006. A cause de l'inflation, il vaut $2.000.000 \times \frac{110}{100} = 2.200.000$. On suppose les primes d'assurances indexées à l'indice du coût de la construction; l'encaissement de la compagnie vaut donc: $100.000.000 \times \frac{110}{100} = 110.000.000$. La prime de réassurance vaut donc $1{,}2\% \times 110.000.000 = 1.320.000$. Par application de de la clause d'indexation, la couverture de réassurance devient: 9.900.000 xs 1.100.000. La sinistralité à charge du réassureur vaut donc 1.100.000, soit une augmentation de 10% de sa sinistralité tandis que sa prime a également augmenté de 10%.

Il faut être conscient que l'indexation automatique de la priorité et de la limite ne garantit pas que les conditions de réassurance doivent rester identiques. En effet

- il se peut que les coûts évoluent en définitive plus vite que l'indice retenu; on parle alors de superinflation (*superimposed inflation* en anglais), ou inflation sociale. Cette notion est toutefois assez peu pertinente en incendie,
- les couvertures originales peuvent changer au cours du temps, ce qui nécessite une adaptation des conditions de réassurance,
- l'exposition de l'assureur peut également évoluer au cours du temps, ce qui nécessite une adaptation des conditions de réassurance.

Souvent la clause d'indexation a pour effet de modifier priorité et limite au cours de l'année de réassurance. En Belgique, l'indice ABEX est revu deux fois par an et un sinistre survenu en mai ou en août pourrait être affecté d'une priorité différente en fonction des conditions contractuelles.

Donnons à présent un exemple de texte contractuel, applicable pour la branche accident du travail:

«La Cédante et le réassureur, qui expriment leur volonté de conserver à la priorité et à la limite des première et deuxième tranches leur valeur effective, conviennent qu'en cas de modification du niveau général des salaires, d'après la moyenne arithmétique des deux indices de référence publiés trimestriellement par la Revue du Travail, soit

– indice des salaires conventionnels des ouvriers (hommes et femmes),

– indice des salaires conventionnels des employés (hommes et femmes)

la priorité et la limite des première et deuxième tranches seront automatiquement modifiées comme dit ci-après.

Pour les sinistres survenus à partir du 1er janvier 2005, la limite et la priorité des première et deuxième tranches correspondent à l'indice du mois de décembre 2004, en vigueur au moment de la prise d'effet du présent traité. Les variations inférieures ou égales à 10% sont négligées. En cas de variations supérieures à 10%, la priorité et la limite des première et deuxième tranches sont ajustées en proportion de l'indice de l'avant-dernier trimestre précédant celui dans lequel a eu lieu le sinistre.»

5.3.2. Clause de stabilité

La clause de stabilité est d'application pour les traités en excédent de sinistre couvrant des branches à développement long telles la RC auto et la RC générale. La clause de stabilité a pour objet de faire évoluer la priorité et la limite du traité selon un indice (souvent l'indice des salaires) afin de partager l'inflation future entre l'assureur et le réassureur. En effet la cédante a alors intérêt à traîner pour régler le sinistre de manière à bénéficier des placements financiers sur la provision pour sinistres à régler. La cédante profite de l'inversion du cycle économique tandis que le réassureur subit l'effet de l'inflation. Les intérêts de l'assureur et du réassureur sont clairement divergents, ce qui explique la réalisation possible du risque d'aléa moral. Autrement dit, la clause de stabilité sert à moraliser le comportement de la compagnie d'assurance en lui imposant un partage équitable de la charge liée à l'inflation future.

Prenons un exemple pour illustrer notre propos. Supposons un sinistre survenu en 2005 et qui, s'il était réglé immédiatement, provoquerait un débours de 2.000.000 EUR. Supposons que la priorité du traité de réassurance soit 1.500.000 EUR. La charge du réassureur est donc 500.000 EUR. Supposons à présent que l'assureur tarde avant de régler le sinistre et que ce dernier soit réglé entièrement en 2010. A cause de l'inflation (que nous supposons égale à 3% par an), le débours vaut à présent 2.318.548 EUR. La charge du réassureur devient donc 818.548 EUR, soit une augmentation de 63,71% tandis que la rétention de l'assureur est restée identique (1.500.000 EUR). Il apparaît donc clairement que c'est le réassureur qui subit, seul, les aggravations de la sinistralité dues à l'inflation. Comme le réassureur est à la merci d'un comportement de la cédante guidé par l'aléa moral, il convient de trouver un moyen pour partager l'effet de cette inflation future. C'est la raison d'être de la clause de stabilité.

Il existe plusieurs types de clause de stabilité: la clause de stabilité date de paiement, la clause de stabilité date de règlement définitif, la clause de stabilité date de jugement et la clause de stabilité date d'accident. Nous ne traiterons ici que la clause en vigueur en Belgique sur les traités en excédent de sinistre RC auto, à savoir la clause de stabilité date de paiement. La clause est classiquement assortie d'une marge (*margin* en anglais) ou d'un seuil atteint (*severe inflation clause* en anglais).

La Table 5-5 donne l'évolution du règlement d'un sinistre:

Année de développement	Evolution de l'indice de référence de la clause	Paiements originaux	Réserve originale
2005	100	0	2.000.000
2006	103	100.000	1.900.000
2007	106,09	100.000	2.200.000
2008	109,27	300.000	1.900.000
2009	112,55	0	1.900.000
2010	115,93	300.000	1.600.000
2011	119,41	600.000	1.000.000
2012	122,99	0	1.200.000
2013	126,8	1.200.000	0
Total		2.600.000	

Table 5-5. Historique d'un sinistre

Sans inflation future, le sinistre aurait coûté la somme des paiements actualisés, comme indiqué à la Table 5-6:

Année de développement	Evolution de l'indice de référence de la clause	Coefficient d'actualisation	Paiements originaux	Paiements actualisés
2005	100	1	0	0
2006	103	1,03	100.000	97.087
2007	106,09	1,06	100.000	94.259
2008	109,27	1,09	300.000	274.549
2009	112,55	1,13	0	0
2010	115,93	1,16	300.000	258.777
2011	119,41	1,19	600.000	502.470
2012	122,99	1,23	0	0
2013	126,8	1,27	1.200.000	946.372
Total			2.600.000	2.173.516

Table 5-6. Paiements actualisés

Nous avons donc un sinistre de 2.173.516 EUR sans inflation future contre 2.600.000 EUR avec inflation future. L'aggravation relative est de 19,62%.

Supposons une priorité de 2.000.000 EUR. Sans clause de stabilité, l'assureur paie 2.000.000 EUR avec et sans inflation future, tandis que le réassureur paie 173.516 EUR sans inflation future et 600.000 EUR avec inflation future, soit une aggravation pour lui de 345,79%.

La clause de stabilité modifie la priorité (et le plafond) selon le niveau d'aggravation relative du montant de sinistre au premier franc dû à l'inflation (19,62% dans notre exemple). On calcule donc une nouvelle priorité de $2.000.000 \times (1 + 19,62\%) = 2.392.437$. Le partage du montant de sinistre se fait à présent comme suit: assureur: 2.392.437 EUR; réassureur: 207.563 EUR.

Comparons à présent la sinistralité avec et sans inflation future lorsque la clause de stabilité est d'application:

	Sans inflation	Avec inflation	Aggravation
Assureur	2.000.000	2.392.437	19,62%
Réassureur	173.516	207.563	19,62%

Table 5-7. Situations avec et sans inflation

Nous constatons à présent que l'effet de l'inflation future est répercuté de manière identique sur la charge de l'assureur et celle du réassureur.

Souvent une marge de 10% est d'application. Ceci signifie que l'actualisation ne s'effectue qu'à partir d'un saut d'indice de 10%. Comme la valeur de la priorité est recalculée chaque année, cela permet de ne pas devoir faire de calculs durant les premières années.

Par ailleurs, afin d'essayer de prévoir au mieux la valeur finale de la priorité pour chaque sinistre, les réserves sont généralement prises en compte et l'on fait comme si elles constituaient un paiement afin de calculer l'évolution de la priorité.

Avec une marge de 10%, nous avons la Table 5-8:

Année de développement	Charge	Coefficient d'actualisation	Paiement actualisé	Réserve actualisée	Charge actualisée	Coefficient de revalorisation
2005	2.000.000	1	0	2.000.000	2.000.000	1
2006	2.000.000	1	100.000	1.900.000	2.000.000	1
2007	2.400.000	1	100.000	2.200.000	2.400.000	1
2008	2.400.000	1	300.000	1.900.000	2.400.000	1
2009	2.400.000	1,13	0	1.688.139	2.188.139	1,10
2010	2.400.000	1,16	258.777	1.380.143	2.138.920	1,12
2011	2.400.000	1,19	502.470	837.451	2.098.698	1,14
2012	2.600.000	1,23	0	975.689	2.236.936	1,16
2013	2.600.000	1,27	946.372	0	2.207.620	1,18

Table 5-8. Application de la clause de stabilité avec une marge de 10%

Le coefficient de revalorisation est obtenu comme suit: par exemple pour l'année 2011, nous avons 1,14 = 2.400.000 (charge non actualisée) / 2.098.698 (charge actualisée). La part du réassureur est obtenue comme suit: par exemple 112.868 = 2.400.000 (charge non actualisée) – 2.287.132 (priorité adaptée).

La Table 5-9 compare l'évolution de la charge et des paiements du réassureur suivant que la clause de stabilité est appliquée en fonction des paiements uniquement, ou de la charge, en actualisant les réserves, comme si elles constituaient des paiements.

Sur base des paiements uniquement			Sur base de la charge		
Priorité	**Paiements**	**Charge**	**Priorité**	**Paiements**	**Charge**
2.000.000	0	0	2.000.000	0	0
2.000.000	0	0	2.000.000	0	0
2.000.000	0	400.000	2.000.000	0	400.000
2.000.000	0	400.000	2.000.000	0	400.000
2.000.000	0	400.000	2.193.645	0	206.355
2.108.657	0	291.343	2.244.123	0	155.877
2.220.025	0	179.975	2.287.132	0	112.868
2.220.025	0	379.975	2.324.608	0	275.392
2.355.478	244.522	244.522	2.355.478	244.522	244.522

Table 5-9. Effet de la clause de stabilité en fonction de son application sur les paiements ou sur les charges

Nous constatons que la charge ultime du réassureur est la même que l'on prenne en compte les réserves ou pas. Le fait de retenir ces dernières dans le calcul permet de s'approcher le plus rapidement possible de la vraie charge ultime du réassureur.

Parfois un seuil atteint de 10% est d'application. Ceci signifie que l'actualisation ne s'effectue qu'à partir d'un saut d'indice de 10%. En outre, le dénominateur retenu pour le calcul du coefficient d'actualisation est l'indice de base majoré du seuil atteint.

Avec un seuil atteint de 10%, nous avons la Table 5-10:

Année de dévelop-pement	Charge	Coefficient d'actua-lisation	Paiement actualisé	Réserve actualisée	Charge actualisée	Coefficient de revalo-risation
2005	2.000.000	1	0	2.000.000	2.000.000	1
2006	2.000.000	1	100.000	1.900.000	2.000.000	1
2007	2.400.000	1	100.000	2.200.000	2.400.000	1
2008	2.400.000	1	300.000	1.900.000	2.400.000	1
2009	2.400.000	1,02	0	1.856.952	2.356.952	1,02
2010	2.400.000	1,05	284.655	1.518.158	2.302.812	1,04
2011	2.400.000	1,09	552.718	921.196	2.258.568	1,06
2012	2.600.000	1,12	0	1.073.258	2.410.630	1,08
2013	2.600.000	1,15	1.041.009	0	2.378.382	1,09

Table 5-10. Application de la clause de stabilité avec un seuil atteint de 10%

Le coefficient de revalorisation est obtenu comme suit: par exemple pour l'année 2011, nous avons 1,06 = 2.400.000 (charge non actualisée) / 2.258.566 (charge actualisée). La part du réassureur est obtenue comme suit: par exemple 274.760 = 2.400.000 (charge non actualisée) – 2.125.240 (priorité adaptée).

Il est clair que l'indice retenu pour l'application de la clause de stabilité doit refléter au mieux la revalorisation des sinistres. Si ce n'est pas le cas, alors l'inflation future ne sera pas correctement partagée entre l'assureur et le réassureur.

Par exemple, l'indice retenu en Belgique est l'indice des salaires. Or les grands sinistres corporels qui touchent les traités de réassurance en excédent de sinistre ont tendance à se revaloriser plus rapidement que selon l'indice des salaires. Le supplément de revalorisation est appelé inflation sociale, ou superinflation. Il est dû aux progrès médicaux, qui coûtent chers et permettent aux victimes de vivre plus longtemps, et aux compensations financières de plus en plus importantes accordées par les tribunaux.

La superinflation est très difficile à estimer. En particulier, pronostiquer le niveau de superinflation future est une tâche très délicate. Tous les acteurs sont pourtant d'accord pour admettre qu'il y a de la superinflation en Europe et qu'il est souhaitable de la maintenir à un niveau le plus bas possible. Il serait dès lors logique que l'indice retenu pour l'application de la clause de stabilité prenne en compte l'inflation sociale afin de moraliser le comportement de l'assureur, qui règle les sinistres. Un choix simple consisterait à retenir l'indice des salaires et à lui ajouter forfaitairement, par exemple 1,5% par an, au titre de l'inflation sociale. Ainsi la clause de stabilité jouerait correctement son rôle de partage de l'inflation future entre assureur et réassureur.

Donnons à présent un exemple de texte contractuel relatif à la clause de stabilité.

Clause de stabilité – Date de paiement (avec seuil).

«La Cédante et le Réassureur conviennent de lier la valeur nominale de la priorité et la limite du traité de réassurance à l'indice et à la valeur de l'indice défini dans les conditions particulières.

Pour connaître les valeurs de la priorité et de la limite à la date du sinistre, la priorité nominale et la limite nominale sont multipliées par la fraction suivante:

$$\frac{\text{La valeur de l'indice en vigueur à la date du sinistre}}{\text{La valeur de l'indice auquel sont liées la priorité et la limite nominales}}.$$

La Cédante et le Réassureur expriment leur volonté de répartir proportionnellement entre eux la charge d'indexation incluse dans les paiements.

A cet effet, la Cédante remet au Réassureur une liste de tous les paiements par sinistre avec mention des dates respectives de paiements. Chaque paiement est ramené à sa valeur à la date du sinistre en appliquant la formule suivante:

$$\frac{\text{montant du paiement} \times \text{valeur de l'indice à la date du sinistre}}{\text{valeur de l'indice à la date de paiement}} = \text{valeur ramenée.}$$

La formule susmentionnée n'est appliquée qu'aux paiements pour lesquels la variation relative entre l'indice à la date du sinistre et l'indice à la date du paiement est supérieure à 10%.

Pour tout autre paiement, on considérera toujours que la valeur ramenée sera égale à la valeur réelle de ce paiement.

Pour le calcul de la part du Réassureur dans le sinistre, la priorité et la limite de la couverture en vigueur à la date du sinistre sont multipliées par la fraction suivante:

$$\frac{\text{Total des valeurs réelles}}{\text{Total des valeurs ramenées}}.$$

Pour l'application provisoire de la clause de stabilité, les réserves et les réserves mathématiques sont considérées comme des paiements au moment de cette application provisoire.

Exemple d'application:

Priorité nominale: 1.000.000 EUR
Limite nominale: 4.000.000 EUR

Valeur de l'indice à la date d'entrée du traité: 100
Valeur de l'indice à la date du sinistre: 120

Priorité «date du sinistre»: $\frac{1.000.000 \times 120}{100} = 1.200.000$ EUR

Limite «date du sinistre»: $\frac{4.000.000 \times 120}{100} = 4.800.000$ EUR

Seuil d'indexation: 10%

Sinistre de 3.000.000 EUR réglé en 5 paiements:
Paiement de 500.000 EUR et réserve de 1.500.000 EUR lorsque l'indice est à 125
Paiement de 600.000 EUR et réserve de 1.900.000 EUR lorsque l'indice est à 128

Paiement de 400.000 EUR et réserve de 1.500.000 EUR lorsque l'indice est à 131
Paiement de 700.000 EUR et réserve de 800.000 EUR lorsque l'indice est à 134
Paiement de 800.000 EUR et sinistre définitivement réglé lorsque l'indice est à 138.

Calcul des valeurs des paiements ramenés lorsque l'indice est à 138:

1) 500.000 = 500.000 car variation < 10%
2) 600.000 = 600.000 car variation < 10%
3) 400.000 = 400.000 car variation < 10%
4) $\frac{700.000 \times 120}{134} = 626.866$
5) $\frac{800.000 \times 120}{138} = 695.652$

Calcul des valeurs des paiements ramenés lorsque l'indice est à 134:

1) 500.000 = 500.000 car variation < 10%
2) 600.000 = 600.000 car variation < 10%
3) 400.000 = 400.000 car variation < 10%
4) $\frac{(700.000 + 800.000) \times 120}{134} = 1.343.284$

Calcul à l'indice 138 (sinistre définitivement réglé):

$$\frac{\text{Total des paiements réels}}{\text{Total des paiements ramenés}} = \frac{3.000.000}{2.822.518} = 1,0629$$

Priorité ajustée = 1.200.000 × 1.0629 = 1.275.457

Limite ajustée = 4.800.000 × 1.0629 = 5.101.828

Part du Réassureur = 3.000.000 – 1.275.457 = 1.724.543.

Calcul à l'indice 134 (sinistre partiellement réglé; gestion de la réserve):

$$\frac{\text{Total des paiements réels}}{\text{Total des paiements ramenés}} = \frac{3.000.000}{2.843.284} = 1,0551$$

Priorité ajustée = 1.200.000 × 1.0551 = 1.266.142

Limite ajustée = 4.800.000 × 1.0551 = 5.064.567

Part du Réassureur = 3.000.000 – 1.266.142 = 1.733.858.

Cette clause de stabilité intègre en fait une clause d'indexation puisque priorité et limite sont indexées à la date du sinistre. Il eût été plus simple de les indexer au 1er janvier de l'année de réassurance afin d'avoir la même priorité et limite nominales pour tous les sinistres.

Une autre manière de procéder, qui n'est pas logiquement équivalente à la précédente, est de formuler la clause comme suit:

Clause de stabilité – Date de paiement (avec seuil).

«La Cédante et le Réassureur expriment leur volonté de répartir proportionnellement entre eux la charge d'indexation incluse dans les paiements.

A cet effet, la Cédante remet au Réassureur une liste de tous les paiements par sinistre avec mention des dates respectives de paiements. Chaque paiement est ramené à sa valeur à la date du sinistre en appliquant la formule suivante:

$$\frac{\text{montant du paiement} \times \text{valeur de l'indice auquel sont liés la priorité et la limite}}{\text{valeur de l'indice à la date de paiement}} = \text{valeur ramenée}$$

La formule susmentionnée n'est appliquée qu'aux paiements pour lesquels la variation entre l'indice à la date d'entrée du traité et l'indice à la date du paiement est supérieure à 10%.

Pour tout autre paiement, on considérera toujours que la valeur ramenée sera égale à la valeur réelle de ce paiement.

Pour le calcul de la part du Réassureur dans le sinistre, la priorité et la limite de la couverture en vigueur à la date du sinistre sont multipliées par la fraction suivante:

$$\frac{\text{Total des valeurs réelles}}{\text{Total des valeurs ramenées}}$$

Pour l'application provisoire de la clause de stabilité, les réserves et les réserves mathématiques sont considérées comme des paiements au moment de cette application provisoire.

Exemple d'application:

Priorité nominale: 1.000.000 EUR
Limite nominale: 4.000.000 EUR

Valeur de l'indice à la date d'entrée du traité: 100

Seuil d'indexation: 10%

Sinistre de 3.000.000 EUR réglé en 5 paiements:
Paiement de 500.000 EUR et réserve de 1.500.000 EUR lorsque l'indice est à 125

Paiement de 600.000 EUR et réserve de 1.900.000 EUR lorsque l'indice est à 128

Paiement de 400.000 EUR et réserve de 1.500.000 EUR lorsque l'indice est à 131

Paiement de 700.000 EUR et réserve de 800.000 EUR lorsque l'indice est à 134

Paiement de 800.000 EUR et sinistre définitivement réglé lorsque l'indice est à 138.

Calcul des valeurs des paiements ramenés lorsque l'indice est à 138:

1) $\dfrac{500.000 \times 100}{125} = 400.000$

2) $\dfrac{600.000 \times 100}{128} = 468.750$

3) $\dfrac{400.000 \times 100}{131} = 305.344$

4) $\dfrac{700.000 \times 100}{134} = 522.388$

5) $\dfrac{800.000 \times 100}{138} = 579.710$

Calcul des valeurs des paiements ramenés lorsque l'indice est à 134:

1) $\dfrac{500.000 \times 100}{125} = 400.000$

2) $\dfrac{600.000 \times 100}{128} = 468.750$

3) $\dfrac{400.000 \times 100}{131} = 305.344$

4) $\dfrac{(700.000 + 800.000) \times 100}{134} = 1.119.403$

Calcul à l'indice 138:

$$\frac{\text{Total des paiements réels}}{\text{Total des paiements ramenés}} = \frac{3.000.000}{2.276.192} = 1,3180$$

Priorité ajustée = $1.000.000 \times 1.3180 = 1.317.991$

Limite ajustée = $4.000.000 \times 1.3180 = 5.271.964$

Part du Réassureur = $3.000.000 - 1.317.991 = 1.682.009$.

Calcul à l'indice 134:

$$\frac{\text{Total des paiements réels}}{\text{Total des paiements ramenés}} = \frac{3.000.000}{2.293.496} = 1,3080$$

Priorité ajustée = $1.000.000 \times 1.3080 = 1.308.046$

Limite ajustée = $4.000.000 \times 1.3080 = 5.232.186$

Part du Réassureur = $3.000.000 - 1.308.046 = 1.691.954$.

5.3.3. *Clause du partage des intérêts*

Dans le domaine des accidents corporels et de la responsabilité civile, le paiement des indemnités est souvent différé de plusieurs mois ou années après la date de l'accident, soit parce que les responsabilités sont difficiles à déterminer et nécessitent un jugement, soit parce que la gravité des lésions impose une consolidation médicale qui ne peut être estimée dans l'immédiat.

Dans certains pays, comme en Belgique, le montant de la compensation pour la victime est souvent assorti d'intérêts. On distingue alors le principal et les intérêts. Il y a deux types d'intérêts:

- les intérêts moratoires courent depuis la date du jugement jusqu'à la date de paiement du principal par l'assureur. Les intérêts moratoires sont impérativement calculés au taux légal,
- les intérêts compensatoires courent depuis la date d'accident jusqu'à la date de jugement. Le taux d'intérêt utilisé pour le calcul des intérêts compensatoires est apprécié par le juge.

Le fait, pour l'assureur, de traîner avec le règlement d'un sinistre implique un poste potentiellement élevé d'intérêts légaux. Si le sinistre touche la tranche de réassurance, toute aggravation du montant de sinistre due aux intérêts légaux est prise en charge uniquement par le réassureur, ce qui n'est pas une situation acceptable d'un point de vue de l'aléa moral. C'est la raison pour laquelle les intérêts légaux font l'objet d'une clause visant à les répartir équitablement entre assureur et réassureur: il s'agit de la clause du partage des intérêts. La clause prescrit très simplement que les intérêts légaux seront partagés proportionnellement entre assureur et réassureur au prorata de leur intervention respective dans le principal. Prenons un exemple numérique: 4.000.000 EUR xs 3.000.000 EUR. Supposons un sinistre de 5.000.000 EUR dont 1.000.000 EUR d'intérêts légaux. S'il n'y a pas de clause du partage des intérêts, alors le réassureur prend à sa charge 2.000.000 EUR. S'il y a une clause du partage des intérêts, alors on calcule d'abord la proportion des interventions respectives dans le principal, soit 4.000.000 EUR. Il y a 3.000.000 EUR à charge de l'assureur et 1.000.000 EUR à charge du réassureur. Les 1.000.000 EUR d'intérêts légaux sont partagés comme suit entre assureur et réassureur:

- Assureur: $\dfrac{3.000.000}{4.000.000} \times 1.000.000 = 750.000$ EUR,
- Réassureur: $\dfrac{1.000.000}{4.000.000} \times 1.000.000 = 250.000$ EUR.

On en conclut que le sinistre est partagé comme suit entre assureur et réassureur

- Assureur: 3.000.000 + 750.000 = 3.750.000 EUR,
- Réassureur: 1.000.000 + 250.000 = 1.250.000 EUR.

S'il y a application d'une clause de stabilité, cette dernière est appliquée en premier et le principal est analysé sur base des priorités et limites adaptées pour la clause de stabilité.

Voici un exemple de texte contractuel relatif à la clause du partage des intérêts:

«Les intérêts de toute nature dans la liquidation d'un sinistre seront traités séparément des autres indemnités. Ils seront répartis entre la Cédante et le Réassureur au marc le franc des portions d'indemnités et frais leur incombant.

Si, lors d'une transaction ou d'un jugement d'un tribunal, aucune distinction n'a été faite entre l'indemnité et les intérêts, le montant total du sinistre sera tout d'abord ramené à sa valeur au jour de l'accident par simple opération d'escompte au taux annuel légal des intérêts judiciaires. La différence, qui représente les intérêts courus entre la date du sinistre et celle du paiement effectif, sera répartie comme précédemment énoncé. Cette disposition n'est pas valable pour les sinistres liquidés dans le délai d'une année et pour lesquels il n'aurait pas été alloué d'intérêts.

Si le montant des intérêts réellement payés a été réduit, compte tenu des provisions et des avances payées uniquement par la Cédante, antérieurement à la liquidation du sinistre, le montant des intérêts sera, avant répartition, reconstitué afin de déterminer le montant des intérêts qui auraient été dus en l'absence du paiement des provisions ou des avances par la Cédante. C'est ce montant reconstitué qui est pris en considération pour la répartition proportionnelle.

Il est toutefois entendu que la présente clause ne sera pas d'application dans les cas où il sera expressément prouvé que, lors de la liquidation d'un sinistre, aucun élément d'intérêt n'est intervenu dans le calcul de l'indemnité.»

Une formulation plus simple est la suivante:

«Les intérêts de retard judiciaires ou autres sont supportés conjointement par la Cédante et le Réassureur en proportion pour chacun d'eux de la part qui leur a été dévolue dans le principal et les frais.»

Aux Etats-Unis, cette clause existe également sous la dénomination ALAE pour *Allocated Loss Adjustment Expenses*. Dans ce cas, les frais mis en œuvre en vue du règlement du sinistre (avocats, experts, ...) sont également répartis au marc le franc des proportions d'indemnités. Cette situation est assez différente de celle que nous connaissons en Europe où tous les frais sont considérés faire partie de la perte nette définitive, qui sert de base au calcul de l'indemnité de réassurance (voir section 13.12).

5.3.4. *Franchise annuelle*

Afin de limiter la sinistralité à charge du réassureur et donc de faire chuter la prime de réassurance, la cédante peut conserver en rétention une franchise annuelle. Les premiers euros à charge du réassureur retombent donc dans la rétention de l'assureur jusqu'à épuisement de la franchise annuelle. On écrit: portée XS priorité XS franchise annuelle.

Il s'agit d'une combinaison de l'excédent de sinistre et de l'excédent de perte annuelle (on parle d'ailleurs parfois de *stop loss* en rétention). L'excédent de sinistre joue sur tous les sinistres mais une franchise annuelle est d'application sur la sinistralité annuelle à charge du réassureur. Cette franchise annuelle est en général exprimée sous forme d'un pourcentage de l'encaissement de prime de l'assureur. On parle aussi d'*aggregate* déductible annuel en référence à la terminologie anglaise (AAD pour *annual aggregate deductible*). Par exemple:

D = 1.000.000 EUR

C = 2.000.000 EUR

EPI = 100.000.000 EUR

AAD = 3%

L'*aggregate* déductible annuel vaut donc 3.000.000 EUR. Supposons que l'on observe les sinistres suivants: 2.000.000, 1.500.000, 2.500.000, 3.000.000. Comment se répartissent-ils entre assureur et réassureur? Sans AAD, on a 4.000.000

en rétention pour l'assureur et 5.000.000 à charge du réassureur comme l'indique la Table 5-11:

	Originaux	Rétention	Réassureur
	2.000.000	1.000.000	1.000.000
	1.500.000	1.000.000	500.000
	2.500.000	1.000.000	1.500.000
	3.000.000	1.000.000	2.000.000
Total	9.000.000	4.000.000	5.000.000
Effet AAD		+3.000.000	–3.000.000
Total après AAD	9.000.000	7.000.000	2.000.000

Table 5-11. Effet d'une franchise annuelle

L'effet de l'AAD est de reporter un maximum de 3.000.000 EUR à charge du réassureur vers l'assureur. La répartition après AAD est alors la suivante: assureur: 7.000.000 EUR et réassureur: 2.000.000 EUR.

Bien entendu, la franchise joue également lorsqu'elle n'est pas totalement épuisée. Reprenons à la Table 5-12 l'exemple précédent avec les deux premiers sinistres:

	Originaux	Rétention	Réassureur
	2.000.000	1.000.000	1.000.000
	1.500.000	1.000.000	500.000
Total	3.500.000	2.000.000	1.500.000
Effet AAD		+1.500.000	–1.500.000
Total après AAD	3.500.000	3.500.000	0

Table 5-12. Effet d'une franchise annuelle

La franchise annuelle a pour effet de faire chuter le prix de la couverture en réassurance. Elle s'indique bien pour des tranches basses, pour lesquelles elle aura pour effet de couvrir la cédante contre une fréquence de sinistres anormalement élevée. L'excédent de sinistre avec franchise annuelle est une protection idéale pour la cédante: il s'agit d'un excédent de sinistre, donc ne sont couverts que les plus gros sinistres et par ailleurs, le traité a une fonction d'excédent de perte annuelle puisque les premiers excédents sont à charge de la cédante, et les suivants sont à charge du réassureur. Il s'agit en fait d'un excédent de perte annuelle ne jouant que sur les sinistres dépassant la priorité de l'excédent de sinistre.

Notons que la franchise annuelle, lorsqu'elle est exprimée en montant absolu, peut, ou pas, être indexée annuellement. La même remarque est d'application pour la limite annuelle dont il est question à la section qui suit.

5.3.5. Limite annuelle

Avec une limite annuelle, ou (*annual*) *aggregate limit* en anglais, le réassureur limite son intervention annuelle à un montant défini à l'avance. Théoriquement toute couverture de réassurance devrait être assortie d'une limite annuelle d'intervention de la part du réassureur. Les actionnaires de ce dernier ne sont en effet pas enclins à mettre en jeu des sommes illimitées (même si la perte maximale pour l'actionnaire est limitée à la marge de solvabilité qu'il a constituée). En pratique, presque toutes les branches d'assurance ont une limite annuelle d'intervention. C'est certainement le cas pour les branches à développement court comme l'incendie et c'est en général le cas pour les branches de responsabilité générale. Notons que dans un passé récent, il était possible d'obtenir des couvertures en responsabilité générale sans limite annuelle d'intervention. L'exception reste la RC Auto, pour laquelle les réassureurs continuent d'offrir des couvertures sans limite d'intervention annuelle (on parle de reconstitutions gratuites illimitées, voir la section 5.3.6). La raison vient sans doute du fait qu'historiquement les réassureurs ont offert une couverture illimitée en RC Auto. On ne voit donc pas pourquoi il ne serait pas possible d'offrir l'illimité en horizontal, lorsqu'il est offert en vertical. Notons que la tranche illimitée est en train de disparaître en Europe. Prenons un exemple. Soit un traité T1: 2.000.000 EUR xs 2.000.000 EUR assorti d'une limite annuelle de 8.000.000 EUR. Pour simplifier, nous supposons également qu'il y a une couverture T2: 6.000.000 EUR xs 4.000.000 EUR, qui ne nous intéresse pas ici. Les sinistres touchant le traité sont donnés à la Table 5-13:

	Originaux	**Rétention**	**Réassureur T1**	**Réassureur T2**
	5.000.000	2.000.000	2.000.000	1.000.000
	3.000.000	2.000.000	1.000.000	
	6.000.000	2.000.000	2.000.000	2.000.000
	8.000.000	2.000.000	2.000.000	4.000.000
	3.500.000	2.000.000	1.500.000	
	4.500.000	2.000.000	2.000.000	500.000
Total	30.000.000	12.000.000	10.500.000	7.500.000
Effet AAL		+2.500.000	–2.500.000	
Total après AAL	30.000.000	14.500.000	8.000.000	7.500.000

Table 5-13. Fonctionnement de la limite annuelle

Nous observons qu'il y a 2.500.000 EUR qui retombent dans la rétention de la cédante du fait de l'application de la clause de limite annuelle.

5.3.6. *Reconstitutions*

Souvent la limite annuelle s'exprime sous la forme d'un multiple de la portée, disons k+1 fois la portée. On dit alors qu'il y a k reconstitutions. Ceci signifie que la garantie offerte peut être reconstituée k fois. Les reconstitutions peuvent être gratuites ou payantes. Dans ce dernier cas, lorsque la tranche est touchée, la cédante doit payer un complément de prime de réassurance pour reconstituer la garantie. Le paiement est obligatoire: il ne s'agit pas d'une option. En clair, si un sinistre survient le 31 décembre à 23 h 30, la cédante ne peut s'exonérer du paiement de la prime de reconstitution.

La reconstitution de garantie peut se définir comme le rétablissement après sinistre du montant de l'engagement de l'assureur à sa valeur au jour de la prise en cours du contrat.

La reconstitution de la couverture s'applique immédiatement après qu'une partie de l'engagement ait été absorbé et entraîne généralement le paiement d'une prime additionnelle, appelée prime de reconstitution.

La prime de reconstitution est fonction de la prime initiale. Elle est à payer au prorata de la portion de capacité utilisée dans la tranche (*pro rata capita*). Rarement elle est payable aussi au prorata du temps (*pro rata temporis*) restant à courir jusqu'à la prochaine échéance. Enfin, à chaque reconstitution est associée un pourcentage que l'on applique au prorata de la prime initiale. Ce pourcentage est le plus souvent 100%. Lorsque la reconstitution est gratuite, il vaut 0% bien entendu.

Prenons un exemple pour illustrer la notion de primes de reconstitution. Soit la couverture 4.000.000 xs 3.000.000 avec deux reconstitutions, la première à 100% et la deuxième à 50%. Supposons que l'encaissement vaut 10.000.000 et que le taux de réassurance est 4%. Supposons que les sinistres suivants ont été observés: 5.000.000, 6.000.000 et 5.000.000. A charge du réassureur, on trouve respectivement 2.000.000, 3.000.000 et 2.000.000. Le réassureur offre deux reconstitutions, soit trois fois la portée.

La prime initiale vaut $4\% \times 10.000.000 = 400.000$.

Après le 1er sinistre, l'assureur doit payer une prime de reconstitution afin de reconstituer la capacité mise à sa disposition: $100\% \times \frac{2.000.000}{4.000.000} \times 400.000 = 200.000$. Le deuxième sinistre termine d'épuiser la première utilisation de la portée, et entame la seconde utilisation. Il y a donc paiement de prime de reconstitution relative à la première reconstitution et à la seconde reconstitution:

$100\% \times \frac{2.000.000}{4.000.000} \times 400.000 + 50\% \times \frac{1.000.000}{4.000.000} \times 400.000 = 250.000$. Le troisième sinistre utilise une partie de la seconde portée et implique le paiement d'une prime de reconstitution: $50\% \times \frac{2.000.000}{4.000.000} \times 400.000 = 100.000$.

Il reste encore une capacité de 5.000.000 à charge du traité pour le cas où d'autres sinistres surviendraient. Supposons encore un sinistre en plus: 5.000.000, donc 2.000.000 à charge du réassureur. Comme la seconde portée est entièrement consommée avec 1.000.000 à charge de ce quatrième sinistre, il y a paiement d'une prime de reconstitution sur la base: $50\% \times \frac{1.000.000}{4.000.000} \times 400.000 = 50.000$ La partie de ce quatrième sinistre qui utilise la troisième portée n'implique pas de paiement de prime de reconstitution dès lors qu'il n'y a plus de capacité supplémentaire à reconstituer.

Si les primes de reconstitution sont aussi payables *pro rata temporis*, il faut alors tenir compte des dates de sinistres: 1er mars, 1er août et 1er décembre respectivement. La couverture court du 1er janvier au 31 décembre. On a alors les primes suivantes:

Prime initiale: 400.000

Après le 1er sinistre: $100\% \times \frac{2.000.000}{4.000.000} \times \frac{10}{12} \times 400.000 = 166.666$

Après le 2e sinistre:

$$100\% \times \frac{2.000.000}{4.000.000} \times \frac{5}{12} \times 400.000 + 50\% \times \frac{1.000.000}{4.000.000} \times \frac{5}{12} \times 400.000 = 104.167$$

Après le 3e sinistre: $50\% \times \frac{2.000.000}{4.000.000} \times \frac{1}{12} \times 400.000 = 8.333$

La prime de reconstitution est un moyen de diminuer la prime de réassurance initiale. La cédante doit toutefois être consciente qu'elle devra prendre en charge les primes de reconstitution.

Une prime correcte fournit un courtage correct. Toutefois, lorsque la sinistralité survient, elle coûte plus cher que les primes de reconstitution, et il est donc malvenu de déduire un courtage sur ces primes de reconstitution. C'est la raison pour laquelle les réassureurs sont peu enclins à offrir un courtage sur les primes de reconstitution. Parfois, les parties conviennent d'une solution médiane: un courtage réduit de moitié est payé sur les primes de reconstitution.

Dans une telle situation, le courtier a intérêt à obtenir des reconstitutions gratuites, de façon à toucher un courtage sur la prime la plus élevée possible.

Il est évident que tous ces éléments peuvent être pris en compte dans le calcul de la prime; en définitive, c'est le client, c'est-à-dire la cédante, qui paie le courtage.

Le nombre de reconstitutions peut être illimité, ce qui était l'habitude en RC même sur les tranches limitées. Si la couverture est illimitée les reconstitutions sont obligatoirement illimitées car on ne change pas le montant disponible en lui soustrayant un montant fini.

Les traités avec reconstitutions payantes ont un effet moralisateur sur la cédante. En effet, la cédante est pénalisée lorsqu'elle déclare des sinistres à son réassureur. Imaginons que la gestion des sinistres ne soit pas parfaitement menée, ce qui n'aurait pas d'effet sur la rétention de l'assureur dès lors qu'il est protégé en excédent de sinistre. Dans un tel cas, la cédante a toutefois intérêt à gérer les sinistres au mieux afin d'éviter de devoir payer des compléments de prime sous la forme de primes de reconstitution.

Exemple:
«Chaque fois qu'un sinistre aura mis en jeu l'engagement du réassureur, le montant de sa garantie ainsi absorbé sera reconstitué moyennant le paiement d'une prime additionnelle calculée, sur la base de la prime définitive due pour la période de couverture, au prorata de la garantie absorbée et à 100% du temps restant à courir jusqu'à la date d'échéance du traité.

Le nombre total des reconstitutions de garantie effectuées pendant la période de couverture ne pourra toutefois excéder deux reconstitutions.»

5.3.7. No claim bonus

Dans des cas exceptionnels, un *no claim bonus* peut être accordé par le réassureur. Donc en l'absence de sinistre à charge du réassureur, ce dernier ristourne une fraction de la prime à la cédante.

En ce qui concerne les *no claim bonus*, le réassureur est peu enclin à payer le courtage sur base de la prime encaissée avant application du *no claim bonus*. En pratique, le courtage payé ne devrait pas être supérieur au courtage à payer normalement sur la prime nette de *no claim bonus*.

Ici, il y a toutefois un manque de logique; en effet, s'il y a application de la clause de *no claim bonus*, c'est qu'il n'y a pas eu de sinistre, et donc reprendre une partie du courtage au courtier ne l'incite pas à amener des affaires de qualité au réassureur.

Le *no claim bonus* est très rare en réassurance en excédent de sinistre. En effet, il a sa raison d'être (pour la cédante) au niveau des traités présentant un ROL très faible. Dans ces cas, la probabilité de percevoir le *no claim bonus* est élevée. Mais ceci implique que le réassureur doit fortement augmenter la prime de réassurance, pour prendre en compte le fait qu'il doit en ristourner une portion avec une grande probabilité. S'il ne le fait pas, il ne pourra encaisser suffisamment de prime pour pouvoir compenser le client lorsque le gros sinistre surviendra. Le *no claim bonus*, qui est une sorte de participation bénéficiaire, va à l'encontre de la logique de l'excédent de sinistre, par définition volatile.

5.3.8. *Rétention parallèle*

La rétention parallèle, ou co-réassurance, consiste à imposer à l'assureur une co-réassurance sur chaque tranche de réassurance en vue de limiter l'aléa moral.

En effet, afin de continuer à intéresser la cédante à un règlement du sinistre le plus strict possible, il est adéquat d'imposer une franchise proportionnelle à la couverture de réassurance offerte par le réassureur. Pour un excédent de sinistre ou un excédent de perte annuelle, il peut donc être intéressant de laisser un certain pourcentage de la couverture à charge de la cédante. Ceci limite l'aléa moral puisque la cédante reste intéressée au règlement du sinistre même lorsque celui-ci a dépassé la priorité.

90% de 3.000.000 xs 2.000.000 est un exemple de rétention parallèle où la cédante conserve 10% de la couverture 3.000.000 xs 2.000.000. Donc si un sinistre de 4.000.000 survient, il sera partagé comme suit entre assureur et réassureur:

- assureur: 2.000.000 + 10%(4.000.000 – 2.000.000) = 2.200.000,
- réassureur: 90%(4.000.000 – 2.000.000) = 1.800.000.

Du point de vue de l'actionnaire, qui a tout intérêt à limiter les coûts d'agence liés à l'aléa moral, il semble évident que ce type de clause doit assortir les traités. Toutefois, cette clause n'est presque jamais appliquée.

5.3.9. *Echelle de prime*

L'échelle de prime (ou *sliding scale premium* en anglais) est un type de tarification liant la prime à payer à la sinistralité observée. Le réassureur fixe une prime minimale et une prime maximale. Entre ces bornes, la prime à payer varie linéairement. L'échelle de prime se rencontre surtout sur les tranches travaillantes et peut être proposée, soit par le réassureur qui, n'étant pas sûr des statistiques à utiliser, souhaite que la cédante conserve une partie de la variabilité, soit par la cédante qui, mécontente du taux fixe proposé par le réassureur, souhaite se donner la possibilité de ne payer que le taux minimum si le traité se comporte mieux que selon les attentes du réassureur.

Le taux de prime à échelle est modélisé comme suit:

$$t_V = \begin{cases} t_m & \text{si} \quad f\dfrac{S}{P} < t_m \\ f\dfrac{S}{P} & \text{si} \quad t_m < f\dfrac{S}{P} < t_M \\ t_M & \text{si} \quad f\dfrac{S}{P} > t_M \end{cases}$$

avec

- t_m le taux minimum payé par la cédante,
- t_M le taux maximum payé par la cédante,
- S la sinistralité observée dans la tranche de réassurance,
- P l'encaissement de prime de la cédante,
- f un coefficient de chargement valant classiquement $\dfrac{100}{70}$, $\dfrac{100}{80}$ ou $\dfrac{100}{90}$.

Notons un effet curieux de ce type de couverture: tant que la sinistralité à l'intérieur de la tranche est comprise entre le taux minimum et le taux maximum, une augmentation de la sinistralité implique un profit plus important pour le réassureur. Analysons cette situation sur base d'un exemple: soient

- $f = \frac{100}{70}$,
- $t_m = 1{,}6\%$,
- $t_M = 4{,}8\%$,
- $P = 100.000$.

Supposons sept situations quant à la sinistralité à l'intérieur de la tranche:

$$\begin{aligned}
(S/P)_1 &= 0{,}25\% \rightarrow t_V = 1{,}60\% \rightarrow \text{Résultat réassureur } 1.35\% \\
(S/P)_2 &= 1{,}00\% \rightarrow t_V = 1{,}60\% \rightarrow \text{Résultat réassureur } 0{,}60\% \\
(S/P)_3 &= 1{,}75\% \rightarrow t_V = 2{,}50\% \rightarrow \text{Résultat réassureur } 0{,}75\% \\
(S/P)_4 &= 2{,}50\% \rightarrow t_V = 3{,}57\% \rightarrow \text{Résultat réassureur } 1{,}07\% \\
(S/P)_5 &= 3{,}25\% \rightarrow t_V = 4{,}64\% \rightarrow \text{Résultat réassureur } 1{,}39\% \\
(S/P)_6 &= 4{,}00\% \rightarrow t_V = 4{,}80\% \rightarrow \text{Résultat réassureur } 0{,}80\% \\
(S/P)_7 &= 6{,}00\% \rightarrow t_V = 4{,}80\% \rightarrow \text{Résultat réassureur } -1{,}20\%
\end{aligned}$$

Nous observons que le résultat du réassureur décroît d'abord avant de croître lorsque la prime de réassurance est à l'intérieur de l'échelle. Ensuite, le résultat diminue à partir du moment où l'on sort de l'échelle.

Tant que tous les sinistres incombant au traité ne sont pas définitivement réglés, la prime variable n'est pas connue de manière exacte.

Dans le cas d'une prime à échelle, le courtage est classiquement appliqué à la prime minimum. Ceci semble logique. En effet, si le réassureur est amené à recevoir une prime supérieure à la prime minimum, c'est que la sinistralité est mauvaise. Toutefois, il convient de remarquer que tant que la prime de réassurance est inférieure à la prime maximum de l'échelle, la situation est à l'avantage du réassureur (comparer les situations 2 et 3), du fait du *loading* inclus dans le fonctionnement de l'échelle.

Nous donnons à présent un exemple de texte contractuel:

«La prime de réassurance est égale au montant des sinistres réglés et réservés à charge de la tranche, majoré d'un chargement fixe de 100/90 (cent nonantièmes).

Elle ne peut être ni supérieure à 6% ni inférieure à 2% du total des primes d'assurance, nettes d'annulations, encaissées par la Cédante pendant l'exercice pour les affaires soumises au traité.

La prime de réassurance ainsi fixée est destinée à couvrir les sinistres garantis par le Réassureur du 1er janvier au 31 décembre de chaque exercice; elle ne donne donc pas lieu à réserves.

La prime de réassurance est calculée, exercice par exercice; la différence éventuelle entre la prime provisoire déjà versée et la prime ressortant du compte est réglée immédiatement par la partie débitrice. Le compte reste cependant provisoire jusqu'à la liquidation des sinistres de l'exercice; il est ajusté annuellement et les soldes sont réglés immédiatement par la partie débitrice.»

Analysons à présent quelques cas particuliers se présentant sur des traités pluriannuels:

Pluriannuel fermé:

Il s'agit d'un taux variable pour lequel l'ajustement s'étend sur plusieurs années. Ainsi, pour un ajustement triennal on travaille sur trois années définies à partir de la conclusion du traité. Avec un taux variable pluriannuel fermé, le calcul est fait sur l'ensemble des primes et des sinistres de la période concernée. On ne peut toutefois pas attendre la fin du dernier exercice pour procéder à des transferts de soldes. C'est pourquoi des ajustements provisoires sont pratiqués. Supposons un traité pluriannuel fermé sur 2000, 2001 et 2002.

a) A la fin de 2000, le taux variable est appliqué sur base du S/P observé en 2000.

b) A la fin de 2001, le taux variable est appliqué sur base de

$$\frac{S_{2000} + S_{2001}}{P_{2000} + P_{2001}}.$$

Le taux obtenu s'applique alors sur l'encaissement $P_{2000} + P_{2001}$ et la prime payée en 2000 est à considérer comme un acompte.

c) A la fin de 2002, le taux variable est appliqué sur base de

$$\frac{S_{2000} + S_{2001} + S_{2002}}{P_{2000} + P_{2001} + P_{2002}}.$$

Le taux obtenu s'applique alors sur l'encaissement $P_{2000} + P_{2001} + P_{2002}$ et les primes payées en 2000 et 2001 sont à considérer comme des acomptes.

d) A la fin de la période le compte définitif est effectué. Notons que si la branche est à développement long, il conviendra d'attendre que les sinistres soient définitivement réglés avant de connaître avec précision la prime de réassurance.

On peut considérer une période triennale fermée comme une année de trente-six mois, avec des acomptes tous les douze mois.

Prenons un exemple numérique: soient les primes à la Table 5-14

Année	Prime
2000	20.000.000
2001	20.200.000
2002	29.500.000

Table 5-14. Primes

et l'évolution des sinistres à la Table 5-15

	Années de développement				
Année d'accident	**2000**	**2001**	**2002**	**2003**	**2004**
2000	25.000	100.000	100.000	100.000	100.000
2001		800.000	800.000	1.000.000	1.000.000
2002			2.000.000	2.100.000	2.300.000

Table 5-15. Évolution de la charge

Supposons une échelle de prime de 4% à 9% avec un chargement au 100/70 èmes.

Nous obtenons

	Taux de sinistre	Taux chargé	Taux commercial	Prime
Début 2000			4,00%	800.000
Fin 2000	0,13%	0,18%	4,00%	800.000
Fin 2001	2,24%	3,06%	4,00%	1.680.000
Fin 2002	4,16%	5,79%	5,79%	4.142.857
Fin 2003	4,59%	6,39%	6,39%	4.571.429
Fin 2004	4,88%	6,79%	6,79%	4.857.143

Table 5-16. Pluriannuel fermé

Si l'échelle de prime avait joué sur chacune des années d'accident, on aurait eu

	Taux de sinistre	Taux chargé	Taux commercial	Prime
2000	0,50%	0,71%	4,00%	800.000
2001	4,95%	6,49%	6,49%	1.428.571
2002	7,80%	11,14%	9,00%	2.655.000
Total				4.883.571

Table 5-17. Échelles de primes annuelles

Nous voyons sur cet exemple que la prime encaissée par le réassureur sur la période de trois ans ne diffère guère selon les deux systèmes adoptés. Intuitivement le traité trisannuel a pour effet de lisser la sinistralité. Ce lissage est toutefois amplifié par l'effet de l'échelle de prime elle-même.

Pluriannuel ouvert:

Le calcul du taux, et du taux seulement, s'effectue de la même façon que pour le pluriannuel fermé, pendant la durée de la période (trois ans pour triennal, cinq ans pour quinquennal). Ensuite on n'abandonne pas d'un seul coup toutes les années anciennes, seule la plus ancienne est remplacée par la nouvelle dans le calcul du taux. Le taux ainsi calculé s'applique uniquement à l'assiette de l'année en cours, il n'y a pas de réajustement des primes des années précédentes.

Reprenons notre exemple pour un pluriannuel ouvert:

a) A la fin de 2000, le taux variable est appliqué sur base du S/P observé en 2000. La prime de réassurance est obtenue par application de ce taux sur l'encaissement 2000.

b) A la fin du 2001, le taux variable est appliqué sur base de

$$\frac{S_{2000} + S_{2001}}{P_{2000} + P_{2001}}$$

La prime de réassurance de 2001 est obtenue par application de ce taux à l'encaissement 2001.

c) A la fin de 2002, le taux variable est appliqué sur base de

$$\frac{S_{2000} + S_{2001} + S_{2002}}{P_{2000} + P_{2001} + P_{2002}}$$

La prime de réassurance pour 2002 est obtenue par application de ce taux à l'encaissement 2002.

d) A la fin de 2003, le taux variable est appliqué sur base de

$$\frac{S_{2001} + S_{2002} + S_{2003}}{P_{2001} + P_{2002} + P_{2003}}$$

La prime de réassurance pour 2003 est obtenue par application de ce taux à l'encaissement 2003.

e) et ainsi de suite

Notons que si la branche est à développement long, il conviendra d'attendre que les sinistres soient définitivement réglés avant de connaître avec précision la prime de réassurance.

5.3.10. Coded XL

Un traité en excédent de sinistre couvrant l'incendie protégeant un nouveau portefeuille n'offre aucune mesure de l'exposition. Il n'est donc pas possible de le coter anticipativement. On doit donc recourir à une cotation progressive en fonction de l'évolution de l'exposition du portefeuille dans le temps. On parle alors de *coded XL*.

Dans ce cas, le réassureur peut construire une table de codification où à chaque tranche de capital assuré correspond un taux de prime de réassurance, à appliquer à l'assiette de prime d'assurance. Par exemple, nous avons:

Tranche de capitaux assurés	Taux de prime de réassurance	Assiette de primes	Prime de réassurance
0- 3.000	0.00%	31.300	0
3.000- 6.000	7,50%	8.000	600
6.000- 9.000	17,50%	2.000	350
9.000-12.000	22,50%	600	135
12.000-15.000	27,50%	100	28
		42.000	1.114

Table 5-18. Fonctionnement du *coded XL* pour la cotation d'un 10.000 xs 5.000

Cette manière de procéder est évidemment plus proche de l'exposition réelle de l'assureur. Elle témoigne d'une grande transparence de la part du réassureur en terme de cotation puisque ce dernier publie ses taux de prime par bande de capital assuré.

5.3.11. Applications numériques

Considérons deux exemples. Le premier concerne la RC Auto. Il s'agit d'un traité assorti d'une clause de stabilité et d'une clause de partage des intérêts. De plus, il y a une franchise annuelle et la prime est payable au moyen d'une échelle de prime. Plus précisément, nous avons

Date d'entrée en vigueur: 1er janvier 2006
Priorité: 1.000.000 EUR
Portée: 4.000.000 EUR
Clause du partage des intérêts
Clause de stabilité marge 10%, indice 100 au 1er janvier 2006
EPI: 100.000.000 EUR
Franchise annuelle de 2% de l'EPI.
Echelle de prime au 100/70e avec min de 1,15% et max de 3,85%.

Supposons deux sinistres. Le premier sinistre est parfaitement réservé, tandis que le deuxième subit une sous-réservation chronique. Les détails sont donnés à la Table 5-19:

	Sinistre 1			Sinistre 2		
Indice	**Paiement**	**Réserve**	**Charge d'intérêts**	**Paiement**	**Réserve**	**Charge d'intérêts**
100	300.000	3.000.000	650.000	200.000	300.000	0
105	300.000	2.700.000	650.000	500.000	100.000	0
111	200.000	2.500.000	650.000	800.000	200.000	0
116	900.000	1.600.000	650.000	100.000	200.000	110.000
121	1.200.000	400.000	650.000	0	200.000	110.000
128	400.000	0	650.000	500.000	0	200.000

Table 5-19. Données

Indice	Coefficient	Priorité	Limite	Principal Assureur	Principal Réassureur
100	1	1.000.000	4.000.000	1.000.000 (30,30%)	2.300.000 (69,70%)
105	1	1.000.000	4.000.000	1.000.000 (30,30%)	2.300.000 (69,70%)
111	1,0882	1.088.235	4.352.941	1.088.235 (32,98%)	2.211.765 (67,02%)
116	1,1242	1.124.226	4.496.904	1.124.226 (34,07%)	2.175.774 (65,93%)
121	1,1465	1.146.488	4.585.951	1.146.488 (34,74%)	2.153.512 (65,26%)
128	1,1537	1.153.734	4.614.936	1.153.734 (34,96%)	2.146.266 (65,04%)

Indice	Intérêts assureur	Intérêts réassureur	Total assureur	Total Réassureur
100	196.970	453.030	1.196.970	2.753.030
105	196.970	453.030	1.196.970	2.753.030
111	214.349	435.651	1.302.585	2.647.415
116	221.438	428.562	1.345.665	2.604.335
121	225.823	424.177	1.372.311	2.577.689
128	227.251	422.749	1.380.985	2.569.015

Table 5-20. Évolution et partage du sinistre 1

Indice	Coefficient	Priorité	Limite	Principal Assureur	Principal Réassureur
100	1	1.000.000	4.000.000	500.000 (100%)	0 (0%)
105	1	1.000.000	4.000.000	800.000 (100%)	0 (0%)
111	1,0619	1.061.902	4.247.608	1.061.902 (62,46%)	638.098 (37,54%)
116	1,0718	1.071.849	4.287.395	1.071.849 (59,55%)	728.151 (40,45%)
121	1,0764	1.076.415	4.305.662	1.076.415 (59,80%)	723.585 (40,20%)
128	1,1067	1.106.689	4.426.755	1.106.689 (52,70%)	993.311 (47,30%)

Indice	Intérêts assureur	Intérêts réassureur	Total assureur	Total Réassureur
100	0	0	500.000	0
105	0	0	800.000	0
111	0	0	1.061.902	638.098
116	65.502	44.498	1.137.351	772.649
121	65.781	44.219	1.142.196	767.804
128	105.399	94.601	1.212.088	1.087.912

Table 5-21. Évolution et partage du sinistre 2

Sinistre 1	Sinistre 2	Sinistralité totale	Sinistralité après AAD	Sinistralité chargée	Prime de réassurance
2,75%	0,00%	2,75%	0,75%	1,08%	1,15%
2,75%	0,00%	2,75%	0,75%	1,08%	1,15%
2,65%	0,64%	3,29%	1,29%	1,84%	1,84%
2,60%	0,77%	3,38%	1,38%	1,97%	1,97%
2,58%	0,77%	3,35%	1,35%	1,92%	1,92%
2,57%	1,09%	3,66%	1,66%	2,37%	2,37%

Table 5-22. Calcul de l'évolution de la prime de réassurance

Notre deuxième exemple concerne la réassurance contre le risque de tempête. Il s'agit d'un cas vécu et qui fait fréquemment l'objet d'une question d'examen, raison pour laquelle la question restera ouverte. Supposons un traité couvrant le risque de tempête par événement en quatre tranches:

Tranche	Portée	Priorité	Reconstitutions	Taux de prime
1	2.000.000	2.000.000	1 @ 100%	2.3%
2	4.000.000	4.000.000	1 @ 100%	2.1%
3	8.000.000	8.000.000	1 @ 100%	1.4%
4	14.000.000	16.000.000	1 @ 100%	0.9%

Table 5-23. Traité tempête en 4 tranches

Supposons à présent que l'on demande aux réassureurs de coter la même couverture mais en une tranche:

Tranche	Portée	Priorité	Reconstitutions	Taux de prime
Alternative	28.000.000	2.000.000	1 @ 100%	6.7%

Table 5-24. Traité tempête en une tranche

Nous constatons que le taux global pour l'option 1 est 6,7%, soit le même taux que pour l'option 2. Lorsque l'auteur a demandé à ses réassureurs de coter ces deux alternatives, il a reçu des cotations qui étaient tantôt plus chères, tantôt moins chères avec l'option 2. L'une d'entre elles devrait-elle effectivement être plus chère ou moins chère? Nous laissons la résolution de cet intéressant exercice à la sagacité du lecteur.

5.4. Clauses affectant les traités en excédent de perte annuelle

Parmi les clauses que nous avons rencontrées pour les traités en excédent de sinistre, seules la rétention parallèle et l'échelle de prime trouvent à s'appliquer en réassurance en excédent de perte annuelle. L'application de la rétention parallèle semble évidente si l'on souhaite diminuer l'effet de l'aléa moral. La clause d'échelle de prime permet également de diminuer l'effet de l'aléa moral puisqu'un mauvais résultat d'assurance implique une prime de réassurance plus élevée. Soit S/P le rapport sinistre à prime à charge du réassureur. Une clause d'échelle de prime peut s'exprimer comme suit:

La prime vaut 2% si le S/P est inférieur à 1,6%; elle vaut $\frac{100}{80} \times \frac{S}{P}$ si le S/P est compris entre 1,6% et 4,8%; elle vaut 6% si le S/P est supérieur à 6%.

Notons que l'on peut également rencontrer des échelles de prime inversées (pour lesquelles le taux de prime diminue lorsque la sinistralité à charge du traité augmente). Ce sera le cas par exemple pour des cédantes mono-branche basées aux Pays-Bas, qui ne souscrivent que le risque de grêle et qui souhaitent acheter une couverture en excédent de perte annuelle, ce qui s'explique par l'impossibilité pour ces cédantes de diversifier le risque de grêle avec d'autres risques puisqu'elles ne souscrivent que le risque de grêle. L'on peut imaginer que l'aléa moral est assez peu présent pour ce type de couverture et les réassureurs les offrent donc à leurs clients. Notons que la notion de grêle est assez difficile à définir, ce qui explique aussi pourquoi ce risque est couvert en excédent de perte annuelle plutôt qu'en excédent de sinistre par événement. Pour ces cédantes, lorsque le traité de réassurance est touché, cela signifie que le résultat de l'année sera très mauvais; il est donc malvenu de devoir payer une grosse prime de réassurance à ce moment. L'échelle de prime inversée permet de contourner cette difficulté: elle prévoit que la cédante paiera une petite prime de réassurance lorsque la sinistralité est importante, et une grosse prime de réassurance lorsque la sinistralité est bonne. Par exemple:

La prime vaut 6% lorsque le traité n'est pas touché et 2% lorsque le traité est touché. Ce type de formulation présente le désavantage que l'assureur, lorsque le S/P frôle la priorité du traité, a un incitant pour le faire dépasser cette priorité de manière à économiser 4% de prime. Une formulation continue permet de contourner cette difficulté:

La prime vaut 6% lorsque le traité n'est pas touché et diminue linéairement jusqu'à attendre le taux minimum de 2% lorsque la sinistralité à charge du traité dépasse 4%.

6. Réassurance vie

La réassurance vie permet aux assureurs de partager une partie de leurs risques décès et / ou invalidité avec les réassureurs. On associe parfois à la réassurance vie la réassurance des frais de soins de santé ou encore le risque de dépendance. Le risque de longévité est typiquement un élément faisant partie de la réassurance vie. On parle souvent de réassurance de la branche assurance de personnes.

Dans ce chapitre, nous discutons quelques particularités de la réassurance en cas de décès et en cas d'invalidité.

6.1. Couvertures décès par risque

La réassurance vie proportionnelle peut être «à la prime de risque» ou «à la prime commerciale».

Lorsque le traité est à la prime commerciale, cela signifie que le réassureur suit la tarification de la cédante et sert une commission de réassurance représentant sa participation dans les frais d'acquisition, mais aussi le prix qu'il est prêt à payer pour obtenir la cession de la part de l'assureur. Il s'agit en fait de réassurance proportionnelle classique.

Lorsque le traité est à la prime de risque, cela signifie que le réassureur impose sa tarification, laquelle inclut évidemment ses frais de gestion et son profit attendu. Par exemple, en réassurance décès, le réassureur va fixer le taux de prime qu'il exige en fonction du sexe et de l'âge des assurés. Ce taux de prime (que les actuaires appellent q_x) est alors appliqué à tous les capitaux sous risque du portefeuille à réassurer pour former la prime de réassurance. Il n'y a évidemment pas de commission de réassurance à prévoir dans ce cas.

Supposons le petit portefeuille décès de la Table 6-1. Nous y trouvons 10 assurés; les cinq premiers sont des hommes et les cinq derniers sont des femmes. L'âge des assurés est mentionné. A chaque âge est associé une probabilité de décéder, fournie par une table de mortalité. Cette probabilité de décéder durant l'année est notée q_x où x représente l'âge. Pour chaque assuré, le capital sous risque est également mentionné: il s'agit du capital que l'assureur doit débourser en cas de décès de l'assuré. Le capital sous risque n'est pas automatiquement égal au capital assuré du client. En effet, le contrat peut bénéficier d'une réserve mathématique acquise à l'assuré. L'assureur n'est donc en risque que pour le capital assuré, sous déduction de cette réserve mathématique. Enfin, la Table 6-1 mentionne également la prime commerciale payée par le client.

Sexe	Age	q_x	Capital sous risque	Prime commerciale
M	20	0,00123	300.000	669,13
M	30	0,00180	500.000	1.400,28
M	40	0,00332	600.000	2.592,52
M	50	0,00739	1.000.000	8.391,68
M	60	0,01823	700.000	13.463,69
F	20	0,00085	100.000	185,04
F	30	0,00107	500.000	1.035,21
F	40	0,00175	500.000	1.375,27
F	50	0,00381	800.000	3.848,77
F	60	0,01010	600.000	6.661,33
				39.622,92

Table 6-1. Portefeuille décès

Supposons une quote-part de taux de cession 40% à la prime commerciale. Supposons également que le réassureur sert à la cédante une commission de réassurance de 35%. Nous obtenons la Table 6-2:

	Prime de réassurance	Commission de réassurance
	267,55	93,68
	560,11	196,04
	1.037,01	362,95
	3.356,67	1.174,83
	5.385,48	1.884,92
	74,01	25,91
	414,08	144,93
	550,11	192,54
	1.539,51	538,83
	2.664,53	932,59
Total	15.849,17	5.547,21

Table 6-2. Réassurance en quote-part à la prime commerciale

La prime de réassurance s'élève à 15.849,17 et le réassureur paie une commission de réassurance à hauteur de 5.547,21.

Supposons à présent une réassurance en quote-part de taux de cession 40% à la prime de risque. Supposons également que le réassureur applique une tarification égale à 60% de la table de mortalité officielle. Ce type de tarification est typique du marché belge où la table officielle contient un chargement de sécurité substantiel. Nous obtenons la Table 6-3:

Capital sous risque réassuré	60% du q_x	Prime de réassurance
120.000	0,00074	88,56
200.000	0,00108	216
240.000	0,00199	478,08
400.000	0,00443	1.773,6
280.000	0,01094	3.062,64
40.000	0,00051	20,4
200.000	0,00064	128,4
200.000	0,00105	210
320.000	0,00229	731,52
240.000	0,00606	1.454,4
		8.163,6

Table 6-3. Réassurance en quote-part à la prime de risque

Pour les deux traités ci-dessus, le réassureur prendra en charge 40% de la sinistralité décès de la cédante.

Supposons à présent un traité en excédent de plein. Le plein vaut 500.000. Si le traité est à la prime commerciale, avec un taux de commission de 35%, nous obtenons la Table 6-4:

Somme assurée	Pourcentage de cession	Prime de réassurance	Commission de réassurance
300.000	0%	0	0
500.000	0%	0	0
600.000	16,67%	432,09	151,23
1.000.000	50,00%	4.195,84	1.468,54
700.000	28,57%	3.846,77	1.346,37
100.000	0%	0	0
500.000	0%	0	0
500.000	0%	0	0
800.000	37,50%	1.443,29	505,15
600.000	16,67%	1.110,22	388,58
		11.028,21	3.859,87

Table 6-4. Réassurance en excédent de plein à la prime commerciale

Supposons à présent le même traité mais à la prime de risque. Le réassureur tarifie à 60% du q_x. Nous obtenons la Table 6-5:

Somme assurée	Pourcentage de cession	Somme réassurée	60% du q_x	Prime de réassurance
300.000	0%	0	0,00074	0
500.000	0%	0	0,00108	0
600.000	16,67%	100.000	0,00199	199,2
1.000.000	50,00%	500.000	0,00443	2.217
700.000	28,57%	200.000	0,01094	2.187,6
100.000	0%	0	0,00051	0
500.000	0%	0	0,00064	0
500.000	0%	0	0,00105	0
800.000	37,50%	300.000	0,00229	685,8
600.000	16,67%	100.000	0,00606	606
				5.895,6

Table 6-5. Réassurance en excédent de plein à la prime de risque

Notons que pour un traité décès, acheter un excédent de plein est logiquement équivalent à un excédent de sinistre puisqu'il n'y a pas de sinistres partiels. En décès, soit il n'y a pas de sinistre, soit il y a un sinistre total. Nous excluons de la discussion les couvertures qui offrent le doublement de la garantie en cas de décès accidentel.

Le calcul de la prime de réassurance pour chaque police, avec des échéances différentes, des changements d'âge distribués sur les 365 jours de l'année, des changements de capitaux sous risque non prévisibles, peut s'avérer extrêmement fastidieux. Souvent assureur et réassureur ont recours au calcul d'une prime de réassurance nivelée (qui n'a aucun lien avec la notion de prime nivelée au sens de l'assurance-vie) dans un souci de simplification. Nous présentons deux techniques de nivellement de la prime.

Analysons la tarification d'une couverture de réassurance à la prime de risque pour un excédent de plein de conservation égal à 500.000:

Au 1.1.x				Au 1.1.x+1			
Sexe	Age	q_x	Capital assuré	Sexe	Age	q_x	Capital assuré
M	20	0,00123	300.000	M	21	0,00126	320.000
M	30	0,00180	500.000	M	31	0,00189	520.000
M	40	0,00332	600.000	M	41	0,00357	650.000
M	50	0,00739	1.000.000	M	51	0,00806	1.250.000
M	60	0,01823	700.000	M	35	0,00237	2.000.000
F	20	0,00085	100.000	F	21	0,00086	110.000
F	30	0,00107	500.000	F	31	0,00111	525.000
F	40	0,00175	500.000	F	50	0,00381	900.000
F	50	0,00381	800.000	F	51	0,00417	850.000
F	60	0,01010	600.000	F	61	0,01120	625.000

Table 6-6. Portefeuille au 1.1.x et au 1.1.x+1

Nous pouvons à présent calculer la prime de réassurance au 1.1.x et au 1.1.x+1

Capital assuré	Capital réassuré	Prime de réassurance	Capital assuré	Capital réassuré	Prime de réassurance
300.000	0	0	320.000	0	0
500.000	0	0	520.000	20.000	22,68
600.000	100.000	199,2	650.000	150.000	321,3
1.000.000	500.000	2.217	1.250.000	750.000	3.627
700.000	200.000	2.187,6	2.000.000	1.500.000	2.133
100.000	0	0	110.000	0	0
500.000	0	0	525.000	25.000	16,65
500.000	0	0	900.000	400.000	914,4
800.000	300.000	685,8	850.000	350.000	875,7
600.000	100.000	606	625.000	125.000	840
	1.200.000	5.895,6		3.320.000	8.750,73

Table 6-7. Portefeuille réassuré au 1.1.x et au 1.1.x+1

En pratique, une prime provisionnelle est calculée sur base du portefeuille au 1er janvier. Cette prime vaut 5.895,6 dans notre exemple. Souvent, cette prime sera payable par semestre ou par trimestre. Supposons qu'elle soit payable par trimestre: la cédante paie donc 1.473,9 chaque trimestre à son réassureur. En fin d'année, on calcule la prime sur base du nouveau profil de portefeuille. On trouve une prime égale à 8.750,73. La prime moyenne sur l'année s'élève donc à (5895,6 + 8750,73)/2 = 7.323,17. Il y a donc un ajustement de prime de 1.427,57 au 1.1.x+1 en faveur du réassureur.

Il s'agit d'un traité à la prime nivelée. Les primes nivelées permettent de ne considérer la situation du portefeuille qu'à deux instants fixés au traité pour calculer la prime annuelle. En pratique, il s'agit d'un instant par an car le calcul au 1.1.x+1 sert également au calcul de la prime de réassurance de l'année x+1.

Dans notre exemple numérique, la taille du portefeuille est très petite et des gros changements comme l'apparition d'un assuré de 35 ans avec un capital sous risque de 2.000.000 provoque un changement important de la prime de réassurance. En pratique ces effets s'estompent pour de grands portefeuilles.

Une autre méthode de calcul de réassurance à la prime nivelée consiste à calculer un taux de réassurance au 1.1.x à appliquer à la somme des capitaux sous risque réassurés. Dans notre exemple, ce taux de réassurance vaut 5.895,6/1.200.000 = 0,0049. La prime provisionnelle est payable sur base de ce taux et vaut bien entendu 5.895,6. En fin d'année, une nouvelle prime est calculée sur base des capitaux sous risque au 31.12.x et du taux de réassurance. Nous trouvons: $0,0049 \times 3.320.000 = 16.311$. La prime définitive vaut la moyenne arithmétique entre la prime au 1.1.x (provisionnelle) et au 31.12.x: $\frac{5.895,6 + 16.311}{2} = 11.103,38$. Une adaptation de prime en faveur du réassureur vaut: $11.103,38 - 5.895,6 = 5.207,78$.

Cette méthode de calcul à la prime nivelée est plus simple que la précédente et l'approximation est réputée bonne lorsque le portefeuille est grand et pas trop dynamique.

Il existe bien entendu d'autres techniques d'approximation du calcul de la prime de réassurance, plus ou moins sophistiquées, où, par exemple, l'on prend une photographie mensuelle du portefeuille pour le calcul de la prime.

6.2. Couvertures du risque de décès accidentel

Il arrive fréquemment que la couverture décès soit assortie d'une garantie complémentaire en cas de décès par accident. Souvent il s'agit d'un doublement du capital décès en cas d'accident. On rencontre parfois le triplement du capital en cas de décès suite à un accident de la route. Si le portefeuille est protégé par un excédent de plein, se pose alors la question de la détermination des capitaux réassurés. Le capital réassuré peut être déterminé de manière proportionnelle, de manière non proportionnelle ou encore au moyen de pleins distincts.

a) méthode proportionnelle:

Soit CDTC le capital décès toutes causes assuré. Soit CDA le complément de capital décès en cas d'accident. Soit $CDTC^{\mathrm{Re}}$ le capital décès toutes causes réassuré. Soit CDA^{Re} le capital décès en cas d'accident réassuré. On définit:

$$\begin{aligned} CDTC^{\mathrm{Re}} &= \max\left(0, CDTC - \frac{CDTC}{CDTC + CDA} \times \mathrm{Plein}\right), \\ CDA^{\mathrm{Re}} &= \max\left(0, CDA - \frac{CDA}{CDTC + CDA} \times \mathrm{Plein}\right). \end{aligned}$$

b) méthode non proportionnelle:

$$\begin{aligned} CDTC^{\mathrm{Re}} &= \max(0, CDTC - \mathrm{Plein}), \\ CDA^{\mathrm{Re}} &= \max\left(0, CDTC + CDA - \mathrm{Plein} - CDTC^{\mathrm{Re}}\right). \end{aligned}$$

c) pleins distincts:

Soit $Plein^{TC}$ le plein pour le capital décès toutes causes et Plein^{A} le plein pour le capital décès en cas d'accident. Nous obtenons:

$$\begin{aligned} CDTC^{\mathrm{Re}} &= \max\left(0, CDTC - \mathrm{Plein}^{TC}\right), \\ CDA^{\mathrm{Re}} &= \max\left(0, CDA - \mathrm{Plein}^{A}\right). \end{aligned}$$

Illustrons notre propos au moyen d'un exemple numérique. La Table 6-8 partage des capitaux décès selon les trois techniques suggérées ci-dessus pour un plein unique de 1.000 ou deux pleins distincts de 500 chacun:

		Méthode proportionnelle		Méthode non proportionnelle		Pleins distincts	
CDTC	***CDA***	$CDTC^{\mathrm{Re}}$	CDA^{Re}	$CDTC^{\mathrm{Re}}$	CDA^{Re}	$CDTC^{\mathrm{Re}}$	CDA^{Re}
750	0	0	0	0	0	250	0
750	750	250	250	0	500	250	250
1.500	0	500	0	500	0	1.000	0
1.500	750	833,33	416,67	500	750	1.000	250
1.500	1.500	1.000	1.000	500	1.500	1.000	1.000

Table 6-8. Détermination du capital réassuré en cas de couverture complémentaire liée au décès accidentel

6.3. *Couvertures invalidité par risque*

En invalidité, la réassurance proportionnelle fait la différence entre une rétention exprimée en capital ou en rente, ce qui implique quatre types de réassurance:

- sur base de rente à la prime de risque,
- sur base de rente à la prime commerciale,
- sur base de capital à la prime de risque,
- sur base de capital à la prime commerciale.

Le plus souvent, la réassurance en cas d'invalidité est à la prime de risque, ou encore en excédent de sinistre.

L'invalidité donne lieu à la constitution d'un capital représentant la valeur actuelle des obligations présentes et futures. Le capital constitutif est obtenu en multipliant la rente assurée par un facteur de capitalisation, qui dépend de l'âge, du sexe, du type de rente (constante, en progression arithmétique, en progression géométrique, ...) et du terme de paiement de la rente.

La réassurance basée sur le capital constitutif peut être plus attrayante pour la cédante, dans la mesure où la cédante sait exactement le montant de capital constitutif qu'elle garde en rétention (du moins sur la durée de service de la rente), ce qui lui permet de conserver une part de risque en rétention identique pour chaque police.

Voyons à présent un exemple de réassurance sur base du capital. Soit une rente assurée d'un montant annuel 100. Le coefficient d'actualisation vaut 9. Le capital sous risque assuré vaut dès lors 9x100=900. Supposons une réassurance en excédent de plein, dont le plein de conservation vaut 200. Le capital réassuré vaut 900-200=700. Dès lors la rente réassurée vaut: 700/900 × 100 = 77,78.

Prime de réassurance à la prime de risque: 77,78 × taux de prime du réassureur. Au traité est annexé un tableau de taux de prime utilisé pour la détermination des primes de réassurance.

Prime de réassurance à la prime commerciale: 700/900 de la prime originale avec paiement d'une commission de réassurance. De plus, le réassureur reçoit en début d'année sa part dans la provision pour vieillissement de la police. Il s'agit en fait d'une entrée de portefeuille-primes. En fin d'année, il y a une sortie de portefeuille-primes: le réassureur retourne à la cédante sa part dans la provision pour vieillissement. Le réassureur doit être assez confiant dans l'évaluation par la cédante de la provision pour vieillissement. La réassurance en cas d'invalidité à la prime commerciale est assez peu répandue en Belgique.

En cas de sinistre, le réassureur intervient à hauteur du taux d'invalidité × 77,78. Normalement, le réassureur suit le paiement de la rente. Toutefois le traité peut prévoir une clause de rachat après en général cinq ans. Cette clause de rachat permet de limiter les frais de gestion pour l'assureur et le réassureur.

Passons à présent à la réassurance sur base de la rente. Soit une rente assurée annuelle de 100. Supposons un traité en excédent de plein, dont le plein vaut 20. La rente réassurée s'élève à 100 – 20 = 80.

Prime de réassurance:

- 80 × taux de prime s'il s'agit de réassurance à la prime de risque
- 80% × prime originale et paiement d'une commission s'il s'agit de réassurance à la prime commerciale et entrée et sortie de portefeuille-primes, sous la forme de provision de vieillissement.

Le réassureur intervient à hauteur du taux d'invalidité × 80.

Le calcul de la prime de réassurance en cas d'invalidité peut également être simplifié en recourant à un calcul de prime nivelée.

La réassurance en cas de rente peut aussi s'effectuer sous la forme d'un excédent de sinistre. Dans ce cas, le réassureur intervient lorsque la charge du sinistre (paiements plus provision pour sinistre à régler) dépasse la priorité convenue au traité. Ce type de traité n'est pas fréquent en Belgique. Par contre, il est utilisé en France. Toutefois, afin de simplifier la gestion administrative de ce type de traité, le capital constitutif de la rente est souvent calculé et le réassureur intervient pour sa part dans ce capital constitutif. Dans ce cas, le risque de longévité reste auprès de l'assureur. Par contre, si l'assuré décède rapidement, l'assureur réalise un bénéfice de mortalité. Cette manière de procéder limite également le risque de crédit dès lors que la relation avec le réassureur est à court terme.

Notons enfin que la réassurance vie peut déboucher sur des couvertures très personnalisées en fonction des besoins de la cédante. La créativité des actuaires a peu de limites à cet égard et les techniques sont le plus souvent à développer en fonction du type d'affaires traitées.

6.4. *Clauses affectant les traités de réassurance vie*

Souvent la cédante obtient de son réassureur le paiement d'une participation bénéficiaire afin d'atténuer les profits cédés à celui-ci. Pour des portefeuilles de petite taille, la réassurance en cas de décès peut s'avérer très déséquilibrée. Les probabilités de décès étant faibles, le hasard peut impliquer le paiement de multiples participations bénéficiaires successives; le réassureur a tout intérêt à analyser en détail l'effet de ces participations bénéficiaires.

Le texte qui suit donne un exemple de participation bénéficiaire:

La participation bénéficiaire de 30% est calculée pour la première fois au 31.12 de l'année de réassurance écoulée. Celle-ci est ajustée annuellement jusqu'à liquidation ou rachat de tous les sinistres survenus au cours de l'exercice de réassurance concerné.

Le fonctionnement est le suivant: un compte de pertes et de profits pour l'année de réassurance t est établi d'après les éléments ci-après:

A la fin de l'année t:

Crédit:

- toutes les primes nettes perçues pour l'année de réassurance t.

Débit:

- tous les paiements de sinistres survenus au cours de l'année de réassurance t
- les frais du réassureur (10%) sur les primes perçues.
- les réserves à la fin de l'année t pour les sinistres survenus au cours de l'année de réassurance t et à convenir avec le réassureur.
- le report du solde des pertes éventuelles du compte de pertes et profits des années de réassurance précédentes.

A la fin de l'année t' ($t' = t + 1, t + 2, \ldots, u$ où u est l'année du rachat ou liquidation de tous les sinistres), le résultat technique et la participation bénéficiaire seront recalculés sur base des éléments suivants:

- le cumul des paiements à la fin de l'année t' pour les sinistres survenus au cours de l'année t,
- les réserves à la fin de l'année t' pour les sinistres survenus au cours de l'année t.

6.5. Comptabilisation

Les traités peuvent être annuels ou bien par année de souscription (on parle aussi de traités par génération).

Historiquement, les traités de réassurance vie étaient classiquement par génération, ce qui signifie qu'une police souscrite par l'assureur en 1980 par exemple était couverte par le traité de 1980, même si elle était encore en vigueur vingt-cinq ans plus tard. Ce type de traité présente l'avantage pour la cédante que les conditions sont fixes durant toute la durée de la police, ce qui correspond en général avec les conditions originales de la police, l'assureur devant s'engager à respecter le tarif. Avec de tels traités, il était très difficile pour un assureur de changer de réassureur puisqu'un changement aurait impliqué

1) que le nouveau réassureur ne bénéficie que d'un petit chiffre d'affaires durant les premières années, puisqu'il ne pourrait réassurer que les nouvelles polices,
2) que l'assureur devrait gérer deux relations: avec l'ancien réassureur, qui est toujours sur les vieilles polices, et avec le nouveau réassureur.

Il en résultait un manque de compétition et nombreuses sont les cédantes qui ont payé leur réassurance vie trop chère à cause de ces traités par génération.

Aujourd'hui, la majorité des traités sont annuels, ce qui signifie que seuls les capitaux sous risque de l'année de réassurance sont couverts. La cédante n'a donc pas de garantie de tarif pour l'avenir, mais elle peut aisément changer de réassureur.

6.6. Couvertures par événement

En assurance de personnes, les assureurs subissent un risque important: le risque d'accumulation, qui entraîne des indemnisations agrégées importantes dès lors qu'il touche plusieurs têtes. Celui-ci se manifeste lorsque plusieurs risques assurés auprès de la même compagnie décèdent lors d'un même accident. Pensons à l'accident de bus ou d'avion. Plus simplement, imaginons trois directeurs d'une multinationale assis dans le même véhicule automobile et victimes d'un accident mortel. Les capitaux sous risque peuvent être substantiels et, dans le cas présent, pourraient être triplés. Le tsunami du 26 décembre 2004 est également un bon exemple. Plusieurs assureurs suédois ont subi le risque d'accumulation étant donné le grand nombre de victimes suédoises. Un tremblement de terre à Lisbonne ou en Californie aurait également pour effet d'accumuler les garanties à servir pour les assureurs. Un produit chimique nocif se répandant via la climatisation d'une grande société pourrait également créer un gros sinistre de type accumulation. Enfin les attaques terroristes du 11 septembre 2001 à New York représentent également un exemple d'accumulation. Notons que le risque d'épidémie est également un bon exemple de risque d'accumulation, qui se heurte toutefois à la notion de définition de l'événement. Ce cas trouvera éventuellement solution par le biais d'une couverture en excédent de perte annuelle.

Nous constatons que le risque d'accumulation est principalement dû au monde du travail. Les plus grosses accumulations sont en effet à trouver au niveau des groupes assurés auprès du même assureur, que ce soit en assurance décès ou en assurance accident du travail. Notons que les entreprises prennent des mesures pour limiter, ou diversifier le risque d'accumulation. Ces mesures sont prises afin de garantir le bon fonctionnement de l'entreprise, avant de limiter le risque d'assurance. Par exemple, de nombreuses grandes sociétés interdisent que plusieurs employés clés prennent place dans le même véhicule automobile ou le même avion.

Quoi qu'il en soit, les cédantes doivent gérer ce risque d'accumulation et la réassurance est un bon moyen pour transférer ce risque. On utilise alors des traités en excédent de sinistre par événement. Dans le jargon des réassureurs, on parle de CAT XL. Il s'agit d'un excédent de sinistre pour lequel on va agréger la sinistralité due à un même événement. La définition de l'événement est donc très importante. Par exemple: par catastrophe, on entend tout accident ou série d'accidents suite à une et même cause, entraînant la mort dans un délai de douze mois à compter du premier accident ou série d'accidents d'un nombre minimal de victimes. Les sinistres successifs dans une période de 48 heures suite à un tremblement de terre, un ouragan ou une inondation seront considérés comme résultant d'une seule et même cause. Le taux de prime du traité sera exprimé en pourcentage du total des capitaux assurés en rétention ou en pourcentage de l'encaissement global assuré en rétention, réalisé par la cédante au cours d'une période bien déterminée. Il est clair que la tarification de tels traités est extrêmement malaisée pour le réassureur. De plus il s'agit de traités très déséquilibrés dès lors que les primes de réassurance sont habituellement très faibles par rapport aux engagements.

Souvent, le traité CAT XL est utilisé en combinaison avec d'autres réassurances sous-jacentes. Par exemple, la cédante va d'abord protéger son portefeuille au moyen d'un excédent de plein. Ensuite, la rétention de l'excédent est protégée au moyen d'un traité CAT XL.

6.7. Couvertures en excédent de perte annuelle

Nous avons vu à la section 5.2.3 que l'excédent de perte annuelle était très difficile à obtenir sur le marché de la réassurance à cause des difficultés de tarification et du possible aléa moral dont pourrait être victime le réassureur. La situation est différente en réassurance vie. En effet, l'aléa moral est inexistant en cas de décès. De plus, si la cédante fournit une exposition précise, le réassureur est en mesure de calculer précisément la prime de réassurance à condition qu'il dispose d'une table de mortalité représentative de la mortalité des assurés (on parle de table de mortalité d'expérience). Les risques d'accumulation restent toutefois très difficiles à appréhender pour le réassureur.

La couverture en excédent de perte annuelle fournit une couverture adéquate pour la cédante contre le risque d'accumulation, mais aussi contre le risque de dérive de la mortalité, par exemple en cas d'épidémie. Elle existe, mais le marché ne l'offre pas facilement.

6.8. Expertise technique du réassureur

Les traités de réassurance vie sont parfois conclus par les cédantes afin de bénéficier de l'expertise technique de ses réassureurs en terme de tarification des affaires originales. En effet, les réassureurs participent à de nombreux traités et disposent d'une expérience en terme de tarification, en particulier des risques aggravés, plus importante que celles de nombreuses cédantes. Les réassureurs peuvent également participer à la sélection médicale pour leurs clients. Ceci permet aux réassureurs vie d'aider les cédantes à tarifer leurs produits d'assurance. De même les réassureurs peuvent fournir de la formation à leurs cédantes, voire même développer de nouveaux produits d'assurance. Outre le fait que ceci permet aux assureurs de faire preuve de créativité, le fait d'acheter de la réassurance limite le risque lié à la nouveauté de ces produits.

7. Pourquoi acheter de la réassurance?

Traditionnellement, les compagnies d'assurance ont fait appel aux réassureurs pour les raisons suivantes:

7.1. Stabilisation du résultat annuel

Il est clair qu'une cession en réassurance permet d'atténuer les effets du caractère volatile de la sinistralité et cyclique du résultat de la compagnie d'assurance.

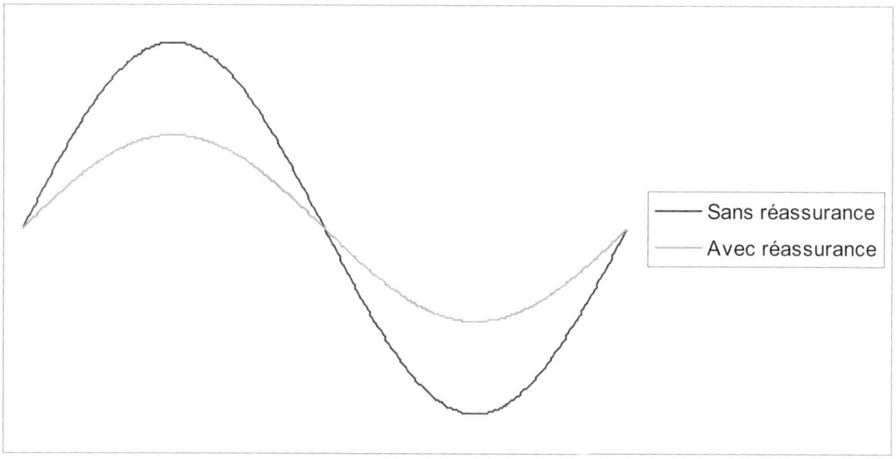

Figure 7-1. Stabilisation du résultat annuel absolu

Pour une entreprise cotée en bourse, il peut être judicieux de limiter les variations du résultat annuel. En effet, les investisseurs n'apprécient pas les résultats trop volatiles. L'évolution du cours de bourse peut dès lors être améliorée en achetant de la réassurance avec pour objectif de limiter la volatilité du résultat annuel et ce, même si l'achat de réassurance semble détruire de la valeur (à cause de la marge qui est cédée au réassureur).

7.2. Augmentation de la capacité de souscription

Lorsqu'une compagnie d'assurance souhaite souscrire de très grands risques industriels, elle peut en être dissuadée dès lors que le risque est trop important pour le conserver pour propre compte. La solution classique consiste alors à recourir à la coassurance et à partager le risque avec les concurrents. Montrer son portefeuille et en servir une fraction aux concurrents peut être considéré comme étant une mauvaise stratégie. C'est la raison pour laquelle il peut être jugé plus adéquat par l'assureur de céder une portion du risque à un réassureur. L'opération peut également être jugée plus simple administrativement que le recours à la coassurance. La réassurance permet donc à des assureurs de petite taille d'entrer en compétition avec les plus gros assureurs en ce qui concerne la souscription de très grands risques.

7.3. Financement de la croissance des jeunes compagnies d'assurance

Lorsqu'une compagnie d'assurance débute, elle subit des frais fixes qui peuvent s'avérer importants par rapport au chiffre d'affaires. En assurance-vie, les commissions d'acquisition peuvent s'avérer trop lourdes par rapport à l'encaissement de prime. La compagnie a dès lors besoin d'un support financier pour ne pas montrer des résultats systématiquement dans le rouge durant les premières années de son existence. Le réassureur peut proposer une sorte de prêt sous la forme de commissions de réassurance trop élevées au début de la relation et plus faibles par la suite.

Cette technique nécessite la mise en place de traités pluriannuels.

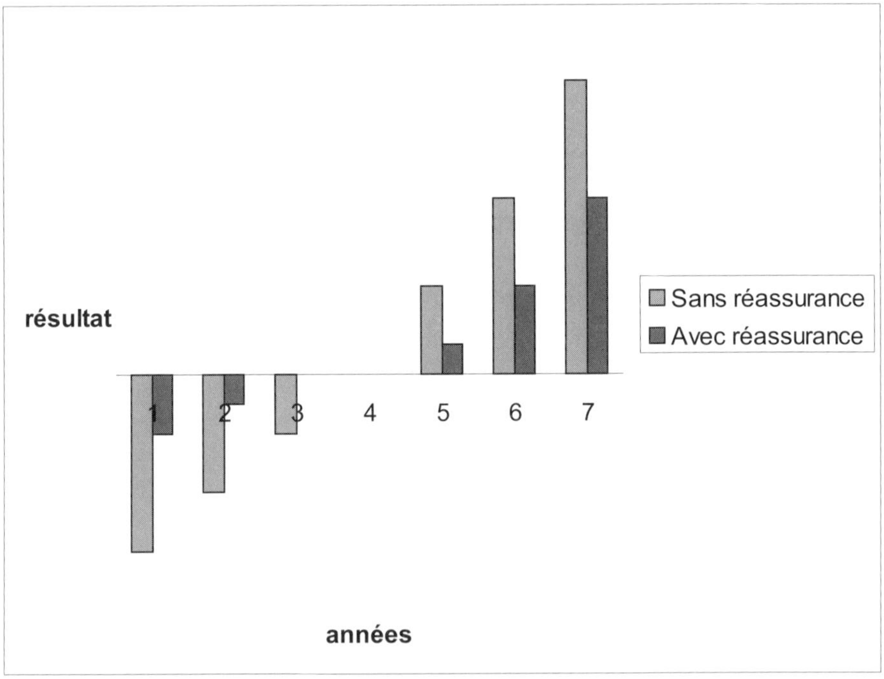

Figure 7-2. Financement de la croissance

7.4. *Gestion de la marge de solvabilité*

La cession d'affaires en réassurance peut se justifier par la constitution d'une marge de solvabilité insuffisante par rapport au chiffre d'affaires. Céder une portion des affaires en réassurance permet de diminuer la marge de solvabilité requise. Cette technique est particulièrement utile sur les marchés très cycliques, tel le Royaume-Uni.

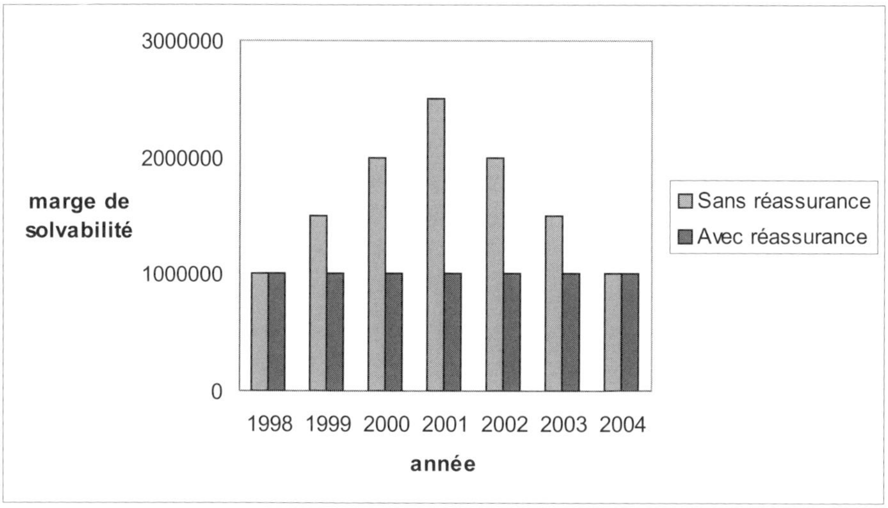

Figure 7-3. Besoin en capital

7.5. *Allègement de la trésorerie*

Lors de la survenance d'un sinistre important, la compagnie d'assurance peut avoir des difficultés de liquidités. Le réassureur apporte une solution en mettant immédiatement à disposition de la cédante les fonds nécessaires.

7.6. *Support technique*

Les réassureurs disposent généralement d'une expérience et d'une expertise parfois inaccessibles aux compagnies d'assurance. La tarification des risques aggravés, la sélection médicale en assurance-vie et la tarification des grands risques industriels peuvent s'avérer difficiles ou coûteuses pour un assureur qui n'est que rarement confronté à ce type de risques. Le réassureur pourra offrir des solutions grâce à son expérience et à sa maîtrise des risques non-standards. La mise en place de nouveaux produits d'assurance est rendue possible grâce aux réassureurs; l'assurance-dépendance en est un exemple. Le réassureur peut également offrir des services en termes de prévention ou gestion des sinistres, de formation des collaborateurs de la cédante ou encore d'analyses actuarielles.

Typiquement les assureurs qui envisagent de souscrire des branches d'assurance nouvelles pour eux, ou sur de nouveaux territoires, feront appel aux réassureurs afin de bénéficier de leur expertise.

7.7. Effet fiscal

La constitution de réserves d'égalisation étant fiscalement pénalisée dans certains pays, il peut être judicieux pour l'assureur de céder les risques nécessitant la constitution de telles réserves (typiquement les risques liés aux catastrophes naturelles) aux réassureurs puisque les primes de réassurance sont fiscalement déductibles. Prenons l'exemple du tremblement de terre, à savoir un risque de très faible fréquence mais présentant une sévérité potentiellement très importante. Supposons que l'assureur perçoit chaque année une prime de 1.000.000 EUR relative à la garantie tremblement de terre. Le plus souvent, il n'y a pas de tremblement de terre et la prime est passée en profit, subissant une taxe, disons, de 34%. Il reste donc un montant disponible de 660.000 EUR pour alimenter les fonds propres de l'assureur en vue d'un tremblement de terre futur. Si la prime est cédée à un réassureur qui prend une marge de 20% par exemple, alors ce dernier peut accumuler chaque année un montant égal à 800.000 EUR (en supposant que le réassureur utilise les 20% de marge pour ses frais administratifs et la rémunération de ses actionnaires) pour compenser le coût du tremblement de terre lorsqu'il surviendra. Cette dernière situation est bien entendu plus favorable que la précédente. En fait, tant que la marge du réassureur est inférieure au taux marginal de taxation, la cession en réassurance présente un avantage fiscal. Ceci n'est vrai que si le réassureur ne fait jamais défaut. En pratique, il y a un risque que le réassureur ne remplisse pas ses obligations, ce qui se traduira pas une marge supplémentaire à prendre par rapport au taux marginal de taxation.

Notons que les barèmes de taux de taxe progressifs sont également des incitants à l'achat de réassurance. Supposons que le barème de taxation est le suivant:

- 10% sur la portion de profit entre 0 EUR et 1.000.000 EUR,
- 20% sur la portion de profit entre 1.000.000 EUR et 2.000.000 EUR,
- 40% sur la portion de profit au-delà de 2.000.000 EUR.

Supposons que le résultat de l'assureur soit assez variable, disons un an sur deux un résultat avant taxes de 5.000.000 EUR (bonnes années) et l'autre année un résultat avant taxes de 1.000.000 EUR (mauvaises années). Dans ce cas les taxes à payer sont respectivement de 1.500.000 EUR et 100.000 EUR, soit un total de 1.600.000 EUR et un résultat après taxes sur deux ans de 4.400.000 EUR. L'assureur peut aussi céder une partie de ses risques à un réassureur, disons en moyenne 2.000.000 EUR contre une prime de 2.100.000 EUR. Supposons que les bonnes années, le réassureur ne paie rien, tandis que les mauvaises années, le réassureur prend en charge 4.000.000 EUR de sinistralité. Le résultat net de réassurance avant taxe de l'assureur devient 2.900.000 EUR et 2.900.000 EUR, et les taxes à payer deviennent 1.320.000 EUR, pour un résultat après taxe sur deux ans de 4.480.000 EUR. Nous observons donc que si la marge du réassureur n'est pas trop importante, il peut être plus intéressant de céder une partie des affaires en réassurance afin de lisser le résultat et diminuer l'effet progressif des taxes.

7.8. Ecrêtement des grands sinistres

On imagine aisément qu'un assureur ne puisse garder pour propre compte des sinistres atteignant des millions d'euros en assurance de responsabilité civile automobile ou des dizaines de millions d'euros en assurance contre la tempête ou le tremblement de terre. Ces risques sont typiquement cédés aux réassureurs.

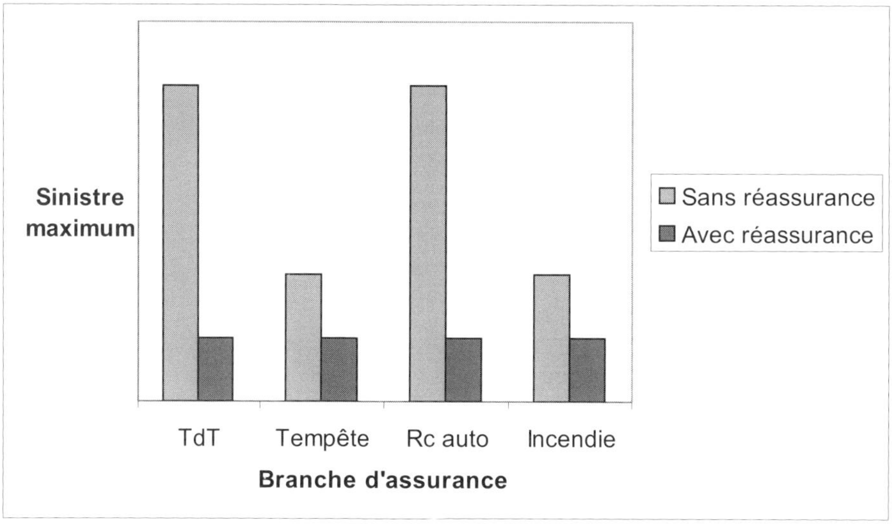

Figure 7-4. Écrêtement des grands sinistres

L'achat de réassurance s'explique notamment par la recherche d'une plus grande stabilité. Il est intéressant de constater qu'une analyse quantitative en vue de déterminer le type de réassurance à acheter semble peu présente dans les considérations qui précèdent. Seule la quatrième raison (gestion de la marge de solvabilité) fait référence explicitement à la situation financière de l'assureur. Il apparaît pourtant de plus en plus clairement que la réassurance a pour fonction d'être un substitut à la détention de capital (voir à ce sujet les chapitres 8 et 12).

Notons que l'on pense habituellement aux grands sinistres dus aux catastrophes naturelles. Notre police RC auto peut également provoquer de très gros sinistres. Pensons par exemple au sinistre du tunnel du Mont-Blanc. Des sinistres avec dégâts corporels peuvent aisément dépasser les 5 millions d'EUR en Belgique, les 10 millions d'EUR en France ou les 10 millions de GBP au Royaume-Uni. Mais une police RC Auto peut aussi mener au paiement de sommes considérables pour du dégât matériel ou de la perte d'exploitation. L'accident de Bar-le-Duc de 1976 est un exemple souvent évoqué par les réassureurs. Nous le décrivons ci-dessous:

Dans la nuit du 18 au 19 mars 1976 un sociétaire de la MAIF emprunte un passage à niveau automatique. Il perd le contrôle de son véhicule qui se trouve déporté et s'immobilise sur les rails. Ne pouvant dégager sa voiture, le conducteur court donner l'alerte à un poste téléphonique situé près du passage à niveau. Au même instant, survient un train de marchandises qui percute la voiture, la pulvérise, déraille sur 100 mètres, et fauche le parapet métallique du pont qui enjambe à cet endroit le canal de la Marne au Rhin et qui s'effondre dans le canal en contrebas. La motrice et 21 des 38 wagons sont précipités dans le canal. Le conducteur de la motrice n'est heureusement que légèrement blessé.

Les dommages comprennent

a) matériel roulant: motrice (4.000.000 FF) et 21 wagons (200.000 FF chacun),
b) déblaiements, réfection des voies et reconstruction du pont après pose d'un pont provisoire,
c) marchandises diverses transportées dans le train,
d) dommages indirects: détournement de trains (notamment la ligne Paris-Strasbourg), retards, transbordement de voyageurs (60 cars par jour pour relier les deux gares isolées par l'accident), consommation supplémentaire d'énergie du fait des ralentissements, ...,

e) réfection des berges du canal,

f) préjudice causé à la navigation fluviale par l'immobilisation des péniches, retards de livraison, ...,

g) pollution dans le canal.

Le sinistre a été estimé à 30.000.000 FF, soit environ 5.000.000 EUR sans revalorisation. Le conducteur payait à l'époque une prime de 465 FF. Sa prime fut majorée d'un malus de 25 FF à la prochaine échéance. La MAIF disposait à l'époque d'un traité de réassurance dont la priorité valait environ 5.000.000 FF, ce qui lui a permis de ne prendre en charge que le sixième du montant de sinistre.

7.9. Diversification

D'une manière générale, les compagnies d'assurance achètent souvent une couverture de réassurance pour pallier le manque de diversification atteint par leur portefeuille. C'est typiquement le cas pour:

- les cédantes qui sont fortement exposées aux catastrophes naturelles. Il est en effet évident qu'une compagnie belge qui a des expositions aux tempêtes européennes, ne peut diversifier ce risque avec le tremblement de terre californien ou les typhons japonais, par exemple. Le réassureur, qui a des expositions mondiales, réalise cette diversification. La cédante aura donc tendance à céder ce type d'exposition aux catastrophes naturelles à ses réassureurs,
- les compagnies qui se concentrent sur des affaires de type industriel ou présentant typiquement de grosses expositions feront appel plus fréquemment à la réassurance que les compagnies souscrivant des risques de masse tels la RC automobile ou l'incendie risques simples. En effet, les grosses expositions impliquent que la rétention est moins homogène, d'où le besoin accru de réassurance,
- les petites compagnies profitent évidemment moins que les grandes du bénéfice de diversification. La loi des grands nombres joue moins bien et elles sont donc plus enclines que les grandes à acheter des couvertures de réassurance. C'est typiquement ce que l'on observe sur le marché. Prenons par exemple la RC automobile en Belgique. Les plus gros acteurs sur le marché belge achètent de la réassurance en excédent de sinistre au-delà de 5.000.000 EUR. Les compagnies de plus petite taille achètent, elles, des couvertures démarrant entre 1.000.000 EUR et 5.000.000 EUR. Il s'agit

d'une illustration de la moindre application du bénéfice de diversification pour ces petites compagnies.

7.10. Run-off

Dans certains cas, des assureurs souhaitant sortir d'une branche d'assurance donnée, feront appel aux réassureurs afin que ceux-ci reprennent la queue des risques en portefeuille moyennant le paiement d'une prime.

7.11. Economies d'échelle

Puisque la réassurance est une alternative au fait de détenir du capital économique, elle permet à la cédante, à capital constant, de souscrire plus d'affaires et donc de mieux diluer ses coûts fixes. La réassurance permet donc de réaliser des économies d'échelle au niveau des coûts de gestion. Cette économie doit évidemment être comparée aux coûts de gestion induits par l'achat de réassurance.

7.12. Etendre la souscription à des risques nouveaux ou hasardeux

Le réassureur aide à démarrer dans des branches jusque là inconnues de l'assureur ou à répartir le poids des risques particulièrement dangereux.

8. La réassurance: une alternative à la détention de capital économique

Par rapport aux raisons historiques présentées au chapitre 7, une vision plus moderne consiste à voir la réassurance comme une alternative, pour la compagnie d'assurance, à la détention de capital.

Rappelons que tant les compagnies d'assurance que les sociétés de réassurance doivent détenir du capital, ou encore une marge de solvabilité, de manière à pouvoir offrir une compensation financière aux clients même dans le cas où la sinistralité dévierait fortement par rapport aux primes qui ont été payées par les clients. Il est en effet évident que les clients ne souhaitent pas échanger les risques qu'ils envoient à la compagnie d'assurance (incendie, RC auto, vie, ...) contre un risque de défaut, à savoir la faillite potentielle de la compagnie d'assurance en cas d'événement extrême. C'est la raison pour laquelle l'assureur doit détenir un montant d'argent permettant d'indemniser les clients dans presque tous les états de la nature. Ce montant est déterminé par une mesure du risque conservé par l'assureur. Une partie de cette somme est empruntée aux assurés sous la forme des primes d'assurance et l'autre partie est mise à disposition par le marché financier. Le capital mis à disposition par le marché financier (les actionnaires donc) doit évidemment être rémunéré. Cette rémunération se reflétera dans la hauteur du chargement que l'assureur doit appliquer aux primes d'assurance.

La réassurance n'améliore pas la qualité d'une police d'assurance, à moins que le réassureur n'ait un impact positif en ce qui concerne la prévention apportée au risque. Le réassureur apporte en effet souvent son concours en terme d'aide technique.

La réassurance a néanmoins plusieurs effets au niveau de l'assureur, ce qui justifie son emploi qui est à comparer avec la mise à disposition de moyens propres plus importants.

Nous prendrons un exemple numérique détaillé, quoique simplifié à des fins didactiques, pour analyser notre propos. La Table 8-1 décrit les éléments nécessaires et suffisants afin de modéliser simplement le résultat d'une compagnie d'assurance:

Capital	15.000.000
Autorémunération du capital	5%
Encaissement de prime	50.000.000
Rapport sinistre à prime incendie	56,5%
Commissions versées aux courtiers	27%
Frais de gestion	12%
Fréquence des tempêtes	Une tous les 20 ans
Coûts des tempêtes	20.000.000

Table 8-1. Modélisation de la compagnie d'assurance

En particulier, si nous notons N le nombre de tempêtes, nous avons que $E[N] = \frac{1}{20}$ où le symbole E représente l'espérance mathématique.

Nous supposons que le capital (15.000.000) de l'entreprise d'assurance est investi dans des actifs sans risque (des obligations de l'Etat Belge par exemple), dont le rendement est 5% par an. Nous choisissons l'investissement sans risque afin de simplifier le raisonnement en limitant au maximum les variables aléatoires entrant en jeu.

Il s'agit d'une compagnie qui ne souscrit que du risque simple dans la branche incendie. Le risque simple est réputé assez stable et nous faisons l'hypothèse que la compagnie a un très gros portefeuille. La loi des grands nombres jouant bien, nous ferons l'hypothèse simplificatrice que le résultat du risque incendie n'est pas stochastique: le rapport sinistres à primes vaut 56,5% chaque année.

En Belgique, les assureurs sont obligés d'offrir la couverture tempête (ainsi que d'autres couvertures de type catastrophes naturelles d'ailleurs) lorsqu'ils mettent sur le marché la couverture incendie. Il est clair que le risque de tempête consomme beaucoup de capital dès lors qu'il s'agit d'un risque à fréquence faible mais à sévérité élevée. Nous ferons l'hypothèse que nous disposons d'un modèle météorologique exact prédisant qu'il se produit en moyenne une tempête tous les vingt ans. Il s'agit d'une hypothèse forte, car en pratique il subsiste une incertitude très importante sur le modèle à utiliser et cette incertitude est particulièrement consommatrice de capital économique. Dans notre exemple, le capital ne sert à couvrir que les déviations de la sinistralité par rapport à sa moyenne sous l'hypothèse (forte) que le modèle est exact. Enfin, nous faisons l'hypothèse simplificatrice que la sévérité des tempêtes n'est pas aléatoire. Lorsqu'il y a une tempête, le coût assuré s'élève à 20.000.000.

La Table 8-2 donne le compte de pertes et profits lorsqu'il n'y a pas de tempête:

	Pertes	Profits
Sinistres incendie payés	28.250.000	
Commissions	13.500.000	
Frais de gestion	6.000.000	
Encaissement de prime		50.000.000
Autorémunération du capital		750.000
Résultat positif	3.000.000	

Table 8-2. Compte de pertes et profits en l'absence de tempête

Nous en concluons que la rétribution sur capital investi est de 3.000.000/15.000.000 = 20%.

Comme la compagnie a réalisé un profit, il n'y a pas de problème de solvabilité.

La Table 8-3 donne le compte de pertes et profits lorsqu'une tempête se présente:

	Pertes	Profits
Sinistres incendie payés	28.250.000	
Sinistres tempête payés	20.000.000	
Commissions	13.500.000	
Frais de gestion	6.000.000	
Encaissement de prime		50.000.000
Autorémunération du capital		750.000
Résultat négatif		17.000.000

Table 8-3. Compte de pertes et profits lorsqu'il y a une tempête

La compagnie subit une perte de 17.000.000, plus élevée que le capital disponible. Les assurés ne sont donc pas compensés à 100%, une situation non souhaitable et que l'autorité de contrôle n'accepte pas.

Analysons toutefois le *return* moyen qui serait servi aux actionnaires si le régulateur autorisait la souscription avec ce niveau de solvabilité. Le résultat de l'entreprise est aisément donné par la formule suivante: $3.000.000 - N \times 20.000.000$ où N est le nombre de tempêtes observées durant l'année. Le résultat moyen vaut donc $E[3.000.000 - N \times 20.000.000] = 3.000.000 - 20.000.000 \times E[N]$. Or $E[N] = \frac{1}{20}$ d'après notre modèle météorologique. Donc le résultat moyen vaut 3.000.000 – 1.000.000 = 2.000.000. Le *return on equity* (ROE) moyen vaut donc $\frac{2.000.000}{15.000.000} = 13.33\%$, soit un ROE confortable par rapport au taux sans risque qui est de 5%. Les investisseurs sont motivés à investir dans notre compagnie mais le régulateur interdit l'opération à cause du niveau de solvabilité trop faible.

Il y a plusieurs méthodes pour tenter de remédier à cette situation:

- augmenter le tarif d'assurance,
- augmenter le nombre de clients,
- procéder à une augmentation de capital,
- céder certains des risques en réassurance.

Nous passons à présent en revue ces diverses méthodes.

Augmenter le tarif d'assurance.

Cette augmentation aurait pour effet d'augmenter l'encaissement de prime sans aggraver l'exposition de la compagnie d'assurance. Toutefois il est illusoire, sur un marché concurrentiel, de procéder à des augmentations de tarifs inconsidérées en vue de réduire la probabilité de faillite de la compagnie.

Augmenter le nombre de clients.

En effet, au plus la taille du portefeuille augmente, au mieux la diversification joue et plus stable est le résultat. Toutefois, la compagnie ne peut décider d'augmenter son portefeuille du jour au lendemain. Par ailleurs, dans le cas particulier qui nous occupe ici, où le risque de déviation est dû à un risque d'accumulation, une augmentation du nombre de polices n'aura pas d'effet de diversification, sauf si la compagnie fait croître son portefeuille sur un territoire où elle est peu présente.

Procéder à une augmentation de capital.

Les actionnaires augmentent le capital mis à disposition afin que la compagnie puisse rester solvable même en cas de trois tempêtes sur une même année. En effet, supposons que le régulateur (l'autorité de contrôle, ou une agence de notation) exprime son exigence de solvabilité sous une forme précise, directement liée au risque souscrit. Ici, il exige que l'assureur soit en mesure de prendre en charge trois tempêtes durant la même année. Donc, seuls les cas avec quatre tempêtes ou plus provoqueraient la faillite de l'assureur, ce qui, sous l'hypothèse que le nombre annuel suit une loi de Poisson de moyenne 1/20, est un événement qui se produit environ tous les 4 millions d'années. Le niveau de sécurité exigé est donc très élevé.

Supposons dès lors que l'actionnaire porte son capital à 55.000.000. La Table 8-4 donne le compte de pertes et profits si trois tempêtes surviennent la même année:

	Pertes	Profits
Sinistres incendie payés	28.250.000	
Sinistres tempête payés	60.000.000	
Commissions	13.500.000	
Frais de gestion	6.000.000	
Encaissement de prime		50.000.000
Autorémunération du capital		2.750.000
Résultat négatif		55.000.000

Table 8-4. Compte de pertes et profits lorsqu'il y a trois tempêtes

Dans ce cas, la compagnie est tout juste solvable et reçoit l'autorisation de souscrire de la part du régulateur.

La Table 8-5 et la Table 8-6 donnent le compte de pertes et profits dans les cas 0 et 1 tempête:

	Pertes	Profits
Sinistres incendie payés	28.250.000	
Sinistres tempête payés		
Commissions	13.500.000	
Frais de gestion	6.000.000	
Encaissement de prime		50.000.000
Autorémunération du capital		2.750.000
Résultat positif	5.000.000	

Table 8-5. Compte de pertes et profits lorsqu'il n'y a pas de tempête

Le *return* sur capital investi vaut dans ce cas 5.000.000/55.000.000 = 9,09%.

	Pertes	Profits
Sinistres incendie payés	28.250.000	
Sinistres tempête payés	20.000.000	
Commissions	13.500.000	
Frais de gestion	6.000.000	
Encaissement de prime		50.000.000
Autorémunération du capital		2.750.000
Résultat négatif		15.000.000

Table 8-6. Compte de pertes et profits lorsqu'il y a une tempête

En général, le résultat moyen de l'entreprise est donné par $E[5.000.000 - N \times 20.000.000] = 5.000.000 - 20.000.000 \times E[N] = 4.000.000$. Le *return* moyen sur capital investi vaut donc 4.000.000/55.000.000 = 7,27%.

Augmenter le capital mis à disposition permet donc de supporter trois tempêtes sur une même année mais en contrepartie le rendement sur capital investi a nettement chuté pour obtenir cet objectif. Ce rendement est trop faible par rapport au taux sans risque (5%) pour motiver les actionnaires à investir dans notre société. Analysons dès lors une dernière option: l'achat de réassurance.

Achat de réassurance.

Analysons à présent la situation avec achat de réassurance en excédent de sinistre par événement 15.000.000 en excédent de 5.000.000. Par cette réassurance, la cédante paie maximum 5.000.000 par événement tandis que le réassureur paie l'éventuel excédent avec un maximum de 15.000.000 par événement. Quel pourrait être le coût de cette réassurance? Au minimum, un réassureur va demander le coût moyen associé à cette couverture. Dans notre exemple, le coût moyen vaut $E[N \times 15.000.000] = 15.000.000 \times E[N] = 750.000$. Le réassureur a des frais de gestion, il doit rémunérer son actionnaire; nous ferons l'hypothèse que ces chargements sont tels que la prime de réassurance commerciale est 900.000 (soit un chargement de 20%).

La Table 8-7 donne le compte de pertes et profits pour le cas où il y aurait trois tempêtes:

	Pertes	Profits
Sinistres incendie payés	28.250.000	
Sinistres tempête payés	60.000.000	
Sinistres payés par le réassureur		45.000.000
Commissions	13.500.000	
Frais de gestion	6.000.000	
Encaissement de prime		50.000.000
Prime de réassurance	900.000	
Autorémunération du capital		750.000
Résultat négatif		12.900.000

Table 8-7. Compte de pertes et profits lorsqu'il y a trois tempêtes

Dans ce cas extrême, la compagnie reste solvable puisque la perte de 12.900.000 est inférieure au capital mis à disposition 15.000.000. Le régulateur accepte donc ce business plan et autorise la souscription. Notons que nous faisons ici l'hypothèse simplificatrice que les réassureurs ne font jamais défaut.

La Table 8-8 et la Table 8-9 donnent le compte de pertes et profits lorsqu'il y a 0 et 1 tempête.

	Pertes	Profits
Sinistres incendie payés	28.250.000	
Sinistres tempête payés	0	
Sinistres payés par le réassureur		0
Commissions	13.500.000	
Frais de gestion	6.000.000	
Encaissement de prime		50.000.000
Prime de réassurance	900.000	
Autorémunération du capital		750.000
Résultat positif	2.100.000	

Table 8-8. Compte de pertes et profits lorsqu'il n'y a pas de tempête

Le rendement sur capital investi vaut 2.100.000/15.000.000 = 14%.

	Pertes	Profits
Sinistres incendie payés	28.250.000	
Sinistres tempête payés	20.000.000	
Sinistres payés par le réassureur		15.000.000
Commissions	13.500.000	
Frais de gestion	6.000.000	
Encaissement de prime		50.000.000
Prime de réassurance	900.000	
Autorémunération du capital		750.000
Résultat négatif		2.900.000

Table 8-9. Compte de pertes et profits lorsqu'il y a une tempête

Le résultat moyen vaut $E[2.100.000 - N \times 5.000.000] = 2.100.000 - 5.000.000 \times E[N] = 1.850.000$. Le rendement moyen sur capital investi vaut donc 1.850.000/15.000.000 = 12,33%. On constate donc que, sous l'hypothèse que la réassurance est disponible au prix décrit ci-dessus, cette dernière permet de réaliser un rendement sur capital investi supérieur au cas d'une augmentation de capital et ce, tout en gardant la contrainte de solvabilité en cas de trois tempêtes.

Nous observons toutefois que le ROE est inférieur à celui qui prévalait dans la situation originale (12,33% < 13,33%). Ceci est dû à la marge qui est cédée au réassureur (dans notre exemple 900.000 – 750.000 = 150.000). Céder cette marge revient à détruire de la valeur de l'actionnaire. Toutefois, comme nous avons la contrainte de solvabilité, nous observons, dans cet exemple, qu'il est plus favorable d'acheter de la réassurance que de disposer de plus de capitaux.

Souvent les assureurs se plaignent du coût de la réassurance, en faisant référence à la hauteur de la prime de réassurance (900.000 dans notre exemple). Ce raisonnement est faux à plusieurs titres:

1) une portion de la prime de réassurance couvre la sinistralité attendue prise en charge par le réassureur. Il ne s'agit nullement d'un coût pour l'assureur. Si le réassureur ne prend pas en charge cette sinistralité, elle doit être payée par l'assureur. Il s'agit en fait d'un simple échange de liquidités différé dans le temps entre assureur et réassureur.
2) si coût il y a, il s'agit de la marge payée au réassureur (150.000 dans notre exemple numérique). Toutefois la perte de marge doit être comparée aux coûts liés à l'immobilisation supplémentaire de capital nécessaire pour le

cas où la couverture de réassurance n'est pas achetée. Si, comme c'est le cas dans notre exemple, ces coûts sont plus élevés que la marge cédée au réassureur, alors la réassurance a en fait un coût négatif; il est dès lors clairement intéressant d'y faire appel.

3) on oublie habituellement les coûts liés à la gestion des cessions en réassurance. Il est clair que ces coûts sont à ajouter à la marge qui est cédée au réassureur en vue d'un calcul économique prenant en compte tous les aspects de la transaction. Cet aspect est souvent ignoré par les assureurs.
4) en pratique, il faudrait également prendre en compte les coûts liés à la potentielle défaillance d'un ou de plusieurs réassureurs.

La réassurance n'est rien d'autre qu'une alternative à la détention de capital. Réassurer des risques auprès de réassureurs permet de réduire le capital nécessaire et donc d'augmenter la rémunération des actionnaires. En échange, une prime de réassurance est payable aux réassureurs. Si le coût de la réassurance s'avère inférieur à la rémunération exigée par les actionnaires, il devient plus intéressant d'acheter de la réassurance.

La fonction principale de la réassurance est donc bien d'être une alternative au capital nécessaire pour couvrir la souscription des affaires.

Les développements les plus récents sur les marchés financiers montrent que les actionnaires souhaitent désormais suivre au plus près les affaires dans lesquelles ils investissent. C'est la raison pour laquelle les dirigeants d'entreprises, et en particulier, les dirigeants de compagnies d'assurance, reçoivent la mission d'optimaliser l'utilisation du capital mis à disposition par les actionnaires. Cette optimalisation se traduit par des choix stratégiques en termes de couvertures d'assurance à proposer au marché (on ne souscrit que les branches les plus rentables) mais aussi par des choix au niveau de la politique de réassurance puisque cette dernière est un substitut au capital. Manifestement la réassurance est un moyen pour l'assureur d'allouer mieux ses ressources et d'optimaliser la création de valeur.

9. Risque de défaut

La fiabilité d'un contrat de réassurance dépend fondamentalement de la société qui le propose. Les assureurs s'intéressent donc tout particulièrement à la capacité permanente des réassureurs de faire face à leurs engagements vis-à-vis des assureurs.

Dans son bilan, l'assureur fait figurer à l'actif deux types de parts des réassureurs dans les provisions techniques:

- la part des réassureurs dans la provision pour primes non acquises,
- la part des réassureurs dans la provision pour sinistres à régler.

Il s'agit donc de dettes du réassureur envers la cédante.

Les créances de réassurance sont des actifs au même titre que les investissements en obligations, en actions ou dans l'immobilier. Ces actifs sont risqués et en particulier pour les créances de réassurance, l'assureur est sujet au risque de crédit, ou risque de contrepartie. Ce risque se manifeste lorsque le réassureur n'est plus à même de faire face en tout ou en partie à ses obligations. Dans une telle situation, l'assureur doit compenser les assurés (il est en effet le seul responsable vis-à-vis des clients finaux) mais ne pourra récupérer de son réassureur la part de ce dernier dans la sinistralité. Il s'agit d'un risque de défaut (ou de contrepartie) assez similaire à celui qui est supporté par les banquiers, lorsqu'ils prêtent de l'argent (économiquement, la réassurance peut être vue comme une opération de prêt: l'assureur prête la prime au réassureur contre la promesse que ce dernier versera une compensation financière si un événement défini au contrat de réassurance survient). Comparons dans un premier temps le risque de crédit supporté par les banquiers et le risque de contrepartie supporté par les assureurs.

9.1. Comparaison entre le risque de contrepartie des assureurs et le risque de crédit des banquiers

Les banquiers disposent de très nombreuses données pour appréhender le risque de crédit. Il y a des faillites tous les jours et estimer la probabilité de défaut d'un client n'est pas trop malaisé pour un banquier prêteur. La situation est assez différente pour les assureurs. Les faillites de réassureurs sont (heureusement) très rares. Ceci est bien évidemment dû au caractère très spécifique de l'assurance et de la réassurance: les clients (assurés ou compagnies d'assurance) exigent de leurs assureurs ou réassureurs qu'ils aient un niveau élevé de solvabilité, ce qui se traduit d'ailleurs par des niveaux de solvabilité élevés exigés par les législateurs, dans un souci de protection des consommateurs. Les faillites doivent donc être rares dans ce milieu. La Table 9-1 est extraite de Sigma n° 5/2003. Il s'agit des réassureurs qui ont fait défaut durant la période 1980 à juin 2003. Cette statistique montre clairement que le défaut d'un réassureur est un événement rare, ce qui en complique la modélisation pour les entreprises d'assurance.

Compagnie	Pays	Année
Aterförsäkringstiebolaget LUAP	Suède	2002
RCA Syndicate 1 Ltd.	Etats-Unis	2000
ReAc	Australie	2000
Illinois Insurance Co.	Etats-Unis	1999
New Cap Re	Australie	1999
Reaseguradora Latinoamérica	Venezuela	1997
UIC Insurance Co. Ltd.	G-B	1996
Dai-Ichi Kyoto Re	Belgique	1995
Kobe Reinsurance SA	Belgique	1995
ReassuranceafviklingsAktieselskabet	Danemark	1995
Kansa Reins. Co. Ltd.	Finlande	1994
P&C Insurance Company Kansa Internat.	Finlande	1994
Ardenia S.A.	Luxembourg	1993
Charter Re Insurance Co. Ltd.	G-B	1993
Cancellor Insurance Company Ltd.	G-B	1992
INDER	Argentine	1992
Regency Equities Reinsurance Company	Etats-Unis	1992
ICS Reinsurance Co. Ltd.	Singapore	1991
Israel Reinsurance Co. Ltd.	Israël	1991
RMCA Re	Singapore	1991
The Hellenic Reinsurance Company S.A.	Grèce	1991
Reaseguradora Albatros	Espagne	1989
Delta America Re Insurance Company	Etats-Unis	1985
Endurtryggingafelag Samvinnutrygginga	Islande	1982

Table 9-1. Défauts de réassureurs sur la période 1980-2003

Le risque de crédit des banquiers est clairement diversifiable. Tous leurs clients ne vont pas faire défaut simultanément. Il y a donc un intérêt réel à détenir un portefeuille de risques de crédit de grande taille, de préférence avec de la diversification géographique et entre secteurs de l'économie. Bien entendu les risques de crédit du banquier ne sont pas indépendants. Nous pouvons mettre en évidence au moins deux types de dépendance: d'une part, des faillites de grandes entreprises peuvent entraîner un effet de domino et donc le défaut d'autres entreprises. D'autre part, l'économie étant cyclique, il est bien évident qu'il y a plus de faillites lorsque le cycle est bas et moins de faillites lorsque l'économie se porte au mieux.

Le risque de contrepartie des assureurs est également diversifiable. C'est d'ailleurs la raison pour laquelle les assureurs utilisent généralement plusieurs réassureurs sur un même traité. La diversification par secteur économique ou géographique est toutefois moins aisée à obtenir que pour un banquier. En effet, les réassureurs souscrivent typiquement des affaires au niveau mondial et, le plus souvent, ils souscrivent toutes les branches d'assurance. On peut toutefois argumenter que cette diversification se fait alors au niveau du réassureur lui-même, qui n'expose pas une trop grande partie de son capital à une branche d'assurance ou sur un territoire donné. Le problème pour les assureurs est qu'ils subissent probablement une grande dépendance entre les risques de contrepartie dans la queue de la distribution, c'est-à-dire là où les événements extrêmes surviennent. Comme nous avons peu de données historiques, il n'est pas possible de développer une théorie sur base empirique. On peut toutefois imaginer que la survenance d'un événement extrême (c'est-à-dire nettement plus coûteux que les attentats du 11 septembre ou que l'ouragan Katrina) pourrait provoquer le défaut de plusieurs réassureurs. Dans ce cas, avoir diversifié le placement de réassurance pourrait s'avérer inutile. La diversification est donc possible et souhaitable, mais probablement difficile à atteindre pour les événements très extrêmes. Cette théorie pourrait expliquer pourquoi les assureurs n'achètent pas de très grandes couvertures contre les risques de type catastrophes naturelles, qui sont sujets à ce type de chocs. En effet, si l'assureur devait à un moment faire appel à ses réassureurs pour intervenir dans de la sinistralité très élevée sur son portefeuille tremblement de terre par exemple, cela signifierait probablement que le marché a été durement touché et que les réassureurs feront défaut car leur capital économique a été totalement utilisé. Une alternative pour l'assureur est de recourir à la titrisation de ce type de risques assurantiels, par exemple via des *cat bonds*.

Les banques n'ont pas de relation spécifique avec leurs clients. Ces derniers ne sont en général pas des banquiers. Lorsque les clients ont des problèmes, ceux-ci n'affectent pas le banquier, outre le montant qui a été prêté et qui ne pourrait être recouvré. La relation entre assureur et réassureur est tout autre. Les deux acteurs sont présents sur le marché de l'assurance. Les risques souscrits par le réassureur forment un sous-ensemble des risques souscrits par l'assureur. Il apparaît donc que la sinistralité de l'assureur et celle du réassureur sont fortement liées. Lorsque l'assureur a des problèmes, il y a de fortes chances pour que le réassureur soit amené à payer des compensations, et inversement. On peut dire que le passif de l'assureur est corrélé positivement avec la partie de l'actif représentée par les créances des réassureurs. La relation commerciale entre assureur et réassureur est d'ailleurs nettement plus forte qu'entre le banquier et son créancier.

Le risque de crédit des banques est négociable: une banque peut se défaire ou acquérir un portefeuille de risques de crédit. Ce n'est pas le cas pour un assureur qui souhaiterait négocier ses contreparties de réassurance.

On peut clairement affirmer que les banques organisent un suivi détaillé de leurs expositions en risque de crédit, ce qui semble assez logique dès lors que le risque de crédit est le plus gros risque supporté par les institutions bancaires. La situation des assureurs est nettement moins favorable. Rares sont les assureurs en mesure de préciser aisément quelles sont leurs expositions vis-à-vis de leurs réassureurs. Outre un manque d'organisation caractéristique dans le suivi de ce type d'exposition, nous verrons plus loin que les expositions peuvent ne pas être connues, contrairement au cas des banquiers, qui connaissent toujours leur exposition. Cette situation est évidemment déplorable car le choix des réassureurs devrait clairement dépendre des expositions que l'on a déjà par rapport à eux. Le monde de l'assurance, probablement influencé par la bancassurance (et donc par les banquiers), et les développements récents au niveau de la régulation, est en train d'évoluer vers une situation plus systématique au niveau de l'analyse des expositions vis-à-vis des contreparties.

Le risque de crédit des banquiers est régulé, notamment à travers les accords de Bâle II. Le risque de crédit des assureurs n'est à ce jour pas ou peu régulé. Quelques régulateurs ont récemment augmenté leur niveau d'exigence. Par l'exemple, l'APRA, le régulateur australien exige des assureurs australiens qu'ils puissent faire le *reporting* de leurs expositions par rapport aux réassureurs. Cette exigence nouvelle n'est évidemment pas étrangère aux défauts de réassureurs australiens à la fin des années 90. La FSA, le régulateur anglais, qui est typiquement à la pointe de la régulation en Europe, adopte également le même type d'exigence. Il semble clair que les règles de solvabilité qui seront arrêtées sous Solvency II détailleront la manière de gérer le risque de contrepartie des assureurs. Notons qu'établir les expositions connues est une petite partie de l'exercice. Etablir les expositions potentielles est nettement moins aisé. Enfin, établir les probabilités de défaut et la distribution du défaut lorsqu'il survient (le *loss given default* des banquiers) est nettement moins évident puisque les assureurs ne disposent que de très peu de données à ce sujet.

9.2. Agences de notation

Actuellement, la réassurance ne fait pas l'objet d'une régulation spécifique en Europe. Cette situation est appelée à être modifiée comme suite à la promulgation de la Directive Réassurance (voir Directive 2005/68/CE du 16 novembre 2005). La Belgique, par exemple, n'a jamais eu le moindre contrôle au niveau de réassureurs opérant sur son sol, ce qui explique sans doute au moins partiellement les deux faillites, en 1995, d'acteurs japonais, basés à Bruxelles. La régulation européenne à mettre en place devrait limiter ce type de problèmes.

Quoi qu'il en soit, les assureurs doivent pouvoir se faire une idée de la qualité de leurs contreparties. Il n'est guère aisé pour un assureur de décortiquer les comptes publiés et la stratégie annoncée de ses réassureurs en vue de déterminer le niveau de risque de crédit associé à ses contreparties.

C'est la raison pour laquelle des sociétés indépendantes, telles Standard & Poor's, Moody's, Fitch ou AM Best, réalisent l'analyse de la solidité financière des réassureurs, à leur demande, et ce contre paiement d'honoraires (notons que pour des raisons similaires, les plus gros assureurs sont également notés par les agences de notation). Sur base de critères plus ou moins quantitatifs, ces agences de notation vont octroyer une note aux réassureurs, censée refléter leur niveau de solvabilité. La note dépendra du capital disponible, mais aussi des résultats récents, de la crédibilité de la Direction du réassureur et des perspectives de profits pour l'avenir. De plus en plus une communication transparente relative à la gestion des risques s'avère indispensable pour obtenir une bonne note.

La note de solidité financière est une opinion sur la capacité d'un assureur à régler dans les délais les sinistres importants des preneurs d'assurance et ses engagements. Les notes données par Standard & Poor's sont (toutes les définitions sont valables pour un assureur ou un réassureur):

- AAA: un assureur avec un rating AAA présente une sécurité financière extrêmement forte,
- AA: un assureur avec un rating AA présente une sécurité financière très forte, différant à peine de celle présentant un rating AAA,

- A: un assureur avec un rating A présente une sécurité financière forte, mais sera plus vraisemblablement affecté par des conditions d'affaires négatives que les assureurs ayant un rating plus élevé,
- BBB: un assureur avec un rating BBB présente une sécurité financière bonne, mais sera plus souvent affecté par des conditions d'affaires négatives que les assureurs ayant un rating plus élevé,
- BB: un assureur avec un rating BB présente une sécurité financière marginale. Cet assureur présente des atouts mais des conditions d'affaires négatives pourraient avoir comme implication l'impossibilité de tenir les engagements financiers,
- B: un assureur avec un rating B a une sécurité financière faible. Des conditions d'affaires défavorables auront comme effet qu'il ne pourra pas tenir ses engagements financiers,
- CCC: un assureur avec un rating CCC présente une sécurité financière très faible et est dépendant de conditions d'affaires favorables pour tenir ses engagements financiers,
- CC: un assureur avec un rating CC présente une sécurité financière extrêmement faible et fera vraisemblablement défaut,
- NR: un assureur avec la mention NR n'est pas noté. L'agence de notation n'émet pas d'opinion à propos de cet assureur.

9.3. Collatéral

Les traités contiennent souvent des clauses permettant à la cédante d'exiger du réassureur qu'il dépose entre ses mains les provisions techniques afférentes à ses engagements (pour risques en cours, ou pour sinistres à régler).

L'origine de cette mesure remonte à la première guerre mondiale qui arrêta le déroulement de nombreux traités alors que les cédantes avaient versé leurs primes aux réassureurs, pour la plupart allemands, et étaient ensuite coupées de ces derniers. Elle s'est ensuite renforcée à la suite de la disparition d'un grand nombre de compagnies, de faillites retentissantes de l'entre-deux-guerres et de restrictions relatives aux transferts de fonds.

Notons que plus tard, certains régulateurs ont imposé des règles de dépôts sur leur marché domestique en vue de contrôler la solvabilité des assureurs. Ceci est typiquement le cas en France. Ces règles vont disparaître avec l'application à venir de la Directive Réassurance (voir Directive 2005/68/CE du 16 novembre 2005).

Le dépôt de prime est destiné à faire face aux risques non échus jusqu'à l'échéance des polices et devrait logiquement être calculé au même taux que la provision pour primes non acquises, le réassureur ne recevant que les primes acquises.

Le dépôt de sinistres s'alimente des provisions de sinistres en suspens à charge du réassureur et se libère progressivement au fur et à mesure de leurs règlements.

Le dépôt prendra généralement trois formes: le dépôt en espèces, le dépôt en titres ou la lettre de crédit.

Dépôts en espèces: le montant des dépôts est prélevé par la cédante sur les soldes dus au réassureur. Il reste entre les mains de la cédante qui en dispose librement pour ses placements. Avec ces retenues, elle achète des valeurs réglementaires dont elle a la possession tandis que le réassureur devient créancier du montant en espèces du dépôt. Le réassureur bénéficie d'un intérêt contractuel sur le dépôt.

Dépôt en titres: des valeurs sont achetées par la cédante sur l'ordre et pour le compte du réassureur. Avantage: le réassureur garde le contrôle sur ses investissements.

Lettre de crédit: le dépôt prend la forme d'une lettre irrévocable de crédit (LOC) tirée par une banque, au nom du réassureur, en faveur d'une cédante ou de son bénéficiaire. Le banquier qui émet une lettre de crédit donne à la cédante un crédit pour une période donnée. Le réassureur qui établit une lettre de crédit devra normalement fournir au banquier une sécurité sous forme par exemple de cash, qui sera rémunéré.

Déposer en espèces ou en titres (ou ne pas devoir déposer) peut avoir une influence évidente sur la tarification des affaires à développement long. Ceci ne doit pas nous étonner; en effet la tarification du réassureur sera fonction des revenus financiers qu'il peut réaliser. Dès lors, obtenir un rendement faible sur un dépôt en espèces est pénalisant par rapport au rendement obtenu sur les titres mis en dépôt. De plus, la gestion des dépôts en titres ou en espèces, peut s'avérer relativement fastidieuse, et donc coûteuse.

Le dépôt peut se justifier par les raisons suivantes:

1) gage contre le risque d'insolvabilité du réassureur: les dépôts sont en effet affectés d'un privilège en cas d'inexécution des obligations du réassureur et donc d'insolvabilité de celui-ci,

2) disponibilité des fonds: ceux-ci sont plus facilement disponibles dans le cadre du règlement des sinistres importants,
3) respect de législations nationales: les dépôts sont incontournables lorsqu'ils sont exigés par des législations nationales,
4) valeur représentative des réserves: souvent les assureurs sont obligés de constituer des provisions techniques brutes de réassurance, c'est-à-dire sans déduction de la partie des réserves à charge des réassureurs. Ceci est souhaitable en vue d'assurer la plus grande transparence des comptes de l'assureur. Il est alors indispensable de faire participer le réassureur à la représentation de ces réserves en valeurs réglementées au prorata de son engagement contractuel. Sinon, la cédante devrait financer elle-même la constitution de la totalité des réserves brutes, y compris la part des réassureurs. Outre l'aspect relatif à la garantie en cas de défaut, apparaît ici un mécanisme de compensation comptable,
5) bénéfice d'un différentiel d'intérêt: pour le cas où l'intérêt réel est supérieur à l'intérêt contractuellement servi au réassureur. Notons que si c'est le cas, le réassureur va en tenir compte dans sa tarification.

Il semble toutefois acquis que les assureurs exigeront à l'avenir de plus en plus de collatéral en vue de faire baisser leur risque de contrepartie. Notons que les assureurs gardent un risque de défaut sur les sinistres à venir ou sur les sinistres existants, mais insuffisamment réservés. Ce défaut peut être solutionné, à concurrence du montant titrisé par la titrisation, qui permet de disposer immédiatement du collatéral. En effet, lors d'une opération de titrisation, les investisseurs mettent à disposition de l'assureur (ou du réassureur) le montant convenu. Ce dernier sera rémunéré en fonction de l'occurrence d'événements convenus au contrat. La titrisation dépasse le cadre de cet ouvrage et fera l'objet d'une publication séparée.

9.4. Lien entre pricing et rating

L'assureur fera appel à la réassurance afin de lui transférer une partie de son risque. Il est clair que l'assureur ne sera pas enclin à transférer ce risque d'assurance si c'est pour le remplacer par un risque de défaut important. C'est la raison pour laquelle les assureurs font appel à plusieurs réassureurs sur les traités de réassurance. Les réassureurs participent pour des parts différentes sur les diverses branches réassurées de la cédante. Il y a un autre avantage à travailler avec plusieurs réassureurs: il est ainsi plus facile pour la cédante de les mettre en concurrence. Notons qu'un nombre élevé de réassureurs entraîne un alourdissement des charges administratives. Enfin notons aussi que peu de réassureurs accepteraient de prendre des parts de 100% sur des traités de réassurance pour des raisons de diversification du risque d'assurance.

Classiquement, tous les réassureurs présents sur un traité bénéficient des mêmes conditions contractuelles et financières. Ceci peut paraître économiquement curieux dès lors que les réassureurs n'offrent pas un service équivalent, notamment en termes de sécurité financière. On pourrait argumenter qu'un réassureur ayant une notation AAA soit en droit de recevoir une prime plus élevée qu'un réassureur ayant une notation BBB puisqu'il offre une meilleure garantie financière à la cédante. En pratique, il n'en va pas ainsi et les prix sont les mêmes pour tous les acteurs, ce qui peut sembler incohérent puisque les réassureurs ne présentent pas tous la même solidité financière. Notons que l'on rencontre, mais c'est plus rare, des traités où les réassureurs bénéficient de conditions différenciées.

Certains réassureurs bénéficiant de notes élevées auprès des agences de notation argumentent en faveur de conditions différenciées (voir par exemple Aigrain (2006)). Notons que dans l'état actuel des choses, une différentiation ne s'impose pas tant que le réassureur est dans la gamme BBB ou plus haut. Il reste toutefois à voir si les charges relatives aux expositions de contreparties préconisées par les agences de notation resteront à l'avenir aussi faibles, et proches, en tout cas entre les notations AAA et BBB. Un calcul économique plus fin pourrait amener des distorsions plus grandes et entraîner le marché à réagir et à payer pour la sécurité. Notons toutefois que diversifier son panel de réassureurs semble indiqué si l'on souhaite diminuer le risque de crédit.

10. Le fonctionnement d'une compagnie de réassurance

Un réassureur professionnel gère quelques milliers de contrats de réassurance alors qu'une compagnie d'assurance gère, elle, plusieurs centaines de milliers de polices d'assurance. On comprend immédiatement que la gestion administrative et le marketing de ces deux acteurs économiques sont radicalement différents. Le réassureur connaît très bien tous ses clients et il est nécessaire pour lui d'employer des collaborateurs de haut niveau pour gérer ses relations. Chaque client est unique pour le réassureur et il convient de lui apporter une solution personnalisée. La situation est bien entendu différente sur le marché de l'assurance où l'approche commerciale est plutôt basée sur un marketing de masse.

Le réassureur ne travaille pas avec le client final, qui n'est en général pas un professionnel du monde de l'assurance. Le réassureur traite avec des compagnies d'assurances directement. Cette situation particulière permet au réassureur de limiter sa structure administrative: essentiellement il convient de gérer des gros comptes avec quelques collaborateurs de haut niveau. La structure administrative allégée du réassureur lui permet d'être présent sur le marché international sans nécessairement devoir implanter des établissements partout dans le monde. Notons que les courtiers de réassurance facilitent les relations entre assureurs et réassureurs. Le réassureur peut donc adapter ses acceptations au niveau international sans trop de difficultés. Ceci explique en partie l'extrême mobilité de la capacité au niveau mondial.

10.1. Le souscripteur

Le métier du réassureur consiste à souscrire des contrats de réassurance. Le collaborateur central du réassureur est le souscripteur. Tous les départements de la société travaillent pour le souscripteur afin de le mettre dans les meilleures conditions pour analyser les contrats qui lui sont proposés.

Le souscripteur est un commercial ayant de fortes compétences techniques en réassurance, et disposant de pouvoirs lui permettant d'accepter des risques pour le compte de la société pour laquelle il travaille. Ces pouvoirs peuvent varier d'un collaborateur à l'autre, en fonction de ses capacités et de son expérience. En quelque sorte, le Directeur Général est le souscripteur en chef du réassureur. Il reçoit ses pouvoirs du Conseil d'Administration et en délègue une grosse partie aux différents souscripteurs, tout en conservant le pouvoir de décision lorsque les affaires proposées dérogent aux règles de souscription (par exemple rentabilité insuffisante, dépassement des limites de souscription) définies par la Direction Générale.

10.2. Sièges du réassureur

Le souscripteur est un commercial qui maintient une relation personnalisée avec ses clients et courtiers de réassurance. Il leur rend visite en général une à deux fois par an, sans compter les visites de prospects. Cette manière de travailler dictera le choix d'ouvrir ou pas un ou plusieurs bureaux à l'étranger. La proximité du marché prospecté, l'avantage de pouvoir travailler avec des collaborateurs locaux, l'accès privilégié à l'information relative au marché local, la limitation des frais de déplacement, peuvent contrebalancer les inconvénients liés à l'ouverture d'un bureau à l'étranger. D'une manière générale, on peut argumenter qu'avec les facilités de communication offertes aujourd'hui, avec la diminution des coûts liés aux voyages, et avec la plus grande mobilité des travailleurs, le fait de travailler à proximité de son client est certainement moins primordial de nos jours qu'il y a vingt ans.

10.3. Spécialisation du souscripteur

Certains acteurs travaillent avec des souscripteurs spécialistes de branches particulières d'assurance: assurance-vie, assurance de responsabilité, assurance de choses, assurance maritime, assurance crédit, ... Cette manière de travailler présente l'avantage que le souscripteur est un réel spécialiste de la branche pour laquelle il est responsable. Il faut toutefois tempérer cet avantage dès lors que les caractéristiques (techniques et juridiques) des produits d'assurance peuvent varier énormément d'un marché à l'autre. Le fait de travailler avec plusieurs collaborateurs pour offrir une solution de réassurance globale à un même client n'est pas sans inconvénients: plusieurs visites, une connaissance du client segmentée, le client a plusieurs personnes de contact. C'est pour ces raisons que l'on préférera donner une responsabilité géographique au souscripteur, qui dès lors analysera toutes les branches d'assurance d'un même marché. Le cas échéant, plusieurs souscripteurs peuvent être affectés à un même marché dès lors que ce dernier s'avèrerait trop vaste pour une seule personne. Un autre avantage de cette méthode de travail est que le souscripteur ne doit connaître qu'une seule langue de travail, tandis que dans l'autre cas il doit maîtriser plusieurs langues.

10.4. Support du souscripteur

Comme il entretient plusieurs relations de façon personnalisée et qu'il consacre une partie de son temps à voyager, le souscripteur doit bénéficier d'un support de qualité supérieure en vue d'analyser les affaires qui lui sont proposées.

Outre les services généraux (comptabilité, informatique, ressources humaines, direction générale), le souscripteur bénéficie d'une aide administrative et technique. Le souscripteur est déchargé au maximum des tâches administratives telles que le suivi comptable de ses contrats, le suivi administratif des documents contractuels, la gestion de l'information de renouvellement, ... Le souscripteur doit pouvoir se concentrer sur l'analyse de la rentabilité de ses contrats. Pour cela, il collecte, hors période de renouvellement (voir section 10.7), toute l'information permettant d'analyser au mieux les affaires qu'il sera amené à examiner durant cette période. Un outil informatique performant et une aide administrative de qualité permettent au souscripteur de se concentrer sur l'analyse des risques qu'il souscrit.

Contrairement au marché de l'assurance, les risques à analyser en réassurance sont uniques, personnalisés. Il convient donc d'effectuer une analyse actuarielle et économique de chaque affaire. Nous pouvons observer les éléments suivants:

- ces analyses prennent du temps;
- ces analyses peuvent se révéler actuariellement compliquées;
- le souscripteur dont l'objectif est de souscrire des affaires peut être tenté de le faire au détriment de la rentabilité des affaires acceptées.

Pour toutes ces raisons, les souscripteurs ont à leur disposition un groupe de techniciens de la réassurance (les anglo-saxons parlent de «*pricing actuaries*») pour réaliser les analyses techniques, actuarielles et économiques des affaires qui leur sont proposées. Ce groupe de techniciens coteurs permet de soulager les souscripteurs au niveau du temps qu'ils doivent consacrer à l'analyse des affaires et permet aussi de travailler avec des commerciaux de haut niveau, sans devoir exiger qu'ils maîtrisent les techniques actuarielles les plus avancées. De plus, le technicien coteur est le contrepoids technique du souscripteur au niveau de la rentabilité des affaires acceptées. Idéalement, le souscripteur ne pourra souscrire une affaire qui est jugée non rentable par le technicien. Pour le cas où il ne serait pas d'accord avec l'avis du technicien, qui ne dépend pas hiérarchiquement de lui, le souscripteur devra s'en remettre à la Direction de la compagnie pour trancher le problème.

Il est intéressant de constater que cette vision des choses, où le technicien est un réel contrepoids technique du souscripteur a fortement changé ces dernières années. Historiquement, assureur et réassureur partageaient leurs bénéfices car les conditions d'assurance étaient très favorables. Ce faisant, les assureurs cherchaient des couvertures de réassurance sans trop se soucier du coût de ces dernières. Les souscripteurs de réassurance avaient donc les mains libres pour souscrire un maximum d'affaires dès lors qu'elles devaient logiquement apporter leur part de profit.

La course au chiffre d'affaires pouvait se justifier du fait des conditions originales favorables. La situation a aujourd'hui bien changé. Les assureurs ne travaillent plus sur des marchés protégés par le législateur. Les conditions sont désormais concurrentielles et les marges se sont fortement réduites. Les assureurs ont toujours besoin de réassurance mais sont moins enclins à verser une portion de leur faible marge aux réassureurs. Il s'ensuit que la marge des réassureurs a également fortement diminué. Les conditions de réassurance méritent dès lors une analyse plus fouillée qu'auparavant. De plus, le marché de la réassurance sort d'une période particulièrement difficile marquée par de mauvais résultats techniques (directement liés à une sous-tarification chronique) entre 1998 et 2002, les tempêtes de 1999, les attentats du 11 septembre 2001, et les cours de bourse qui se sont effondrés. Les actionnaires des réassureurs souhaitent aujourd'hui une croissance contrôlée: il convient de retrouver la rentabilité. C'est pour ces raisons que les techniciens sont amenés à jouer un rôle de plus en plus important au sein des sociétés de réassurance en termes d'analyse des risques qui leur sont proposés.

10.5. Gestion des sinistres

Les traités de réassurance en excédent de sinistre ne couvrent que les plus grands sinistres touchant un portefeuille. Ces traités nécessitent une analyse technique extrêmement fouillée.

Un avantage de l'excédent de sinistre est que le réassureur peut analyser tous les sinistres qui touchent le traité (au contraire des affaires proportionnelles ou en excédent de perte annuelle). Cette analyse doit avoir lieu au sein d'un département de gestion des sinistres, dont la tâche est d'analyser les grands sinistres, touchant les traités de réassurance en excédent de sinistre. Cette analyse présente de nombreux avantages:

- il y a un contrôle de la cédante. Le réassureur peut vérifier comment la cédante gère ses grands sinistres,
- le réassureur se fait une idée précise de l'évolution de la jurisprudence et des coûts liés aux grands sinistres. Il est dès lors en mesure d'établir des modèles qui lui permettent de transformer les sinistres du passé en situation «as if» et il est en mesure d'essayer de pronostiquer l'évolution future de ses coûts.

10.6. *Rétrocession*

Le réassureur se réassure lui aussi, pour les mêmes raisons que l'assureur. Le capital du réassureur peut en effet être économisé en utilisant le bénéfice de diversification de ses propres réassureurs. On dit que le réassureur cède des affaires en rétrocession; et les réassureurs qui acceptent des affaires de rétrocession sont appelés les rétrocessionnaires. Le réassureur qui protège son portefeuille d'acceptations de réassurance en cédant une part de celles-ci à un réassureur tiers est appelé rétrocédant.

Il est clair que le réassureur doit mettre sur pied un département rétrocession afin de gérer les relations avec les rétrocessionnaires. Ce département aura aussi la tâche d'analyser les couvertures de rétrocession les plus adéquates en vue de limiter le coût du capital. Cette situation est en tous points identique à celle de l'assureur qui cède des affaires en réassurance.

Notons toutefois que la tâche du département rétrocession du réassureur est probablement plus compliquée que celle du département réassurance de l'assureur en ce qui concerne le calcul des cumuls d'engagement. Prenons l'exemple de la couverture des périls catastrophes naturelles. L'assureur connaît le portefeuille qu'il couvre et il lui est relativement aisé de mettre en place une couverture limitant ses engagements. Pour le réassureur, c'est plus compliqué: il couvre plusieurs portefeuilles de compagnies d'assurance. Il est donc nécessaire de modéliser l'engagement agrégé (cumulé) au niveau du portefeuille du réassureur en vue de rechercher une couverture de rétrocession adéquate. Cette modélisation est loin d'être simple et nécessite des outils très performants.

10.7. *Renouvellement*

Les traités de réassurance se renouvellent traditionnellement au premier janvier en Europe (au premier juillet dans l'hémisphère sud et au premier avril au Japon). Ceci signifie que l'entièreté du chiffre d'affaires rentre en fonction du travail effectué les semaines précédant le 31 décembre. Cette période est appelée période de renouvellement et est évidemment caractérisée par un surcroît de travail chez les réassureurs et les courtiers de réassurance. Les horaires n'existent plus durant cette période.

En pratique, certains réassureurs sont approchés par les cédantes ou les courtiers de réassurance pour effectuer des cotations actives ou de contrôle. Proposer une cotation active revient à analyser l'affaire et à proposer un prix au client. La compagnie d'assurance reçoit ainsi diverses propositions de prix et de couvertures de ses réassureurs et choisit ensuite celle qui l'agrée le mieux.

La compagnie d'assurance, ou son courtier de réassurance, doit ensuite placer l'affaire. Le plus souvent, elle ne sera pas placée à 100% entre les mains du réassureur ayant proposé les conditions retenues par la cédante. En effet, la cédante se doit de réduire le risque de défaut et pour cette raison elle fera appel à plusieurs réassureurs pour couvrir son traité: elle diversifie le risque de défaut. Si un des réassureurs venait à disparaître, une bonne partie de la couverture serait toujours présente grâce aux autres réassureurs. Par ailleurs, les réassureurs, eux, souhaitent aussi diversifier les engagements qu'ils prennent auprès de leurs cédantes. Dès lors, sous la contrainte d'un capital forcément limité, ils auront intérêt à souscrire plusieurs petites parts plutôt que quelques grosses parts. On constate donc que réassureur et assureur ont intérêt à fractionner les engagements sur les traités de réassurance.

En pratique, on pourrait avancer que la meilleure proposition est la moins chère. Il n'en va pas toujours ainsi car il n'est pas certain que d'autres réassureurs accepteront de couvrir l'affaire à des conditions trop basses par rapport à celles qu'ils ont offertes. La cédante doit donc choisir une tarification raisonnable parmi celles proposées par les réassureurs si elle veut s'assurer d'un placement à 100%. Notons qu'un placement à 100% n'est pas nécessairement obligatoire pour la cédante. Cette théorie suppose que tous les réassureurs approchés pour le placement, c'est-à-dire probablement ceux qui ont coté activement et ceux à qui la cédante propose une part sans cotation active, participent au traité à conditions équivalentes.

Il faut encore souligner le fait que le moment auquel le placement de la couverture est effectué peut avoir une influence sur celui-ci. En effet, il y a moins de capacité disponible en fin de renouvellement, ce qui peut impliquer des difficultés de placement, voire même un prix plus élevé qu'en début de renouvellement. L'inverse peut se présenter lorsque le marché est «*soft*».

En pratique, le réassureur va proposer une *written line* à la cédante, ou au courtier, par exemple 20%. La *signed line* est la part réellement allouée au réassureur par la cédante ou ses courtiers. Elle peut être inférieure à la *written line* en cas de surplacement du traité. L'inverse n'est pas vrai sauf accord explicite du réassureur. La part s'exprime en pourcentage de l'engagement du traité.

Lorsque l'affaire est placée, les réassureurs reçoivent la confirmation de leur part et les conditions contractuelles détaillées du traité sont négociées avec le réassureur apériteur, qui est censé représenter tous les réassureurs auprès de la cédante, ce qui simplifie l'administration du traité.

Le souscripteur gère alors le traité jusqu'à l'extinction de celui-ci, ce qui peut prendre plusieurs dizaines d'années pour les branches à développement long (comme la responsabilité civile auto). Cédante et réassureur peuvent alors convenir de clôturer un traité après une période donnée en vue de limiter les frais administratifs. On parle de commutation.

10.8. Bonne foi

Notons enfin que le marché de la réassurance est essentiellement basé sur la notion de bonne foi. Les relations d'affaires, entre professionnels de l'assurance que sont le réassureur et l'assureur, sont basées sur un véritable «gentlemen's agreement». La réassurance n'est pas régie par le droit, mais bien par les us et coutumes. Les conflits sont d'ailleurs réglés selon la technique de l'arbitrage. La relation entre assureur et réassureur est historiquement une relation de long terme (le réassureur amortit les fluctuations du résultat de l'assureur) et rares sont les mésententes entre ces deux acteurs. Toutefois le concept de continuité aveugle n'existe plus (voir chapitre 11).

La bonne foi est une obligation plus morale que juridique. Elle doit présider l'exécution de toute relation contractuelle et en particulier celle du contrat de réassurance. Le réassureur, qui accepte de couvrir souvent de manière presque aveugle les risques de la cédante, s'en remet à la probité et à la bonne foi de celle-ci qui, à son tour, accorde sa confiance en la solvabilité de son réassureur.

11. Bref historique de la réassurance

La première opération de réassurance remonte à 1370. A cette époque, les biens s'échangeaient essentiellement par voie maritime et les voyages pouvaient être assurés contre le risque notamment de piraterie.

La première mention écrite d'une opération de réassurance concerne une police maritime couvrant un voyage de Gênes (Italie) à Sluis (Pays-Bas) en 1370. La portion de trajet entre Cadix (Espagne) et Sluis était réputée la plus dangereuse et fut réassurée entièrement de sorte que l'assureur ne garda pour propre compte que la partie du trajet entre Gênes et Cadix.

A l'époque, le contrat passé entre le réassureur et l'assureur tenait plus du pari, du jeu boursier, que d'une transaction d'assurance dans laquelle les probabilités de survenance, la sévérité du sinistre et la diversification avaient été prises en compte.

Ce premier contrat de réassurance est assez peu pédagogique car il laisse à penser que le réassureur est un acteur dont l'objectif est de soulager l'assureur de ses affaires les plus mauvaises. La vraie motivation deviendra plus claire au XIXe siècle.

La réassurance se pratique à partir du XIVe siècle sous forme facultative. Pour chaque affaire que l'assureur souscrit, il a le choix de faire appel ou pas à un réassureur, lequel se réserve la possibilité d'accepter le risque ou pas.

La réassurance maritime était pratiquée librement en France où elle fut d'ailleurs reconnue par Louis XIV en 1681 dans une ordonnance sur la marine. Par contre, la réassurance fut interdite en Angleterre de 1746 à 1864. Cette interdiction eut pour effet de contribuer au développement de l'activité des Lloyd's de Londres qui ne pouvaient pratiquer que la coassurance.

A partir du début du XIXe siècle, la réassurance fut aussi pratiquée pour la branche incendie et il faut attendre le milieu du XIXe siècle pour voir apparaître des opérations de réassurance vie. Le début du XIXe siècle est caractérisé par la croissance de l'industrie, ce qui incita les sociétés d'assurance à chercher une meilleure diversification de leurs risques. Ceux-ci étaient alors échangés sous forme de réassurance facultative entre compagnies d'assurance. A l'origine, il s'agissait de compagnies d'assurance qui opéraient sur le marché de la réassurance. Les affaires étaient essentiellement échangées sous forme proportionnelle.

L'évolution de la réassurance et de la société industrielle sont étroitement liés: l'univers coûteux des machines, la concentration accrue des valeurs dans les villes en plein essor, l'amélioration des réseaux et des moyens de transport exigeaient des couvertures plus élevées que seules des compagnies de réassurance spécialisées et capables d'équilibrer les risques sur le plan international pouvaient offrir.

Le premier traité de réassurance, c'est-à-dire contrat de réassurance couvrant sous forme obligatoire (par opposition à facultative) tous les risques d'un portefeuille déterminé, aurait été conclu en 1821 entre La Royale de Paris et Les Propriétaires Réunis de Bruxelles. La convention était double: d'une part La Royale de Paris cédait l'entièreté de ses risques souscrits aux Pays-Bas et d'autre part, chaque société s'engageait à accepter une partie des affaires de l'autre société. Il s'agissait à l'époque de réassurance sous forme de réciprocité: deux acteurs s'échangent des risques qu'ils ont souscrits afin de bénéficier d'une meilleure diversification de leur portefeuille. La réassurance n'est pas leur métier principal.

Jusque vers le milieu du XIXe siècle, le marché de la réassurance ne connaissait pas de compagnies indépendantes de réassurance. Les compagnies d'assurance, jouant très souvent à la fois le rôle de cédant et de réassureur, y opéraient, la plupart du temps, sur base de réciprocité.

En 1846 fut fondée la première compagnie de réassurance indépendante: la Kolnische Rückversicherungsgesellschaft. La Kolnische Rück est née à la suite de l'incendie qui a dévasté Hambourg en 1842: le sinistre valait 18.000.000 marks alors que la mutuelle locale ne disposait que de 500.000 marks en réserve. Les assureurs s'étaient alors rendu compte qu'il était impossible de conserver pour propre compte un tel risque d'accumulation. Une diversification géographique et temporelle s'avérait nécessaire, d'où l'avènement du réassureur professionnel.

La Compagnie Suisse de Réassurance, aujourd'hui le plus grand réassureur du monde, naquit dans les mêmes circonstances après l'incendie qui dévasta la ville de Glarus en 1861. Cette société fut fondée en 1863. Notons que la première société spécialisée en courtage d'affaires de réassurance, Heckscher and Gottlieb, vit le jour en 1865.

Les réassureurs ne gardent généralement pas tous les risques souscrits pour propre compte. Eux aussi se réassurent auprès de ce que l'on appelle, des rétrocessionnaires. Il semble que le premier traité de rétrocession remonte à

1854: la Riunione Adriatica y acceptait des réassurances souscrites par la Compagnie d'Assurances contre l'Incendie Le Globe.

A partir de 1880 la réassurance non proportionnelle commença à se développer, d'abord pour la branche incendie, ensuite pour les autres branches.

Le XXe siècle est caractérisé par un développement croissant des affaires de réassurance, qui permettent à l'industrie et plus tard au secteur des services, de trouver des solutions assurantielles adéquates aux problèmes de couverture qui se posent. La réciprocité connaît un essor important avant de disparaître graduellement à partir des années 80, lorsque les acteurs se rendent compte que la réassurance est un métier à part. Les réassureurs non professionnels disparaissent petit à petit, souvent après avoir subi l'un ou l'autre cuisant sinistre.

A partir des années 50, les techniques de réassurance deviennent de plus en plus sophistiquées.

La fin des années 80 marque un tournant dans la manière d'aborder les affaires de réassurance. C'est à ce moment que les marchés d'assurance abandonnent les tarifs imposés par l'Etat, qui contenaient le plus souvent des marges substantielles. Ces marges étaient à l'époque partagées avec les réassureurs et tout le monde en était satisfait. Avec la dérégulation, les marges disparaissent sur le marché de l'assurance et les cédantes sont moins disposées à céder du profit aux réassureurs. Les conditions sont plus âprement négociées et les risques sont analysés plus finement. Les traditionnelles relations de long terme entre assureur et réassureur battent de l'aile. La relation entre les deux acteurs peut désormais être arrêtée pour des raisons de mauvaise rentabilité économique. La concurrence est rude sur le marché.

Le marché de la réassurance devient également sujet au cycle de souscription. En effet le prix est fonction de l'offre et de la demande et l'on constate qu'en l'absence de sinistres majeurs, la capacité offerte a tendance à devenir excédentaire. Lorsque survient un sinistre majeur, la capacité se raréfie puisque les réassureurs ont dû puiser dans leur capital pour faire face à la sinistralité et les cédantes ont parfois le réflexe de réclamer plus de protection, ce qui entraîne un relèvement des prix, l'offre ne pouvant plus rencontrer la demande. Certains acteurs, essentiellement Bermudiens, lèvent du capital au moment où les conditions deviennent dures («*hard market*») et n'hésitent pas à quitter le marché lorsque les prix chutent et deviennent trop favorables («*soft market*») aux cédantes. Notons que cet aspect est contraire à la fonction de la réassurance qui consiste à stabiliser les résultats de l'assureur. L'aspect cyclique du marché de la réassurance est surtout visible en réassurance des catastrophes naturelles.

12. Réassurance optimale

Il est assez naturel pour une entreprise d'assurance de se demander quel type de réassurance elle doit mettre en place afin d'optimaliser sa situation.

La littérature actuarielle regorge d'articles, souvent assez théoriques, sur le sujet de l'optimalité de la réassurance. Nous passons ici en revue quelques techniques permettant d'analyser l'intérêt des couvertures de réassurance pour la cédante. Ce chapitre est nettement plus technique que les autres car l'analyse de la rétention de la cédante nécessite des outils actuariels avancés. Le lecteur qui ne souhaiterait pas prendre connaissance des formules mathématiques évoquées pourra aisément les passer.

12.1. Introduction

Historiquement, les actuaires se sont intéressés à la réassurance optimale dans un espace à deux dimensions. Leur but était de comparer des structures de réassurance et de tirer un graphique mettant en relation une mesure du gain et une mesure du risque de l'assureur. Par exemple, la mesure du gain est le profit espéré de l'assureur et la mesure de risque est la déviation-standard du profit de l'assureur. Il est bien évident qu'un assureur préférera un profit espéré élevé (E(G)) et une déviation-standard de ce profit (Sigma(G)) la plus faible possible. Nous obtenons alors le type de graphique suivant:

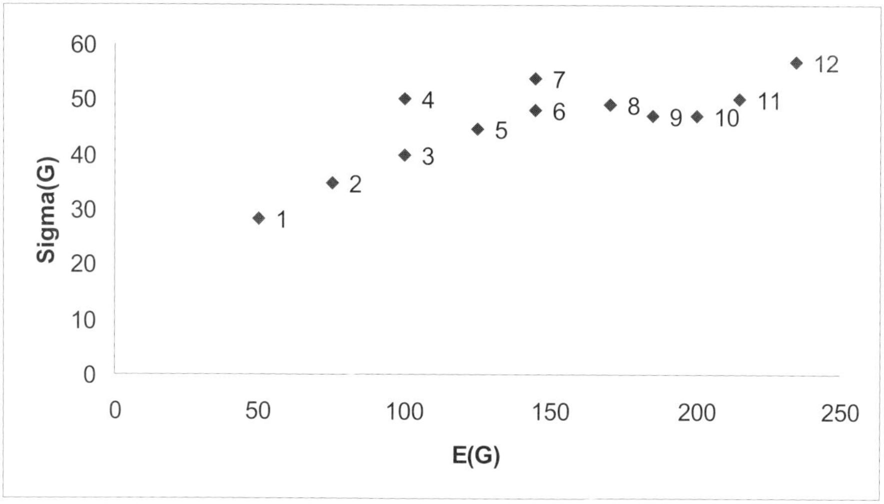

Figure 12-1. Gain moyen et déviation-standard pour quelques structures de réassurance

Dans ce graphe, nous observons immédiatement que la structure de réassurance 3 est meilleure que la structure de réassurance 4: en effet ces deux structures offrent la même espérance de gain alors que la structure 3 a une déviation-standard de gain plus faible. Dans le même ordre d'idée, la structure de réassurance 10 est meilleure que la structure de réassurance 9 puisque, à déviation-standard équivalente, la structure de réassurance 10 présente une espérance de gain plus élevée. Il n'est par contre pas possible de comparer les structures de réassurance 1 et 3 sans adopter un critère relatif à la pénalisation de variabilité en fonction de la perte de gain espéré. En fait, il existe une frontière de structures de réassurance optimale:

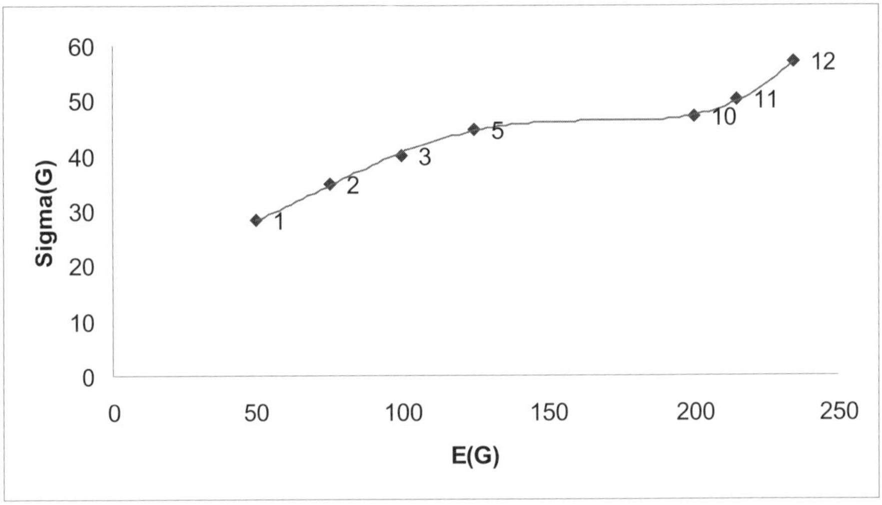

Figure 12-2. Réassurance optimale: frontière optimale

Toutes les structures se trouvant sur la frontière ne peuvent être comparées telles quelles. Il faut faire appel à la fonction d'utilité du décideur. Si ce dernier présente une importante aversion au risque, il choisira sans doute une structure présentant une déviation-standard faible, au prix de diminuer le gain espéré. Si le décideur est riscophile, il choisira de maximiser son espérance de gain, au prix d'une déviation-standard élevée. En pratique, faire appel à sa fonction d'utilité reste un concept assez théorique. Nous verrons à la section 12.7 comment rechercher la structure de réassurance optimale sans devoir faire appel à une fonction d'utilité.

12.2. *Illustration numérique*

Analysons à présent quelques structures de réassurance au moyen d'un exemple numérique simple.

Nous faisons l'hypothèse que la branche d'assurance devant être réassurée est caractérisée par:

- le nombre de sinistres: supposons que ce nombre de sinistres est distribué selon une loi de Poisson de paramètre $\lambda = 1$. Rappelons que la loi de Poisson a pour fonction de probabilité:

$$\Pr[N = n] = e^{-\lambda}\frac{\lambda^n}{n!},\ n = 0,1,2,...$$

La moyenne d'une variable aléatoire de Poisson est donnée par son paramètre: $E[N] = \lambda$. Dans notre exemple, l'assureur s'attend à subir un sinistre en moyenne par an,

- la sévérité des sinistres: supposons que celle-ci est modélisée par une loi uniforme sur l'intervalle $[0,1]$. Rappelons que la loi uniforme a pour fonction de densité:

$$f(x) = 1,\ 0 < x < 1,$$

- la sinistralité agrégée sur une période de un an s'écrit $S = X_1 + \cdots + X_N$. Nous faisons ici référence au modèle collectif de risque bien connu en sciences actuarielles (voir par exemple Denuit & Charpentier (2005) pour plus de détails). Ce modèle suppose qu'il y a deux sources d'aléa: le nombre de sinistres N, et la sévérité des sinistres X,
- la prime pure, servant à couvrir la sinistralité en moyenne vaut $E[S] = E[N] \times E[X] = 1 \times \frac{1}{2} = \frac{1}{2}$,
- nous faisons l'hypothèse que l'assureur applique un chargement $\xi = 100\%$ à la prime pure. Ce chargement est censé représenter le profit de l'assureur. Au-delà de ce chargement, l'assureur doit évidemment prendre en compte ses frais de gestion et d'acquisition, ainsi que les taxes éventuelles. Nous faisons l'hypothèse que ces frais ne sont pas stochastiques et que le chargement relatif à ces frais est immédiatement utilisé pour les prendre en charge. La prime technique utilisable pour payer la sinistralité et d'éventuelles primes de réassurance vaut donc $\frac{1}{2} \times (1 + 100\%) = 1$.

Calculons dans un premier temps le gain espéré et la déviation-standard du gain sans réassurance. Nous obtenons:

- $E[G] = P - E[S] = 1 - \frac{1}{2} = \frac{1}{2}$.
- $Var[G] = Var[S]$. Or la variance de la sinistralité agrégée vaut $Var[S] = E[N] \times Var[X] + Var[N] \times (E[X])^2 = 1 \times \frac{1}{12} + 1 \times \left(\frac{1}{2}\right)^2 = \frac{1}{3}$ (voir Denuit & Charpentier (2005) pour plus de détails).

Analysons à présent l'achat d'une quote-part. Soit τ le taux de cession de la quote-part et soit ξ^{re} le chargement du réassureur. Notons que le chargement du réassureur inclut le profit attendu pour les actionnaires du réassureur, ainsi que les coûts de gestion et d'acquisition du réassureur. En effet, si la cédante fait le choix d'acheter une couverture de réassurance, il est clair qu'elle doit prendre en charge les frais de fonctionnement du réassureur. Nous ne faisons pas apparaître ici la notion de commission de réassurance. La prime d'assurance utilisée ne contient d'ailleurs pas les chargements administratifs. La prime de réassurance est modélisée indépendamment de la prime d'assurance.

La prime de réassurance vaut $P^{re} = (1 + \xi^{re}) \times \tau \times E[S]$. La sinistralité à charge du réassureur est $S^{re} = \tau \times S$.

Le gain de l'assureur en rétention devient

$$\begin{aligned} G &= P - S - (P^{re} - S^{re}), \\ &= E[S] \times (1 + \xi - \tau \times (1 + \xi^{re})) - S \times (1 - \tau). \end{aligned}$$

Cette équation traduit bien le transfert de risque entre assureur et réassureur: l'assureur paie une prime de réassurance P^{re} en échange de l'intervention du réassureur S^{re}. Nous obtenons

$$\begin{aligned} E[G] &= E[S] \times (\xi - \tau \times \xi^{re}), \\ Var[G] &= (1 - \tau)^2 \times Var[S]. \end{aligned}$$

En faisant varier le taux de cession de $\tau = 0\%$ (pas de cession) à $\tau = 100\%$ (portefeuille entièrement réassuré), nous obtenons les résultats suivants:

τ	$\xi^{re} = 100\%$		$\xi^{re} = 140\%$	
	$E[G]$	$\sigma[G]$	$E[G]$	$\sigma[G]$
0%	0,50	0,58	0,50	0,58
10%	0,45	0,52	0,43	0,52
20%	0,40	0,46	0,36	0,46
30%	0,35	0,40	0,29	0,40
40%	0,30	0,35	0,22	0,35
50%	0,25	0,29	0,15	0,29
60%	0,20	0,23	0,08	0,23
70%	0,15	0,17	0,01	0,17
80%	0,10	0,12	–0,06	0,12
90%	0,05	0,06	–0,13	0,06
100%	0,00	0,00	–0,20	0,00

Table 12-1. Quote-part

Nous observons que:

- le gain attendu diminue lorsque le taux de cession augmente. Cette situation est logique: si l'assureur cède une grosse partie de son chiffre d'affaires, sa marge absolue va évidemment diminuer. Lorsque le chargement du réassureur devient élevé, il y a même des situations pour lesquelles il est clair qu'il ne faut pas acheter la réassurance. En effet lorsque le gain attendu est négatif, il n'y a aucun avantage à acheter de la réassurance. A la limite, la cession totale entraîne une perte certaine de 0,20,
- la déviation-standard de la sinistralité en rétention diminue avec le taux de cession. En effet, au plus l'assureur cède à son réassureur, au moins la rétention devient variable. Notons également que la déviation-standard ne dépend pas du niveau de chargement du réassureur.

Nous ne pouvons modéliser l'achat d'une réassurance en excédent de plein. En effet, notre modèle actuariel ne précise pas les sommes assurées en portefeuille. Il est donc impossible de modéliser l'effet d'un excédent de plein.

Passons alors à la réassurance en excédent de sinistre. Soit b la priorité de notre traité de réassurance. Nous supposerons que la capacité offerte par le réassureur vaut $1 - b$. Puisque les montants de sinistres sont distribués selon une loi uniforme sur l'intervalle $[0,1]$, la capacité offerte par le réassureur est suffisante: une portion de montant de sinistre dépassant la limite du traité ne peut pas retomber dans la rétention de la cédante. Nous supposerons également que le traité offre un nombre illimité et gratuit de reconstitutions. Notez que si tel n'est pas le cas, les calculs deviennent nettement plus compliqués. Le lecteur intéressé pourra consulter Witdouck & Walhin (2004) pour plus de détails à ce sujet.

L'engagement du réassureur dans chaque sinistre X est $X^{re} = \max(0, X - b)$. La prime de réassurance vaut donc $P^{re} = \lambda \times E[\max(0, X - b)] \times (1 + \xi^{re})$.

La sinistralité en rétention $S - S^{re}$ s'écrit $\min(X_1, b) + ... + \min(X_N, b)$. Le gain de l'assureur en rétention devient $P - P^{re} - (S - S^{re})$.

Nous obtenons

$$\begin{aligned} E[G] &= P - P^{re} - \lambda \times E[\min(X,b)], \\ Var[G] &= \lambda \times E\left[(\min(X,b))^2\right]. \end{aligned}$$

En faisant varier la priorité de $b = 1$ (pas de cession) à $b = 0$ (portefeuille entièrement réassuré) de telle manière que la cession moyenne de la quote-part soit égale à la cession moyenne de l'excédent de sinistre (ce qui arrive pour $b = (1 - \tau)^2$), nous obtenons:

QP				XL			
		$\xi^{re} = 100\%$	$\xi^{re} = 140\%$			$\xi^{re} = 100\%$	$\xi^{re} = 140\%$
τ	$\sigma[G]$	$E[G]$	$E[G]$	b	$\sigma[G]$	$E[G]$	$E[G]$
0%	0,577	0,5	0,5	1,00	0,577	0,5	0,5
1%	0,572	0,495	0,493	0,90	0,569	0,495	0,493
4%	0,554	0,48	0,472	0,80	0,547	0,48	0,472
9%	0,525	0,455	0,437	0,70	0,511	0,455	0,437
16%	0,485	0,42	0,388	0,60	0,465	0,42	0,388
25%	0,433	0,375	0,325	0,50	0,408	0,375	0,325
36%	0,370	0,32	0,248	0,40	0,343	0,32	0,248
49%	0,294	0,255	0,157	0,30	0,268	0,255	0,157
64%	0,208	0,18	0,052	0,20	0,186	0,18	0,052
81%	0,110	0,095	–0,067	0,10	0,097	0,095	–0,067
100%	0,000	0	–0,2	0,00	0,000	0	–0,2

Table 12-2. Excédent de sinistre

Nous pouvons formuler les mêmes remarques que pour la Table 12-1. Nous constatons en plus que la déviation-standard de la rétention de la cédante, pour une cession moyenne identique, est systématiquement plus petite lorsque cette dernière est protégée par l'excédent de sinistre. Nous pouvons en conclure que, dans ces conditions, l'excédent de sinistre est meilleur que la quote-part.

Passons à présent à la réassurance en excédent de perte annuelle.

La distribution de la sinistralité agrégée $S = X_1 + \cdots + X_N$ est nécessaire en vue du calcul de

- la prime pure de réassurance: $E[\max(0, S-d)]$,
- la rétention moyenne de l'assureur: $E[\min(S,d)]$,
- la variance de la rétention de l'assureur: $Var[\min(S,d)]$.

Obtenir la distribution de S peut se faire en simulant un grand nombre de fois la variable aléatoire N et, pour chaque valeur simulée de N, en simulant des réalisations $X_1,\ldots,X_N$ de la variable aléatoire X.

Les actuaires ont développé des méthodes récursives permettant d'obtenir une bonne approximation de la distribution de S lorsque N est distribuée selon une loi de Poisson et X est discrète. La distribution de S est alors donnée par l'algorithme de Panjer:

$$\begin{aligned} f_S(0) &= \exp(-\lambda(1 - f_X(0))), \\ f_S(s) &= \lambda \sum_{i=1}^{s} \frac{i}{s} f_X(i) f_S(s-i), s = 1,2,\ldots \end{aligned}$$

Le lecteur intéressé consultera par exemple Denuit & Charpentier (2005) ou l'article original de Panjer (1981).

Pour appliquer l'algorithme de Panjer, nous devons obtenir une approximation discrète de la loi de X. Une bonne méthode de discrétisation est donnée par la méthode «*local moment matching with one moment*» (ou méthode de discrétisation par dispersion de masse en français), qui a été développée par Gerber (1982). Cette méthode requiert le choix d'un pas de discrétisation. Evidemment, plus le pas est petit, meilleure sera la précision par rapport à la vraie loi de X. Par contre plus long sera le temps de calcul lors de l'application de l'algorithme de Panjer. La méthode «*local moment matching with one moment*» est intéressante car elle assure de retrouver la moyenne de la loi de X. En plus la version discrétisée de X est plus grande dans l'ordre convexe que X.

On dit que X est plus petite que Y dans l'ordre convexe lorsque

- X et Y ont même moyenne: $E[X] = E[Y]$,

- toute prime *stop-loss* calculée avec X est plus petite que la prime *stop-loss* calculée avec Y : $E[\max(0, X-d)] \leq E[\max(0, Y-d)]$ pour toute priorité d.

Notons que la seconde condition est logiquement équivalente à la suivante:

$E[g(X)] \leq E[g(Y)]$ pour toute fonction convexe g.

La méthode «*local moment matching with one moment*» est donnée par:

$$f_{\text{dis}}(0) = 1 - \frac{E[\min(X,h)]}{h},$$

$$f_{\text{dis}}(ih) = \frac{2E[\min(X,ih) - E[\min(X,(i-1)h) - E[\min(X,(i+1)h]}{h}.$$

h est le pas de discrétisation.

Dans notre cas particulier où X est uniforme sur l'intervalle $[0,1]$, nous obtenons

$$f_{\text{dis}}(0) = \frac{h}{2},$$

$$f_{\text{dis}}(ih) = h,\ i = 1,\ldots,\frac{1}{h} - 1,$$

$$f_{\text{dis}}(1) = \frac{h}{2}.$$

Et nous pouvons réécrire l'algorithme de Panjer comme suit:

$$f_S(0) = \exp(-(1 - \frac{h}{2})),$$

$$f_S(sh) = \sum_{i=1}^{\min(s,\frac{1}{h})} \frac{i}{s} f_{\text{dis}}(ih) f_S(s-ih),\ s = 1,2,\ldots$$

Pour l'application numérique, nous avons choisi un pas $h = 0{,}1$. Nous obtenons les résultats suivants:

QP		XL		SL			
τ	$\sigma[G]$	b	$\sigma[G]$	d	$\sigma[G]$	$E[G]$, $\xi^{re} = 100\%$	$E[G]$, $\xi^{re} = 140\%$
1,73%	0,567	0,868	0,564	2	0,550	0,491	0,488
5,83%	0,544	0,759	0,533	1,5	0,502	0,471	0,459
17,07%	0,479	0,587	0,458	1	0,406	0,415	0,380
21,07%	0,456	0,541	0,433	0,9	0,380	0,395	0,352
25,79%	0,428	0,492	0,403	0,8	0,349	0,371	0,319
31,79%	0,394	0,436	0,367	0,7	0,313	0,341	0,277
38,80%	0,353	0,377	0,326	0,6	0,274	0,306	0,228

Table 12-3. Excédent de perte annuelle

Nous constatons que à prime pure de réassurance équivalente, la déviation-standard est systématiquement plus petite pour le traité en excédent de perte annuelle. Nous confirmons également que cette observation reste vraie en faveur de l'excédent de sinistre lorsque l'on compare ce dernier avec la quote-part.

Notons aussi que lorsque le chargement du réassureur est $\xi^{Re} = 100\%$, la situation $d = 0,6$ assure un profit avec probabilité 1 à la cédante. En effet, dans ce cas, la cédante encaisse une prime égale à 1; elle cède une prime égale à 0,35 à son réassureur et dans le pire des cas elle sera amenée à payer pour une sinistralité égale à 0,6, ce qui correspond pour elle à un profit égal à 0,05. Tout ceci n'est vrai que sous l'hypothèse que le réassureur ne fasse pas défaut. Ce type de situation est évité par les réassureurs car il incite la cédante à l'aléa moral.

12.3. Théorie sous-jacente

Ces résultats restent vrais quelle que soit la distribution de la sinistralité. De plus, il est possible d'étendre le résultat sous la forme suivante (voir Denuit & Vermandele (1999) pour plus de détails):

Résultat 1: Supposons deux structures de réassurance ayant même prime pure et même chargement. Alors la rétention de l'assureur est optimale au sens de l'ordre convexe avec une réassurance en excédent de perte annuelle.

Résultat 2: Supposons deux structures de réassurance de type individuelle ayant même prime pure et même chargement. Alors la rétention de l'assureur est optimale au sens de l'ordre convexe avec une réassurance en excédent de sinistre.

Comme nous l'avons vu plus haut, deux variables aléatoires X et Y (ici la rétention de l'assureur selon deux structures de réassurance) sont ordonnées au sens de l'ordre convexe si et seulement si

- $E[X] = E[Y]$,
- $E[g(X)] \leq E[g(Y)]$ pour toute fonction convexe g.

Si nous prenons $g(x) = (x - E[X])^2$, qui est bien une fonction convexe, nous avons que $Var[X] \leq Var[Y]$. En passant à la racine carrée, nous obtenons $\sigma[X] \leq \sigma[Y]$ ce qui confirme les observations faites sur notre exemple numérique.

Nous concluons donc de cette application numérique, et du théorème d'optimalité, que la réassurance en excédent de perte annuelle est la meilleure réassurance possible pour un assureur. Cette conclusion est cependant fausse en pratique. En effet, il est impensable qu'un traité en quote-part soit affecté du même chargement qu'un traité en excédent de perte annuelle. Il est clair que ce dernier est nettement plus variable pour le réassureur et celui-ci sera donc tenté d'y appliquer un chargement plus élevé que celui qu'il appliquerait à un traité en quote-part. Par ailleurs, l'excédent de perte annuelle est difficile à coter (le risque de modèle y est très important) et il peut facilement mener à un comportement lié à l'aléa moral de la part de l'assureur. En pratique, l'excédent de perte annuelle est quasiment impossible à trouver sur le marché de la réassurance, en particulier l'excédent de perte annuelle illimité, qui, lui, n'existe pas. Le premier théorème est donc inapplicable en pratique.

En ce qui concerne le deuxième théorème, il trouvera difficilement à s'appliquer. En effet, même si la réassurance en excédent de sinistre est facile à trouver sur le marché, il reste clair que la sinistralité à charge d'un réassureur en excédent de sinistre est nettement plus variable que celle à charge d'un réassureur en quote-part. Dès lors, on imagine que l'hypothèse de chargement identique ne tient pas la route. Le théorème est donc probablement inadéquat en pratique.

12.4. Limites de la quote-part

Les deux résultats d'optimalité ont toutefois le mérite de confirmer notre intuition, à savoir que la réassurance non proportionnelle protège sans doute mieux la rétention d'une cédante que la réassurance en quote-part. En effet, en non proportionnel, les sinistres sont écrêtés par la réassurance (à condition que la capacité achetée soit suffisante). Il s'ensuit que la rétention de la cédante s'en trouve plus homogène. En ce qui concerne l'excédent de perte annuelle, la rétention de la cédante est encore plus confortable: la perte maximale, qu'elle soit due à des grands sinistres, ou à un nombre élevé de petits sinistres, est limitée contractuellement. L'homogénéité de la rétention s'en trouve évidemment améliorée.

En fait, pour une quote-part, d'une manière relative, l'homogénéité de la rétention n'est pas améliorée. En effet, on a

$$\begin{aligned}
S^R &= (1-\tau)S, \\
E\left[S^R\right] &= (1-\tau)E[S], \\
Var\left[S^R\right] &= (1-\tau)^2 Var[S], \\
\sigma\left[S^R\right] &= (1-\tau)\sigma[S], \\
CV\left[S^R\right] &= CV[S], \\
E\left[(S^R - E\left[S^R\right])^3\right] &= (1-\tau)^3 E\left[(S-E[S])^3\right], \\
\gamma\left[S^R\right] &= \gamma[S].
\end{aligned}$$

où $CV[S]$ dénote le coefficient de variation de S et $\gamma[S]$ le coefficient d'asymétrie de S :

$$\begin{aligned}
CV[S] &= \frac{\sigma[S]}{E[S]}, \\
\gamma[S] &= \frac{E\left[(S-E[S])^3\right]}{\sigma^3}.
\end{aligned}$$

Nous constatons que la rétention d'une quote-part présente le même coefficient de variation et le même coefficient d'asymétrie que la distribution brute de réassurance. Donc clairement, la quote-part n'améliore pas, relativement, la rétention de la cédante.

Notons qu'il est aisé de voir l'effet absolu d'une quote-part. Soit u le capital d'un assureur. Soit P la prime chargée de cet assureur. Calculons la probabilité de ruine sur un horizon de un an de notre assureur:

$$\varepsilon = \Pr[S > u + P].$$

Supposons à présent une cession en quote-part de taux de cession τ. La probabilité de ruine après réassurance devient

$$\begin{aligned}
\varepsilon^R &= \Pr[(1-\tau)S > u + (1-\tau)P] \\
&= \Pr\left[S > \frac{u}{1-\tau} + P\right] \\
&< \varepsilon
\end{aligned}$$

où nous avons utilisé le fait que $0 < \tau < 1$.

Acheter une quote-part de taux de cession τ permet donc de réduire le capital de l'assureur par un facteur $(1-\tau)$ si le critère de solvabilité est la probabilité de ruine sur un horizon de un an. Ceci correspond grosso modo aux règles de l'Union européenne en matière de réassurance et de solvabilité des entreprises d'assurance.

12.5. Modèle de de Finetti

de Finetti (1940) a proposé d'analyser des structures de réassurance proportionnelle en minimisant la variance du gain de l'assureur sous la contrainte que le gain moyen soit fixé. Ceci correspond à la situation d'un décideur qui souhaite un certain niveau de gain moyen (il ne doit pas céder trop de réassurance si cette dernière est chère) et choisit la structure qui va minimiser la variance pour ce niveau de gain moyen.

Supposons un portefeuille de n polices. La sinistralité de ces polices est donnée par S_i, $i = 1,...,n$. Nous faisons l'hypothèse que les variables S_i sont indépendantes. Soit donc $E[S_i]$ la prime pure pour ces risques. Soit P_i la prime chargée (hors frais de gestion et taxes) pour ces risques. Soit τ_i le taux de cession appliqué à la police i. Soit ξ_i^{re} le chargement du réassureur pour la police i. Le gain de l'assureur est donné par

$$Z(\tau_1,...,\tau_n) = \sum_{i=1}^{n} P_i - (1 + \xi_i^{re})\tau_i E[S_i] - (1 - \tau_i)S_i$$

où l'on retrouve la somme des primes encaissées moins la somme des primes cédées au réassureur moins la sinistralité en rétention.

La proposition de de Finetti (1940) s'écrit donc:

$$\underset{\tau_1,...,\tau_n}{Min}\ Var[Z(\tau_1,...,\tau_n)]$$
$$\text{sous la contrainte que } E[Z(\tau_1,...,\tau_n)] = k$$

de Finetti (1940) a démontré que la solution de ce programme d'optimisation est donnée par

$$\tau_i = \min\left(1, \max\left(0, 1 - \frac{\lambda \xi_i^{re} E[S_i]}{Var[S_i]}\right)\right)$$

où λ est une constante telle que l'équation $E[Z(\tau_1,...,\tau_n) = k]$ soit vérifiée.

Cette technique n'est évidemment pas applicable à un portefeuille de plusieurs milliers de polices. En effet, on obtiendrait un taux de cession différent pour chaque police en portefeuille, ce qui serait ingérable. Par contre, on peut évidemment considérer des sous-portefeuilles ayant comme sinistralité S_i. Nous sommes alors dans le cadre d'une quote-part variable et la formule reste identique.

Glineur & Walhin (2006) ont étendu le résultat de de Finetti à la réassurance en excédent de plein avec tableau de pleins. Supposons que les polices ont comme somme assurée SI_i . Supposons que les polices sont partagées en m sous-portefeuilles contenant chacun $n_1,...,n_m$ polices. Soit R_j le plein optimal pour le sous-portefeuille j . Ces pleins sont donnés par la formule

$$R_j = \lambda \frac{\sum_{i=1}^{n_j} \xi_{ij}^{re} SI_{ij} E\left[S_{ij}\right]}{2\sum_{i=1}^{n_j} Var\left[S_{ij}\right]}$$

où λ est tel que la contrainte $E[Z(\tau_1,\ldots,\tau_n)] = k$ soit vérifiée.

12.6. *Illustration numérique*

Illustrons à présent les théorèmes de de Finetti. Soit un portefeuille de 4 risques de caractéristiques:

Police	1	2	3	4
SI	100	200	100	200
$E[S]$	15	50	35	90
$Var[S]$	1.500	6.000	1.500	6.000
P	18,75	62,50	43,75	112,50
ξ^{re}	25%	25%	25%	25%

Table 12-4. Portefeuille

Nous analysons 5 traités de réassurance proportionnelle:

- une quote-part
- une quote-part variable, pour laquelle nous avons deux sous-portefeuilles (1-2 et 3-4)
- un excédent de plein
- un excédent de plein, avec tableau de pleins pour lequel nous avons deux sous-portefeuilles (1-2 et 3-4)
- une réassurance proportionnelle totale

Les taux de cession et pleins optimaux sont donnés dans les tableaux suivants:

	Variance du gain	
	$k = 20$	$k = 40$
Quote-part	2.659,28	10.637,12
Quote-part variable	2.418,14	9.674,56
Excédent de plein	2.666,67	10.408,16
Tableau de pleins	2.400,00	9.821,01
Proportionnel	2.341,46	9.652,17

Table 12-5. Résultats d'optimalité à la de Finetti

	$k = 20$				$k = 40$			
	τ_1	τ_2	τ_3	τ_4	τ_1	τ_2	τ_3	τ_4
Quote-part	57,89%	57,89%	57,89%	57,89%	15,79%	15,79%	15,79%	15,79%
Quote-part variable	73,80%	73,80%	49,62%	49,62%	46,15%	46,15%	0%	0%
Proportionnel	70,73%	75,61%	31,71%	56,10%	34,78%	45,65%	0%	2,17%
	R_1	R_2	R_3	R_4	R_1	R_2	R_3	R_4
Excédent de plein	66,06	66,06	66,06	66,06	157,14	157,14	157,14	157,14
Tableau de pleins	40	40	80	80	96,15	96,15	192,30	192,30

Table 12-6. Pleins et taux de cession correspondant à la Table 12-5

Nous constatons que la variance est systématiquement plus petite pour $k = 20$ que pour $k = 40$. C'est logique: nous travaillons ici dans un cadre où le chargement du réassureur est plus grand que le chargement de l'assureur. Donc lorsque l'assureur achète plus de réassurance, son gain moyen diminue. Dans ce cas, sa rétention est moins variable puisqu'il cède plus au réassureur.

La réassurance proportionnelle totale est évidemment optimale. C'est en effet celle qui n'est pas contrainte. Sur notre portefeuille de 4 risques, il n'y a évidemment pas de problèmes pour la calculer. Il en irait autrement pour un portefeuille réel contenant plusieurs milliers de polices.

Nous observons que la quote-part variable est meilleure que la quote-part. De même, l'excédent de plein avec tableau de pleins est optimal lorsqu'on le compare à l'excédent de plein. Ces résultats sont logiques puisque la quote-part est un cas particulier de la quote-part variable et l'excédent de plein est un cas particulier de l'excédent de plein avec tableau de pleins.

Comparons à présent la quote-part et l'excédent de plein. Pour $k = 20$, la quote-part est meilleure que l'excédent de plein. Par contre pour $k = 40$, l'excédent de plein est meilleur que la quote-part.

Comparons à présent la quote-part variable et l'excédent de plein avec tableau de pleins. Pour $k = 20$, l'excédent de plein avec tableau de pleins est meilleur que la quote-part variable. Par contre, pour $k = 40$, la quote-part variable bat l'excédent de plein avec tableau de pleins.

Nous pouvons conclure de cet exemple numérique qu'il n'existe pas de règle générale pour classer les différentes sortes de réassurance proportionnelle.

12.7. Théorie moderne de la réassurance optimale

Revenons à présent à notre modèle à deux dimensions, qui situe les structures de réassurance en fonction du gain espéré et d'une mesure de risque de la rétention de l'assureur. Mettons-nous à la place du décideur au sein de la compagnie d'assurance. Comment choisir entre les deux structures suivantes:

1) Gain espéré: 1.000.000 EUR; déviation-standard: 500.000 EUR
2) Gain espéré: 2.000.000 EUR; déviation-standard: 1.250.000 EUR

Clairement, le décideur doit faire appel ici à sa fonction d'utilité. Préfère-t-il un portefeuille peu variable, mais alors un profit moyen peu élevé; ou bien opte-t-il pour un profit moyen confortable, mais au prix d'une variabilité accrue de son portefeuille? La théorie économique aidera difficilement notre décideur dans ce cas. De plus, la déviation-standard n'est probablement pas la meilleure mesure de risque pour prendre une décision. En effet, nous n'avons pas une idée précise de la quantité de capital économique nécessaire pour souscrire le portefeuille 1 ou le portefeuille 2.

Nous en concluons que les développements qui précèdent sont difficilement applicables. Il serait adéquat de travailler avec un seul chiffre comme critère et d'utiliser la notion de capital économique dans le raisonnement. C'est ce que nous développons dans cette section.

Soit S la sinistralité d'un portefeuille d'assurance. La prime pure vaut $E[S]$. Supposons que l'assureur arrive à charger à ses assurés une prime égale à P. Comme les assurés échangent le risque d'assurance contre le paiement d'une prime d'assurance, ils ne souhaitent pas devoir subir l'éventuel défaut de l'assureur. Ce défaut peut survenir parce que l'assureur a sous-tarifé ses risques, ou bien parce qu'un événement survient cette année-là. Pour éviter de transformer le risque d'assurance transféré à l'assureur en un risque de crédit (lorsque l'assureur fait défaut), l'assuré exige que l'assureur détienne un matelas financier qui sera utilisé en cas de forte déviation de la sinistralité par rapport à la sinistralité attendue. Ce matelas financier est le capital économique: il est fourni par les investisseurs.

En pratique, le niveau de solvabilité requis que doit atteindre l'assureur est fixé par un régulateur (une agence de notation ou bien l'autorité de contrôle locale). Ce niveau de solvabilité doit tenir compte des spécificités du portefeuille de l'assureur. Il devrait donc théoriquement résulter d'un calcul basé sur un modèle de risque interne à la compagnie. Souvent le niveau de solvabilité requis est donné sous la forme d'un quantile de la distribution de S. Les banquiers parlent alors de la Value-at-Risk (VaR). La VaR au niveau 99% de S est le montant que l'assureur doit détenir pour pouvoir faire face à ses engagements dans 99% des cas. Autrement dit, l'assureur fait défaut une fois tous les cent ans. C'est à l'assuré d'évaluer si cette probabilité de subir un risque de crédit est trop élevée ou pas. En pratique, il n'est pas possible de l'annuler; en effet cela signifierait que l'assureur doit détenir un montant égal à la somme de ses engagements. D'une part ce montant n'est pas disponible sur le marché et d'autre part comme le capital économique doit être rémunéré il s'ensuivrait que les primes réclamées par l'assureur seraient prohibitives.

Mathématiquement la VaR s'écrit comme suit:

$$VaR_{\varepsilon}(S) = \inf\{x | F_S(x) \geq \varepsilon\},\ 0 < \varepsilon < 1.$$

Récemment les actuaires ont observé que la VaR présente le défaut suivant: elle n'est pas sous-additive, ce qui signifie qu'elle ne comprend pas systématiquement le bénéfice de diversification. En effet, lorsque l'on fusionne deux conglomérats financiers, on s'attend intuitivement à ce que le niveau de solvabilité requis du nouveau conglomérat soit inférieur à la somme des niveaux de solvabilité requis des deux conglomérats séparés puisque la diversification des risques jouera mieux au sein du grand conglomérat. La VaR ne comprend pas toujours cette bonne propriété, comme le montre l'exemple suivant.

Supposons trois états de la nature et les risques X_1 et X_2.

Scénario	Probabilité	X_1	X_2	$X_1 + X_2$
1	80%	0	0	0
2	10%	0	1	1
3	10%	1	0	1

Table 12-7. La VaR n'est pas sous-additive

Nous avons

$$\begin{aligned} VaR_{85\%}(X_1) &= 0 \\ VaR_{85\%}(X_2) &= 0 \\ VaR_{85\%}(X_1 + X_2) &= 1 \end{aligned}$$

ce qui implique

$$VaR_{85\%}(X_1 + X_2) > VaR_{85\%}(X_1) + VaR_{85\%}(X_2)$$

ce qui veut dire que si la VaR est le critère pour mesurer le niveau de solvabilité de l'entreprise, X_1 et X_2 ont intérêt à rester séparées plutôt que de fusionner.

Pour contrer cet écueil, les mathématiciens ont proposé plusieurs autres mesures de risque. En particulier, la *Tail Value-at-Risk*, ou TVaR est intéressante car elle fait directement référence à la VaR.

La TVaR est la moyenne des quantiles au-delà du niveau ε :

$$TVaR_{\varepsilon}(S) = \frac{1}{1-\varepsilon}\int_{\varepsilon}^{1} VaR_q(S)dq\,,\ 0 < \varepsilon < 1.$$

On peut démontrer que la TVaR est une mesure de risque sous-additive. De plus, elle est plus robuste que la VaR. En effet, la VaR donne juste le sinistre au niveau ε. Elle ne donne aucune information au sujet de ce qui peut se passer au-delà de la VaR. Prenons un exemple pour illustrer notre propos. Soient les deux variables aléatoires suivantes:

a	P(A=a)	b	P(B=b)
0	0,60	0	0,60
1	0,39	1	0,39
5	0,01	11	0,01

Table 12-8. Comparaison de risques

La $VaR_{95\%}$ de ces deux risques vaut 1. Calculons les $TVaR_{95\%}$:

$$\begin{aligned} TVaR_{95\%}(A) &= \frac{\int_{0,95}^{0,99} 1dq + \int_{0,99}^{1} 5dq}{0,05} = 1,8, \\ TVaR_{95\%}(B) &= \frac{\int_{0,95}^{0,99} 1dq + \int_{0,99}^{1} 11dq}{0,05} = 3. \end{aligned}$$

Elles ont la même VaR au niveau de sécurité 95%. Pourtant nous observons que B est nettement plus dangereuse que A au-delà de la VaR. Clairement, il est moins dangereux d'utiliser l'assureur A. Pourtant le critère de la VaR ne prend pas cela en compte. La TVaR corrige ce défaut.

On dit que la TVaR mesure combien le mauvais est mauvais.

Pour ces raisons, nous travaillerons dans la suite de ce chapitre avec la TVaR comme mesure du niveau de solvabilité que doit atteindre une compagnie d'assurance.

Le niveau de solvabilité requis (NSR) est un montant en euros. Evidemment, il ne doit pas être mis à disposition uniquement par les investisseurs. En effet, une partie de ce montant est empruntée aux assurés via les primes que ces derniers versent à l'assureur en échange de la promesse d'une indemnisation en cas de sinistre futur. Nous concluons que le montant réellement mis à disposition par les investisseurs, le *risk adjusted capital*, ou RAC, vaut

$$RAC[S] = NSR[S] - P.$$

Ce capital doit être rémunéré, ce qui se fait au moyen de la marge obtenue sur les primes d'assurance: $P - S$. On définit alors le *return* sur le RAC comme

$$\frac{P - S}{RAC[S]}.$$

Comme S est une variable aléatoire, ce *return* est lui-même une variable aléatoire. On en prend la moyenne pour obtenir le RORAC pour *return on risk adjusted capital:*

$$RORAC[S] = \frac{P - E[S]}{RAC[S]}.$$

La décision devient à présent facile à prendre. Si l'on a le choix entre deux structures X_1 et X_2, on choisira celle qui présente le plus grand RORAC. Par exemple si $RORAC(X_1) > RORAC(X_2)$ alors X_1 doit être préféré à X_2.

C'est sur base de ce critère que nous donnerons quelques illustrations numériques pour clore ce chapitre.

Notons que le critère est en pratique nettement plus difficile à mettre en œuvre. En effet, il ne suffit pas de regarder un sous-portefeuille isolément pour conclure. La diversification joue aussi entre les sous-portefeuilles et donc, ce qui est important c'est le capital nécessaire pour soutenir l'ensemble du conglomérat financier. Autrement dit, l'achat de réassurance doit se voir au niveau global, et pas au niveau local, comme c'est le cas habituellement. Nous ne rentrerons pas en détail dans ce type de considérations. Le lecteur intéressé trouvera des détails dans Walhin (2006).

12.8. Illustration numérique

Dans cette section, nous allons calculer le RORAC pour diverses structures de réassurance relatives à un portefeuille de risques industriels d'un grand assureur belge. Une partie des résultats repris dans cette section ont été publiés dans Lampaert & Walhin (2005).

Le portefeuille en question contient 27.551 polices d'assurance. Ces polices sont divisées en 4 sous-portefeuilles de risques homogènes. On dit que ces risques sont homogènes dans le sens suivant:

1) à l'intérieur d'un sous-portefeuille, toutes les polices ont la même probabilité (q) d'engendrer un sinistre (pour simplifier nous ne considérons pas la probabilité de faire plus d'un sinistre par an),
2) à l'intérieur d'un sous-portefeuille, toutes les polices ont la même distribution du taux de dommage. Le taux de dommage est le ratio entre le montant de sinistre et la somme assurée. C'est une variable aléatoire qui prend ses valeurs entre 0 et 1. Un taux de dommage de 10% signifie que le sinistre vaut 10% de la somme assurée. Un taux de dommage de 100% signifie qu'il s'agit d'un sinistre total.

Nous modéliserons le taux de dommage au moyen des lois de Bernegger (1997). Ces lois sont paramétrées par un seul paramètre, c , et leur densité est donnée par

$$\begin{aligned} f(x) &= \frac{(b-1)(g-1)b^{1-x}\ln b}{((g-1)b^{1-x}+(1-gb))^2}, \quad 0 \le x < 1, \\ f(1) &= \frac{1}{g}. \end{aligned}$$

où

$$\begin{aligned} b &= b(c) = \exp(3,1-0,15c(1+c)), \\ g &= g(c) = \exp(c(0,78+0,12c)). \end{aligned}$$

Notre portefeuille est modélisé comme suit:

Classe	q	c
1	0,75%	2
2	1,00%	3
3	1,25%	4
4	1,50%	5

Table 12-9. Modélisation du portefeuille

Afin de caractériser complètement le portefeuille, nous devons aussi disposer des sommes assurées. Il n'est pas possible de les recopier toutes ici. Nous résumons donc l'information dans le tableau suivant:

Classe	n	μ	σ	γ
1	3.933	13.457.022	10.752.926	8,51
2	17.472	12.034.729	7.960.092	2,23
3	3.121	11.826.858	9.119.825	4,62
4	3.025	10.879.648	7.826.747	11,98

Table 12-10. Sommes assurées

Nous pouvons observer que ces sommes assurées sont très asymétriques: le coefficient d'asymétrie est élevé pour chaque sous-classe. Cela signifie qu'il y a de très grandes sommes assurées. On sent que l'assureur a probablement intérêt à essayer de trouver une réassurance lui permettant d'écrêter ces grandes sommes assurées (et donc potentiels grands sinistres).

Nous analyserons tous les types de réassurance classique que nous avons rencontrés:

- la quote-part,
- la quote-part variable,
- l'excédent de plein,
- l'excédent de plein avec tableau de pleins,
- l'excédent de sinistre,
- l'excédent de perte annuelle.

Comme nous disposons ici de toutes les sommes assurées en portefeuille, il nous est loisible de modéliser la réassurance en excédent de plein, ce qui était impossible dans l'exemple numérique de la section 12.2.

Grâce à notre modélisation, il est possible d'obtenir les trois premiers moments de la rétention de l'assureur, quelle que soit la réassurance mise en place. Nous ne détaillerons pas les calculs, qui dépassent le cadre de cet ouvrage. Le lecteur intéressé consultera Lampaert & Walhin (2005) pour les détails relatifs aux réassurances proportionnelles.

Lorsque l'on dispose des trois premiers moments et que le coefficient d'asymétrie est plus petit que 2, la distribution gamma translatée est un bon candidat pour la modélisation de la distribution de la rétention. C'est la technique que nous avons retenue.

Soit Z une variable aléatoire distribuée selon une loi de gamma, de densité

$$f_Z(x) = \frac{\beta^\alpha x^{\alpha-1}\exp(-x\beta)}{\Gamma(\alpha)}, \quad x > 0.$$

où $\Gamma(\alpha)$ est la fonction gamma.

Soit $F_Z(x) = \int_0^x f_Z(s)ds$ la fonction de répartition de Z. Par abus de notation, nous l'écrirons également $F(\alpha, \beta, x)$.

Alors $S = Z + x_0$ est distribuée selon une loi de gamma translatée. Cette loi a trois paramètres, α, β et x_0. Le lien entre ces trois paramètres et les trois premiers moments de S est assez simple:

$$\begin{aligned} \alpha &= \frac{4}{\gamma^2} \\ \beta &= \frac{2}{\gamma\sigma} \\ x_0 &= \mu - \frac{2\sigma}{\gamma}. \end{aligned}$$

Donc, lorsque l'on dispose des trois premiers moments de la rétention, l'on obtient immédiatement les paramètres de la loi gamma translatée approximant la distribution de la rétention.

Notons que l'approximation est mauvaise lorsque le coefficient d'asymétrie est trop grand. Elle est à éviter lorsque $\gamma > 2$.

Pour le niveau total de solvabilité, nous adoptons la TVaR au seuil de 99%. Par chance, lorsque la distribution est gamma translatée, il est possible de l'obtenir au moyen d'une formule que le logiciel Excel peut gérer:

$$\begin{aligned} NSR &= E[S|S > VaR_\varepsilon(S)] \\ &= E[Z|Z > VaR_\varepsilon(Z)] + x_0 \\ &= \frac{\alpha}{\beta}\frac{1}{1-\varepsilon}(1 - F(\alpha+1, \beta, VaR_\varepsilon(Z))) + x_0 \end{aligned}$$

où $VaR_\varepsilon(Z) = F^{-1}(\alpha, \beta, \varepsilon)$.

Nous adopterons les chargement suivants: $\xi = 5\%$ pour l'assureur et $\xi^{re} = 7\%$ pour le réassureur. Rappelons que le chargement de l'assureur est censé correspondre au profit attendu tandis que le chargement du réassureur couvre également les frais de gestion du réassureur.

La prime en rétention vaut

$$P = (1+\xi)E[S] - (1+\xi^{re})E\left[S^{re}\right].$$

Le RAC est donné par

$$RAC[S] = NSR - P.$$

Enfin, le RORAC est donné par

$$RORAC(S) = \frac{P - E[S]}{RAC[S]}.$$

Pour le cas sans réassurance, nous obtenons:

$E[S]$	293.751.934
$CV[S]$	0,20
$\gamma[S]$	0,62
$VaR_{99\%}[S]$	452.547.891
$TVaR_{99\%}[S]$	483.141.978
P	308.439.531
$RAC_{99\%}[S]$	174.702.447
$RORAC_{99\%}[S]$	8,41%

Table 12-11. RORAC sans réassurance

Nous analysons à présent le RORAC en fonction du plein d'un traité en excédent de plein:

Plein	$CV\left[S^R\right]$	$\gamma\left[S^R\right]$	$RORAC_{99\%}\left[S^R\right]$	$E\left[S^R\right]/E[S]$
5.000.000	0,16	0,24	4,16%	61,31%
7.500.000	0,16	0,24	7,58%	46,03%
10.000.000	0,16	0,25	9,05%	33,91%
12.500.000	0,17	0,26	9,71%	24,82%
15.000.000	0,17	0,28	9,98%	18,12%
17.500.000	0,17	0,29	10,06%	13,20%
20.000.000	0,18	0,30	10,06%	9,59%
22.500.000	0,18	0,31	10,00%	6,91%

Table 12-12. RORAC en fonction du plein d'un traité en excédent de plein

Nous observons que le coefficient de variation et le coefficient d'asymétrie de la rétention augmentent lorsque le plein augmente. En effet, lorsque le niveau de réassurance diminue, c'est-à-dire lorsque le plein augmente, la rétention devient plus variable et plus asymétrique.

Le RORAC quant à lui tient compte de ces caractéristiques mais également du prix de la réassurance. Nous observons qu'il est faible lorsque le plein est petit puis croît pour ensuite décroître. Lorsque la cédante achète beaucoup de réassurance (lorsque le plein est petit), elle cède une grosse partie de son profit attendu au réassureur, qui applique un taux de chargement élevé. D'autre part, lorsque la cédante achète peu de réassurance (lorsque le plein est élevé), elle ne bénéficie pas de l'effet d'homogénéisation de la rétention apporté par la réassurance, ce qui diminue son RORAC.

Pour ces traités, il semble qu'un plein aux environs de 17.500.000 ou 20.000.000 soit optimal.

Notons que le coût de la réassurance peut être à ce point élevé que la situation optimale serait celle où la cédante n'achète pas de réassurance.

Dans le tableau suivant, nous analysons le RORAC en fonction du taux de cession d'un traité en quote-part. La cession est choisie de manière à retrouver les cessions relatives aux 8 cas étudiés dans le tableau précédent.

Taux de cession	$CV\left[S^R\right]$	$\gamma\left[S^R\right]$	$RORAC_{99\%}\left[S^R\right]$	$E\left[S^R\right]/E[S]$
61,31%	0,20	0,62	2,92%	61,31%
46,03%	0,20	0,62	5,38%	46,03%
33,91%	0,20	0,62	6,57%	33,91%
24,82%	0,20	0,62	7,22%	24,82%
18,12%	0,20	0,62	7,61%	18,12%
13,20%	0,20	0,62	7,86%	13,20%
9,59%	0,20	0,62	8,02%	9,59%
6,91%	0,20	0,62	8,14%	6,91%

Table 12-13. RORAC en fonction de la cession d'un traité en quote-part

Le tableau suivant donne le RORAC en fonction de la cession en excédent de plein avec tableau de pleins. Le tableau de pleins y est défini selon la méthode du taux inverse (voir section 4.10):

R_1	CV	γ	$RORAC$	$E\left[S^R\right]/E[S]$
2.792.144	0,16	0,29	4,06%	61,31%
4.373.473	0,16	0,28	7,47%	46,03%
6.066.679	0,16	0,28	8,93%	33,91%
7.857.669	0,17	0,29	9,58%	24,82%
9.739.358	0,17	0,30	9,86%	18,12%
11.697.749	0,17	0,31	9,96%	13,20%
13.736.088	0,18	0,32	9,96%	9,59%
15.858.279	0,18	0,33	9,92%	6,91%

Table 12-14. RORAC en fonction de la cession en excédent de plein avec tableau de pleins établi selon la méthode du taux inverse

Le tableau suivant donne le RORAC en fonction de la cession en excédent de plein avec tableau de pleins. Le tableau de pleins y est défini selon la méthode de de Finetti.

R_1	CV	γ	$RORAC$	$E[S^R]/E[S]$
3.949.974	0,15	0,24	4,22%	61,31%
6.007.752	0,16	0,25	7,68%	46,03%
8.113.889	0,16	0,26	9,15%	33,91%
10.247.187	0,17	0,27	9,79%	24,82%
12.397.936	0,17	0,28	10,05%	18,12%
14.573.268	0,17	0,29	10,13%	13,20%
16.743.363	0,18	0,30	10,11%	9,59%
18.964.227	0,18	0,31	10,05%	6,91%

Table 12-15. RORAC en fonction de la cession en excédent de plein avec tableau de pleins établi selon la méthode de de Finetti

Le tableau suivant donne le RORAC en fonction de la cession en quote-part variable. La quote-part variable est choisie selon la méthode de de Finetti.

τ_1	τ_2	τ_3	τ_4	CV	γ	$RORAC$	$E[S^R]/E[S]$
74,71%	57,94%	45,15%	3,49%	0,19	0,54	3,13%	61,31%
64,24%	40,51%	22,44%	0,00%	0,19	0,51	5,82%	46,03%
55,89%	26,63%	4,33%	0,00%	0,19	0,50	7,11%	33,91%
49,29%	15,64%	0,00%	0,00%	0,19	0,49	7,81%	24,82%
44,30%	7,35%	0,00%	0,00%	0,19	0,49	8,23%	18,12%
40,64%	1,26%	0,00%	0,00%	0,19	0,49	8,49%	13,20%
31,39%	0,00%	0,00%	0,00%	0,19	0,51	8,59%	9,59%
22,62%	0,00%	0,00%	0,00%	0,19	0,53	8,59%	6,91%

Table 12-16. RORAC en fonction de la cession en quote-part variable selon la méthode de de Finetti

Le tableau suivant donne le RORAC en fonction de la cession en excédent de sinistre.

Priorité	$CV[S^R]$	$\gamma[S^R]$	$RORAC_{99\%}[S^R]$	$E[S^R]/E[S]$
3.000.000	0,11	0,15	11,32%	47,19%
4.000.000	0,12	0,16	12,01%	40,48%
5.000.000	0,13	0,17	12,23%	35,04%
7.500.000	0,14	0,20	12,03%	24,79%
10.000.000	0,15	0,22	11,77%	17,66%
12.500.000	0,16	0,24	11,39%	12,65%
15.000.000	0,16	0,26	11,05%	9,10%
17.500.000	0,17	0,28	10,75%	6,57%
20.000.000	0,17	0,29	10,50%	4,75%
22.500.000	0,18	0,30	10,29%	3,42%

Table 12-17. RORAC en fonction de la cession en excédent de sinistre

Nous observons que le coefficient de variation et le coefficient d'asymétrie ne sont pas nettement meilleurs que pour la rétention d'un traité en excédent de plein, ce qui semble assez logique. L'excédent de plein, comme l'excédent de sinistre, limitent la sinistralité individuelle au plein, ou à la priorité. Par contre, le RORAC est meilleur avec l'excédent de sinistre. Ceci est dû à la moindre cession en excédent de sinistre. Comme la réassurance est chère, il est avantageux de n'en céder qu'un minimum. Pour notre exemple, l'optimum est atteint pour une priorité se situant aux alentours de 5.000.000. Notons que cette situation correspond à une cession de 35% du risque, ce qui est beaucoup pour un excédent de sinistre. En fait, le chargement du réassureur ($\xi^{\mathrm{Re}} = 7\%$) est probablement trop faible pour une réassurance en excédent de sinistre. Dans le tableau suivant, nous donnons le RORAC également pour un chargement de $\xi^{\mathrm{Re}} = 20\%$.

	$\xi^{Re} = 7\%$	$\xi^{Re} = 20\%$	
Priorité	$RORAC_{99\%}\left[S^R\right]$	$RORAC_{99\%}\left[S^R\right]$	$E\left[S^R\right]/E\left[S\right]$
3.000.000	11,32%	–21,00%	47,19%
4.000.000	12,01%	–13,28%	40,48%
5.000.000	12,23%	–7,91%	35,04%
7.500.000	12,03%	0,14%	24,79%
10.000.000	11,77%	4,28%	17,66%
12.500.000	11,39%	6,54%	12,65%
15.000.000	11,05%	7,82%	9,10%
17.500.000	10,75%	8,56%	6,57%
20.000.000	10,50%	8,99%	4,75%
22.500.000	10,29%	9,24%	3,42%
25.000.000	10,12%	9,38%	2,48%
27.500.000	9,97%	9,45%	1,79%
30.000.000	9,85%	9,48%	1,30%
32.500.000	9,76%	9,49%	0,96%
35.000.000	9,69%	9,49%	0,72%
37.500.000	9,63%	9,48%	0,56%

Table 12-18. RORAC en fonction de la cession en excédent de sinistre avec chargement du réassureur 20%

Nous observons que le RORAC est plus faible lorsque $\xi^{Re} = 20\%$. C'est logique, puisque le coût de la réassurance est plus élevé. L'optimum, dans ce cas, est atteint pour une priorité aux alentours de 35.000.000, ce qui correspond à une cession très faible de 0,72% du risque. Notons que lorsque la priorité est très petite, le RORAC devient même négatif: le coût de la réassurance est tel que, en moyenne, la marge de l'assureur en rétention devient négative.

Le tableau suivant donne le RORAC en fonction de la cession en excédent de perte annuelle.

Priorité	$\Pr\left[S^R > d\right]$	$CV\left[S^R\right]$	$\gamma\left[S^R\right]$	$RORAC_{99\%}\left[S^R\right]$	$E\left[S^{Re}\right]/E\left[S\right]$
250.000.000	0,77	0,06	–2,81	$RAC < 0$	16,88%
275.000.000	0,59	0,08	–1,72	892,59%	11,08%
300.000.000	0,42	0,12	–1,04	102,80%	6,80%
325.000.000	0,27	0,14	–0,57	48,11%	3,91%
350.000.000	0,16	0,16	–0,23	29,55%	2,12%
375.000.000	0,09	0,17	0,04	20,67%	1,09%
400.000.000	0,05	0,18	0,24	15,63%	0,53%

Table 12-19. RORAC en fonction de la cession en excédent de perte annuelle

Nous observons qu'une priorité faible implique un coefficient de variation qui diminue sensiblement et un coefficient d'asymétrie qui devient carrément négatif. Notons que l'approximation gamma translatée n'a pas été utilisée avec ces paramètres. En effet, pour l'excédent de perte annuelle, la sinistralité S est modélisée par une distribution gamma translatée dont les paramètres ont été donnés plus haut. La rétention d'un excédent de perte annuelle du type ∞ xs d est donnée par $S^R = \min(S,d)$. Les coefficients de variation et d'asymétrie ont donc été calculés sur base de $\min(S,d)$.

Le RORAC devient substantiel lorsque la priorité diminue. Pour une priorité de 275.000.000, nous notons que le RAC devient lui-même négatif. Le RORAC n'a dès lors plus de sens. Les différents traités deviennent impossibles à comparer. Nous devons dès lors adopter un autre critère: l'EVA, pour *Economic Value Added:* il s'agit simplement de la création de valeur liée à l'opération. Celle-ci est définie comme étant égale à la marge de l'opération moins les coûts en capital utilisé. Définissons k le coût du capital exigé par l'actionnaire. Nous avons alors $EVA = P^R - E\left[S^R\right] - k \times RAC\left[S^R\right]$. Supposons que $k = 12\%$. Nous obtenons

Priorité	EVA
250.000.000	11.862.813
275.000.000	12.242.186
300.000.000	11.738.426
325.000.000	10.420.721
350.000.000	8.463.860
375.000.000	6.064.623
400.000.000	3.388.874

Table 12-20. *Economic Value Added* en fonction de la cession en excédent de perte annuelle

L'optimum est atteint pour une priorité très faible, aux alentours de 275.000.000. Notons que le chargement est certainement trop faible. Nous recommençons les calculs avec $\xi^{Re} = 20\%$.

Priorité	EVA
250.000.000	4.643.337
275.000.000	7.502.734
300.000.000	8.830.893
325.000.000	8.747.775
350.000.000	7.556.443
375.000.000	5.598.089
400.000.000	3.160.297

Table 12-21. *Economic Value Added* en fonction de la cession en excédent de perte annuelle avec un chargement du réassureur de 20%

L'optimum est ici atteint aux alentours d'une priorité de 300.000.000.

12.9. Conclusion

Ce chapitre nous a permis de bien comprendre ce qu'est le coût de la réassurance. Contrairement au langage habituel, le coût de la réassurance n'est pas la prime de réassurance. En effet, lorsque la cédante paie une prime de réassurance, elle bénéficie de deux avantages:

- le réassureur prend en charge la sinistralité à charge du traité,
- la couverture de réassurance permet de réduire le capital économique nécessaire à la souscription des affaires en question.

Donc la prime de réassurance doit être comparée:

- à la sinistralité moyenne prise en charge par le réassureur (le plus souvent, la prime de réassurance sera plus élevée que la sinistralité moyenne prise en charge par le traité),
- aux coûts en capital économisés grâce à la couverture de réassurance.

En fait, il est logique d'imaginer que la cédante n'achètera de la réassurance que lorsque la valeur créée est plus grande avec réassurance que sans réassurance. C'est ce que nous avons analysé à la section 12.8. Evidemment, d'autres raisons peuvent mener à l'achat d'une couverture de réassurance et doivent également être prises en compte. Voir à ce sujet le chapitre 7.

Dans notre recherche d'une couverture de réassurance optimale (créant le plus de valeur pour la cédante), nous aurions également pu envisager une combinaison de plusieurs types de réassurance. Par exemple, nous aurions pu envisager un traité en excédent de plein dont le plein vaut 20.000.000, dont la rétention aurait été protégée par une quote-part avec taux de cession de 50%, dont la rétention aurait été protégée par un excédent de sinistre du type 5.000.000 xs 5.000.000, dont la rétention aurait été protégée par un traité en excédent de perte annuelle de priorité 50.000.000.

Les études que nous avons menées dans ce chapitre sont limitées en ce sens qu'il convient de considérer la création de valeur au niveau de l'entreprise d'assurance et pas au niveau de la branche couverte par le traité de réassurance. Cette approche est toutefois encore souvent retenue par les cédantes, qui achètent leurs couvertures de réassurance de manière locale, sous-portefeuille par sous-portefeuille. Or il est évident que la diversification possible entre branches d'assurance permet d'économiser du capital économique, ce qui est aussi la fonction de la réassurance. Cette dernière peut donc s'avérer localement inadéquate lorsqu'elle n'est pas analysée au niveau du conglomérat financier. Le lecteur intéressé trouvera plus de détails dans Walhin (2006).

Nos exemples numériques sont critiquables car ils supposent un chargement uniforme de la part du réassureur quelle que soit la cession. Il est évident que cette hypothèse ne peut être respectée en pratique et ce pour deux raisons:

- une partie des coûts de gestion du réassureur est fixe et s'amortit donc moins bien dans une petite prime de réassurance, correspondant à une petite cession. Le chargement, sous forme proportionnelle, du réassureur devrait donc grandir lorsque la cession diminue,
- lorsque la cession est particulièrement déséquilibrée, elle consomme beaucoup de capital économique auprès du réassureur. Ce capital doit être rémunéré et le chargement correspondant est évidemment mis à charge de la cédante. On s'attend donc à ce que le chargement soit proportionnellement plus grand pour un excédent de perte annuelle que pour une quote-part. De même, on supposera un chargement plus important lorsque la priorité d'un excédent de sinistre est grande par rapport à une priorité petite.

13. Les clauses assortissant habituellement les traités de réassurance

Nous abordons à présent quelques clauses n'ayant pas, ou peu d'influence sur la tarification. Ces clauses font partie du bon fonctionnement du monde de la réassurance.

13.1. Arbitrage

Comme indiqué plus haut, le marché de la réassurance est un monde très privé. Par ailleurs, il s'agit d'un monde où se côtoient des acteurs professionnels: assureurs et réassureurs. Les notions de bonne foi et confiance sont très présentes dans le monde de la réassurance. De ce fait les litiges entre assureurs et réassureurs sont plutôt rares. Toutefois lorsqu'un litige survient, le monde très privé de la réassurance a choisi de régler les litiges par voie arbitrale: le règlement des litiges qui pourraient naître de l'interprétation des traités est confié à des personnes choisies pour leur compétence technique et leur connaissance des us et coutumes de la profession. Il s'agit d'une technique qui a l'avantage d'être assez rapide et de ne pas faire la publicité des débats et de la sentence.

Nous donnons à présent deux exemples de clause d'arbitrage rencontrées dans les traités de réassurance:

Exemple 1:

«Toutes les contestations relatives à l'exécution de ce traité sont soumises à un tribunal arbitral siégeant à Bruxelles et composé de trois arbitres choisis parmi les directeurs de compagnies d'assurances ou de réassurances.

Les arbitres jugeront en dernier ressort sans délai ni pourvoi.

Ils seront tenus de rendre leur jugement dans un délai de trois mois à dater de la constitution du tribunal arbitral. Le tribunal décidera à qui incombent les frais d'arbitrage.»

Exemple 2:

«Les parties contractantes affirment leur intention de résoudre toutes les contestations qui peuvent survenir entre elles, plutôt en équité et conformément aux usages en matière de réassurance, que selon une interprétation strictement juridique des droits et obligations des parties.

Elles déclarent s'en rapporter, à défaut d'accord à l'amiable, à deux arbitres, chaque partie choisissant le sien et ces arbitres désignant un surarbitre; dans l'éventualité où les arbitres ne parviennent pas à un accord, la décision du surarbitre est définitive et obligatoire pour toutes parties.

Ces arbitres et surarbitre doivent parler français et être des fonctionnaires responsables de Compagnies d'Assurances ou de Réassurances, non parties au litige.

Si l'une des parties néglige de désigner un arbitre dans un délai d'un mois après que l'autre partie l'en a requise par écrit ou si les arbitres ne parviennent pas à se mettre d'accord sur le choix d'un surarbitre dans un délai d'un mois après leur nomination, les arbitres ou surarbitre sont à la requête de l'une ou l'autre des parties, désignés par le Président du Tribunal de Commerce de Paris.

Les arbitres et surarbitre doivent interpréter ce traité comme un engagement de bonne foi et rendre leur décision en s'efforçant de réaliser l'objet général de ce traité d'une manière raisonnable plutôt qu'en se conformant à une interprétation littérale de son texte.

L'arbitrage a lieu à Paris. Les frais d'arbitrage sont laissés à la discrétion des arbitres et surarbitre selon le cas, ceux-ci pouvant fixer à qui, par qui et de quelle manière ces frais sont payés. Les parties reconnaissent la compétence des tribunaux français toutes les fois qu'une décision de justice est nécessaire.»

13.2. Clause du partage du sort

La réassurance est basée sur la bonne foi. La bonne foi est une obligation plus morale que juridique. Elle doit présider l'exécution de toute relation contractuelle et en particulier celle du contrat de réassurance.

Le réassureur, qui accepte de couvrir souvent de manière presque aveugle les risques de la cédante, s'en remet à la probité et à la bonne foi de celle-ci qui, à son tour, accorde sa confiance en la solvabilité de son réassureur.

Cet aspect est d'ailleurs transcrit dans la clause du partage du sort (ou d'identité de fortune) dont voici un exemple:

«Le présent traité étant conclu de bonne foi entre l'assureur et le réassureur, il est formellement convenu que le réassureur partagera en toutes circonstances le sort de la cédante.»

Donc le réassureur partage les obligations découlant de tout acte de bonne foi du cédant, qui a agi conformément à la saine pratique des affaires réassurées. Il existe une association entre l'assureur et son réassureur. Le réassureur participe aux risques que l'assureur est libre de souscrire, à sa gestion et à ses règlements de sinistres. De plus, l'association s'étend aux erreurs ou omissions dans les cessions, aux contestations de sinistres ou aux paiements de sinistres effectués «ex gratia», aux compromis que la cédante a trouvé convenables de réaliser avec son assuré. Notons que les paiements «ex gratia» sont parfois explicitement exclus.

Un exemple d'application de cette clause est, en Belgique, le changement du tableau indicatif en RC auto. Ce changement de jurisprudence implique une sinistralité aggravée pour les assureurs et une sinistralité très aggravée pour les réassureurs (du fait de l'aspect non proportionnel des traités). En aucun cas les réassureurs n'ont cherché à se soustraire à leurs obligations, même si ce changement de tableaux indicatifs est rétroactif pour les vieux dossiers non encore clos. Il s'agit d'une application tacite de la clause du partage du sort.

Le sort en question est le sort technique et pas le sort financier.

Notons que la clause du partage du sort perd de plus en plus de son sens dès lors que les traités (principalement non proportionnels) sont assortis de listes d'exclusions de plus en plus longues.

13.3. Clause d'erreurs et omissions

Une erreur ou omission involontaire de l'assureur ne dégage pas le réassureur de ses obligations. Toute erreur ou omission doit cependant être rectifiée par l'assureur dès qu'il en a connaissance.

Voici deux exemples de telles clauses:

Exemple 1:

«Erreurs et omissions ne touchent en rien les droits des partenaires, elles doivent cependant être corrigées aussi vite que possible.»

Exemple 2:

«Aucune erreur ou omission involontaire dans l'exécution du présent traité ne peut infirmer la réassurance ou porter préjudice à l'une des parties, quand bien même l'erreur ou l'omission est découverte après le règlement d'un sinistre. Il est procédé aux rectifications nécessaires dès la découverte de l'erreur ou de l'omission.»

13.4. Clause statistique

En réassurance non proportionnelle, le taux de prime est calculé par le réassureur sur base de la statistique-sinistres de l'assureur. La clause statistique prescrit que ce taux peut être corrigé rétroactivement si cette dernière se dégrade ultérieurement. Cette clause est très rarement utilisée.

Exemple:

«The terms of this agreement having been based on the past experience of the business in accordance with the details supplied by the Reinsured, it is agreed that should there be any material alteration to such experience whether arising from a revision of estimates for claims or the emergence of additional claims affecting the experience the Reinsurer reserves the right to negotiate a revision of the terms retroactively for the year or years concerned.»

13.5. Underwriting policy clause

Cette clause protège le réassureur contre des variations de politique de sa cédante.

Exemple:

«La cédante s'engage à ne procéder à aucun changement dans sa politique de souscription pour les catégories d'affaires auxquelles s'applique le présent traité sans l'accord préalable du réassureur.»

13.6. Avis de sinistres

Cette clause prévoit que la cédante doit informer dès que possible ses réassureurs des sinistres qui touchent le traité.

Exemple:

«La Cédante communique au Réassureur, dès qu'elle en a connaissance, tout sinistre dont l'estimation à charge du traité dépasse un million d'Euros pour l'ensemble des Réassureurs. Elle le tiendra informé par la suite, dans les plus brefs délais, de tout développement de ce sinistre.»

13.7. Clause de contrôle du règlement des sinistres

Cette clause prévoit que la cédante doit soumettre les gros dossiers à son réassureur apériteur avant de régler le sinistre.

Exemple:

«La Cédante s'engage à soumettre au Réassureur apériteur, avant son règlement, tout dossier de sinistre pour lequel la réclamation dépasse un million d'Euros et à se conformer aux recommandations du Réassureur apériteur pour le règlement de ce sinistre.»

13.8. Règlement du sinistre au comptant

Un gros sinistre ne peut mettre en péril la solvabilité et/ou la liquidité d'une compagnie d'assurance. C'est la raison pour laquelle, lorsqu'une cédante est amenée à devoir régler un sinistre de montant élevé, pour lequel une réassurance existe, elle peut être intéressée à ce que le réassureur paie immédiatement sa part dans le montant de sinistre. C'est la raison d'être de la clause de règlement de sinistre au comptant qui renseigne un montant de sinistre au-delà duquel le réassureur est prié de régler sa part dans le sinistre dans un délai très court. En anglais, on parle de la *cash loss clause*.

Exemple:

«Sur demande de la Cédante, le Réassureur effectue le paiement immédiat de sa part lorsque le montant d'un sinistre à charge de l'ensemble des Réassureurs dépasse un million d'Euros.

Le Réassureur peut déduire de ce paiement les soldes qui pourraient lui être dus par la Cédante.»

13.9. Clause de législation en vigueur

Cette clause a pour objet de protéger le réassureur contre un changement législatif s'appliquant à toutes les situations en cours et de ce fait contribuant à une augmentation imprévue des coûts.

Exemple:

«La réassurance contractée dans le présent traité est soumise à la législation en vigueur à la date de prise d'effet du présent traité. Au cas où cette législation serait modifiée et que de ce fait les droits et obligations des parties seraient changés, le présent traité sera adapté de commun accord à la nouvelle législation.

Aussi longtemps que les deux parties ne se sont pas mises d'accord sur l'adaptation du traité à la nouvelle législation, le présent traité sera exécuté conformément à l'ancienne législation et ce tant pour les sinistres survenus et pas encore terminés avant la prise d'effet de la nouvelle législation que pour les sinistres survenus après cette prise d'effet.

Dès que les parties se sont déclarées d'accord sur les nouvelles conditions du traité, les sinistres susmentionnés seront réglés conformément à la nouvelle législation.

Au cas où les parties n'arrivent pas à un accord, le traité sera résilié avec effet immédiat, dès que le défaut d'accord sera constaté. Les sinistres survenus avant la date de résiliation définitive seront réglés conformément à l'ancienne législation.»

Notons qu'un revirement inopiné de jurisprudence peut avoir le même type de conséquence qu'un changement de législation. Il est bien entendu nettement plus difficile de prendre en compte ces changements dans une clause.

Cette clause limite sérieusement la portée du traité pour la cédante. Notons que le marché anglais est exempt de la clause de changement de loi.

13.10. Downgrading clause

Encore appelée «*special termination*» clause, cette clause autorise la cédante à terminer le traité au cas où la notation financière du réassureur serait revue à la baisse. Ce type de clause est relativement fréquent et traduit le fait que les cédantes s'intéressent désormais de manière plus assidue à la solidité financière de leurs réassureurs. Nous donnons un exemple d'une telle clause en anglais:

«Either party shall have the right to terminate the Current Agreement at any time with immediate non-retroactive effect by giving written notice to the other party:

1) If the other party has become insolvent or is unable to pay its debts or has lost the whole or a significant part of its paid up capital or has had the authority to transact any Class of insurance or reinsurance withdrawn, suspended or made conditional by any court or regulatory authority.
2) If the other party ceases writing insurance and/or reinsurance and elects to run-off its existing business or if the performance of the whole or any part of the Current Agreement is prohibited or rendered impossible de jure or de facto.
3) If the other party fails to fulfil its material obligation under the Current Agreement within two months after being requested to do so.
4) If the other party merges with or becomes acquired or controlled by any company, corporation or individual(s) not controlling the other party's operations at the inception of the Current Agreement.

If during the validity of the Current Agreement the Retrocessionaire experiences a financial strength rating downgrade below A – Standard & Poor's or A – A.M. Best, the Retrocedant shall have the right to terminate the Current Agreement.

Notice of termination shall be given in writing (registered letter, facsimile and any other means of communication that leaves a permanent record of such communication) within thirty days after the occurrence of one of the events mentioned above, unless such event is obviously known by the other party and shall be addressed to the head office of the party to receive the notice, or to any other address indicated for that purpose. Such notice is considered served upon dispatch or where communications between the parties are interrupted upon attempted dispatch.

After the date of any such termination the liability of the Retrocessionaire hereunder shall cease outright other than in respect of losses which have occurred prior thereto, unless the parties agree to terminate the Current Agreement on a cut off basis. In such case, the Retrocessionaire shall be fully and finally released of its liability under the Current Agreement against payment of any outstanding balances.

If the Current Agreement is terminated before its expiry Period, the Premium due to the Retrocessionaire will be calculated pro rata temporis or as agreed (in cases of per event Underlying Reinsurance Agreements covering natural hazards where seasonal peaks in exposure can be identified) from the Full Premium.

Notwithstanding the preceding paragraph, if the termination comes about by reason of the Retrocedant's exercise of its right to terminate on the grounds that the Retrocessionaire elects to run off its existing business and/or ceases writing reinsurance (in the context of subparagraph 2 above), and said termination is triggered by the Retrocedant within a period of fifteen days following the run off event, other modalities shall apply for the determination of premium entitlement:

a) All business except CAT: the Retrocessionaire shall return a pro rata temporis portion of the Full Premium to the Retrocedant, any reimbursement required as a result to be made within forty days of the date of termination.

b) CAT business: if, within the first six months following the date of inception of the Current Agreement, the Retrocessionaire elects to run off its existing business and/or ceases writing reinsurance, the Retrocessionaire shall reimburse 50% of the Full Premium to the Retrocedant, within forty days of the date of termination. The amount to be reimbursed shall be adjusted pro rata temporis or as agreed (in cases of per event Underlying Reinsurance Agreements covering natural hazards where seasonal peaks in exposure can be identified) if the termination occurs after the first six months period.

c) For all business: notwithstanding subparagraphs (a) and (b) above, if covered losses occurring between the inception date of the Current Agreement (or, in case of a continuous contract, the anniversary date immediately preceding termination) and the date of termination triggered by the Retrocedant exceed the Premium payable according to the calculation in the previous paragraph, then the Retrocessionaire shall receive premium equal to the losses or the Full Premium, whichever the lesser, and the value of said losses for the purposes of the present calculation shall if required be adjusted annually so as to take into account any long term development, until the loss has been finally ascertained.

For the purpose of this clause Full Premium shall mean the fully adjusted premium that would have been earned by the Retrocessionaire for the period of the Current Agreement had it not been terminated, taking into account any minimum premium condition and including any reinstatement premium in respect of losses occurring prior to the date of termination.»

Cette clause est potentiellement dangereuse car son application pourrait mettre en sérieux danger un réassureur ayant subi une diminution de sa notation de solidité financière. L'application multiple de la présente clause pourrait alors mettre à mal l'équilibre de son portefeuille et entraîner de nouvelles diminutions de sa solidité financière, ce qui en définitive n'est pas souhaitable pour les cédantes.

13.11. Clause du droit de regard

Tous les traités de réassurance prévoient un droit du réassureur de procéder à des vérifications auprès de l'assureur direct.

L'application de cette clause peut être considérée comme vexatoire par la cédante. Toutefois, il convient également de lui associer une connotation plus positive. En effet, une application de cette clause permet au réassureur d'avoir une meilleure connaissance de la cédante et, sur le long terme, de lui proposer les solutions les plus adéquates au meilleur prix. Notons qu'en pratique, cette coopération entre assureur et réassureur, se produit sans faire référence explicite à la clause du droit de regard.

En pratique l'application de cette clause est extrêmement rare et, lorsque la confiance est ébranlée, la situation la plus saine consiste à résilier l'affaire à sa plus prochaine échéance.

Exemple:

«Aucun renseignement autre que ceux dont la fourniture est expressément prévue par le présent traité ne peut être réclamé par les Réassureurs, au sujet des affaires réassurées.

Pendant la durée de la présente convention et des obligations en découlant, les Réassureurs ont le droit, en tout temps, de prendre connaissance de tous documents se rapportant aux affaires réassurées; ces documents font toujours foi et les Réassureurs s'engagent à ne jamais les discuter ni prendre prétexte de leur examen pour refuser ou retarder le paiement de toute somme due en exécution du traité.

Cette vérification est faite au siège administratif de la Cédante durant les jours et heures d'ouverture de ses bureaux, par un représentant dûment mandaté par le Réassureur demandeur qui doit aviser la Cédante de son intention huit jours à l'avance.»

13.12. Clause de perte nette définitive

La clause de perte nette définitive définit les éléments qui entrent en ligne de compte pour le calcul du montant sur lequel l'indemnité de réassurance sera calculée.

La clause de perte nette définitive prescrit en général que les indemnités de sinistre à la charge du traité comprennent les paiements et les frais supportés par la cédante (à l'exception des salaires de ses employés) et frais de procès. Viennent en déduction les sauvetages, recours, remboursements.

S'agissant des frais, certaines clauses de perte nette définitive stipulent qu'ils seront répartis suivant une proportion identique à celle s'appliquant au partage des pertes proprement dites.

Cette méthode de répartition des frais, qui est beaucoup plus équitable, se rencontre assez rarement, sauf aux Etats-Unis où elle est d'un usage fréquent, sous la dénomination *allocated loss adjustment expenses clause* (en abrégé ALAE).

Exemple:

«L'expression "perte nette définitive" englobe tous les montants supportés par la Cédante pour le règlement de tout sinistre impliquant sa garantie, indemnités principales et accessoires et frais de toute nature (frais d'enquêtes, de règlements, de procédures judiciaires ou autres ...) compris, déduction faite de tous recours, sauvetages et recouvrements reçus au titre d'autres réassurances (à l'exception, le cas échéant, des tranches inférieures à la présente couverture), que ces récupérations soient encaissées ou non.

Les frais généraux de la Cédante et les salaires de son personnel ne sont pas repris en considération pour le calcul de la perte nette définitive.

Les sauvetages, recours ou paiements récupérés ou reçus postérieurement au règlement du sinistre, sont considérés comme ayant été récupérés ou reçus antérieurement au dit règlement et l'engagement des Réassureurs est ajusté en conséquence.

Rien toutefois, dans cet Article ne peut être interprété comme signifiant que les sinistres à la charge des Réassureurs ne sont pas récupérables, tant que la perte nette définitive n'a pas été déterminée.»

13.13. Clause de limites territoriales

Cette clause limite le champ d'application du traité aux risques situés ou aux polices souscrites dans des territoires bien définis.

Exemple:

«Le présent traité s'applique à toutes les polices souscrites directement par la Cédante en Belgique, aux Pays-Bas et au Grand-Duché de Luxembourg ainsi qu'aux polices concernant des intérêts belges, néerlandais ou luxembourgeois à l'étranger et à celles concernant des intérêts à l'étranger d'entreprises ayant un siège en Belgique, aux Pays-Bas ou au Grand-Duché de Luxembourg.»

13.14. Clause d'intermédiaire

Exemple:

"Le Courtier est l'intermédiaire reconnu pour négocier ce contrat, par l'entremise duquel, tous les documents, avis, communications et paiements y afférents seront transmis aux parties".

13.15. *Cut through clause*

Le principe d'absence totale de lien entre réassureur et assuré n'est pas toujours absolu. Dans certains marchés, comme aux Etats-Unis, existe la «*cut through clause*» qui oblige le réassureur à intervenir directement auprès de certains assurés et à les indemniser, pour sa part dans le traité, en cas de défaillance de l'assureur. Ce type de clause n'est pas d'application en Europe.

13.16. *Clause de résiliation à effet immédiat*

Classiquement, les traités prévoient une clause de résiliation à effet immédiat lorsque les circonstances sont exceptionnelles.

Exemple:

«En tout temps et sans délai préalable, chaque partie a le droit de dénoncer le présent traité avec effet immédiat, dans les cas suivants:

- Si l'autre partie

a) cède son portefeuille, fusionne avec une autre Société d'Assurances ou de Réassurances ou passe sous son contrôle,

b) vient au terme de sa durée sociale, fait faillite, entre en liquidation volontaire ou forcée ou demande le bénéfice d'un règlement transactionnel, d'un moratoire ou d'une décision analogue, nonobstant appel fait au jugement de faillite ou de mise en liquidation,

c) perd tout ou partie de son capital social ou de ce qui en tient lieu, ou n'est plus en mesure de se conformer aux dispositions légales en ce qui concerne sa marge de solvabilité,

d) manque à l'une des obligations essentielles découlant du présent traité. Dans ce cas, toutefois, la résiliation ne peut intervenir qu'un mois après mise en demeure.

- Si l'exécution du traité est rendue impossible par suite d'une guerre civile ou étrangère, d'actes d'hostilités (que l'état de guerre soit déclaré ou non), d'une révolution ou de tout autre cas de force majeure.

- Si une loi, décret ou règlement émanant des gouvernements des parties contractantes, a pour effet de prohiber ou de rendre illégales une ou plusieurs clauses du traité.»

13.17. Définition de l'événement – Clause horaire

La Compagnie Suisse de Réassurance propose la définition suivante de l'événement pour les assurances de choses:

«1) Aux fins de ce traité de réassurance, un événement doit inclure tous les sinistres qui sont directement attribuables à la même cause et qui se produisent au cours de la même période et dans la même région. On entend par une telle cause le risque qui occasionne directement les dommages ou, en présence de plusieurs risques qui, dans un lien de causalité ininterrompue, ont occasionné les dommages, le risque qui a déclenché le lien de causalité.

Ainsi, pour autant qu'ils soient couverts par le traité de réassurance, les dommages occasionnés par les risques énumérés aux points a) à f) doivent être considérés comme des événements individuels:

a) une tempête due à une perturbation atmosphérique désignée comme telle par un institut météorologique;
b) la grêle et/ou les orages et/ou des tornades dus à une perturbation atmosphérique;
c) un tremblement de terre, un tsunami, une éruption volcanique;
d) une inondation provoquée par une seule et même marée haute ou crue pouvant se produire en une ou plusieurs phases, dans une ou plusieurs masses d'eau;
e) une conflagration;
f) une grève, une émeute, un mouvement populaire ou une manifestation violente se produisant dans les limites d'une ville ou d'un village.

2) Si le nombre d'événements ne peut pas être déterminé sur la base du premier paragraphe, on applique la clause horaire ci-dessous. Un événement est constitué d'une période de temps continue commençant à la survenance du premier dommage individuel du réassuré et dure

- 24 heures pour les risques énumérés dans le paragraphe 1)b),
- 72 heures pour les risques énumérés dans les paragraphes 1)a),e) et f),
- 504 heures pour les risques énumérés dans le paragraphe 1)d),
- 168 heures pour les risques énumérés dans le paragraphe 1)c) ainsi que les risques qui ne figurent pas dans le paragraphe 1) mais qui sont couverts en vertu du traité de réassurance.

En présence de risques différents non connectés entre eux par un lien de causalité direct, le nombre d'heures applicable est celui du risque qui a causé le plus de dommages.

3) En présence de plus d'un événement, s'il est impossible de répartir les dommages, le réassuré les attribuera à l'événement le plus susceptible de les avoir causés.

4) En cas d'incertitude sur une question scientifique, les parties acceptent de recourir à un expert affilié à une organisation neutre et reconnue.»

13.18. Erreur de SMP

Le sinistre maximum probable (SMP) (en anglais *probable maximum loss* (PML)) est le sinistre qui semble être le plus grand pour une police donnée. Le SMP est souvent fixé par des experts. Il y a toutefois de multiples cas d'erreur de calcul du SMP. Dès lors, il en résulte une charge plus lourde pour la cédante et le réassureur. Cet accroissement sera proportionnellement pris en charge par les parties, suivant le principe du partage du sort. Parfois il peut être limité par une clause d'erreur de SMP comme l'indique l'exemple ci-dessous:

«Si, en cas de sinistre, le SMP est dépassé, l'augmentation de la charge du réassureur, pour le sinistre en question, est limitée à 50% du montant qu'il aurait dû payer si le SMP n'avait pas été dépassé.

Si l'application de cette clause nécessite une répartition du sinistre, entre Cédante et Réassureur, le Réassureur remboursera une part proportionnelle de la prime pour le risque concerné.»

13.19. Clause du réassureur apériteur

Comme nous en avons discuté plus haut, une cédante travaille en général avec plusieurs réassureurs, notamment pour des raisons de risque de défaut. Il est clair que négocier les détails d'un traité de réassurance entre plusieurs acteurs n'est pas aisé. C'est la raison pour laquelle un réassureur apériteur est généralement choisi par la cédante et proposé aux autres réassureurs. Les autres réassureurs suivent alors l'avis du réassureur apériteur. Souvent le réassureur apériteur a la plus grande part de la cession en réassurance.

Certains traités incluent une clause désignant nommément un réassureur apériteur, dont elle définit le rôle dans l'exécution du traité.

Ce rôle peut consister soit:

- à contrôler la tarification de la cédante et les conditions originales des polices versées,
- à participer à titre consultatif au règlement des sinistres cédés et à l'établissement des réserves ou à contrôler ceux-ci,
- à décider si la nature ou la situation de certains risques ou si des extensions de garanties répondent à l'esprit du traité et peuvent entrer dans son champ d'application, rendant ainsi le traité plus flexible à la demande des assurés et aux changements structurels du marché,
- à recevoir et superviser les bordereaux de primes ou sinistres quand il en est l'unique destinataire,
- à apporter à la cédante aide et conseil sur tout ce qui découle de l'application du traité.

Exemple:

«XXX est désigné comme réassureur apériteur de ce traité. Le réassureur apériteur est tenu de déterminer la possibilité de verser au traité des polices et risques dans le cas où la cédante s'expose à une question concernant le champ d'application de la couverture et/ou les limites territoriales du traité. Le réassureur apériteur se prononce immédiatement à la réception de la demande. Sa décision engage la cédante et chaque réassureur participant individuellement au traité. Elle est valable dès la prise d'effet de la période d'assurance concernée pour une durée indéterminée jusqu'à sa révocation. «

L'insertion de la clause du réassureur apériteur a le double avantage:

- pour la cédante, de bénéficier dans les matières visées de l'approbation tacite de tous ses réassureurs qui se sont engagés à suivre les décisions de l'apériteur,
- pour les réassureurs, d'obliger la cédante à soumettre certaines conditions de la réassurance à un réassureur important dont ils apprécient le renom et la compétence.

13.20. Clause de cut-off

Cette clause libère le réassureur de toute obligation future sur des sinistres anciens par le paiement des montants réservés. Cette clause permet de limiter les coûts de gestion de l'assureur et du réassureur en cessant toutes communications un certain nombre d'années après la conclusion du traité.

Exemple:

«a) Il est convenu que, au plus tard huit ans à compter de la prise d'effet de chaque exercice de souscription, la cédante soumette au réassureur un état de tous les sinistres se rapportant à l'exercice de souscription clôturé. Il s'agit des sinistres qui n'ont pas été définitivement clôturés et qui sont susceptibles d'entraîner l'application du traité.

b) La cédante marque son accord pour libérer définitivement le réassureur de toute obligation relative aux sinistres définis en a), contre paiement des réserves constituées, en accord avec le réassureur.

c) La date d'établissement des réserves sera le dernier jour de la période des huit ans. L'établissement du montant des réserves se fera selon la valeur actuelle du montant en réserve des sinistres en considérant les éléments connus à cette époque en appliquant les taux d'intérêt en vigueur et les tables mathématiques appropriées.

d) Si un accord ne peut être atteint, une cour d'arbitrage telle que définie à l'article relatif à l'arbitrage statuera sur le montant du sinistre.

e) Dès l'accord sur les sinistres, la cédante établira un décompte final des sinistres. Par ce décompte final, toutes les obligations du réassureur en ce qui concerne le règlement des sinistres sont terminées.»

13.21. Exclusions

Les traités contiennent généralement des listes d'exclusions, dont voici quelques exemples:

- rétrocession de traités de réassurance dans les traités couvrant les souscriptions directes de la cédante,
- les risques de guerre et de guerre civile couverts parfois en Aviation ou en Transports, mais exclus de la plupart des autres traités,
- les risques liés à l'énergie nucléaire,
- les risques émanant de pools ou les risques acceptés dans le cadre de couvertures automatiques (*line slips*, *binding authorities*) pour lesquels la cédante a transféré son pouvoir réel de souscription,
- pour les affaires proportionnelles: les risques liés aux catastrophes naturelles dont la réalisation d'un seul et même événement peut provoquer des débours sérieux pour le réassureur proportionnel et devrait être couverte par un traité non proportionnel.

Les listes d'exclusions sont en général nettement plus longues.

14. Perspectives pour le marché de la réassurance

14.1. Rôle des agences de notation

Les agences de notation ont un rôle fondamental à jouer sur le marché de la réassurance. En effet, il est extrêmement malaisé pour un assureur de se faire une idée précise de la solvabilité de ses réassureurs. Il n'est en effet pas pensable que chaque assureur épluche les comptes annuels des entreprises de réassurance et audite ces dernières en invitant les dirigeants des compagnies de réassurance à répondre à une série de questions ayant trait à la stratégie de l'entreprise. Pour des raisons de gestion administrative et de confidentialité, ces éléments doivent être gérés par des tiers, en l'occurrence les agences de notation. Notons toutefois que certains (gros) assureurs font remplir par leurs réassureurs des questionnaires ayant trait à leur capitalisation, politiques de souscription et de rétrocession. Cette stratégie est intéressante dès lors qu'elle permet de quantifier le risque de crédit pris lors de cessions en réassurance, ce qui, dans l'état actuel des connaissances, semble loin d'être trivial.

Les agences de notation donnent un rating aux entreprises de réassurance (mais également à d'autres types de sociétés, qui ne nous intéressent pas dans le cadre de cet ouvrage). Les événements les plus récents ont montré une relative instabilité des notes données aux réassureurs et le marché est assez critique par rapport au travail fourni par les agences de notation. Il faut toutefois reconnaître que ces sociétés font un travail extrêmement compliqué. Le bilan d'une entreprise de réassurance est pour le moins un document assez peu transparent du fait d'une part de la notion de provisions techniques, qui sont estimées relativement subjectivement, et d'autre part, des modèles de tarification (surtout pour les branches de type *cat nat*) sur lesquels repose un risque de modèle assez conséquent. L'avis que rend le régulateur est donc basé sur des éléments auxquels sont liés une incertitude pour le moins importante. Les événements récents ont mis en exergue ces incertitudes:

- certains assureurs et réassureurs ont subi des pertes très importantes comme suite aux sinistres liés à l'amiante aux Etats-Unis: il s'agit de très vieux sinistres, qui étaient insuffisamment provisionnés,
- les attentats terroristes du 11 septembre 2001,
- les quatre ouragans qui ont touché la Floride en 2004 n'étaient pas prévus par les logiciels de tarification des catastrophes naturelles,
- il en va de même pour l'ouragan Katrina, qui a touché la Nouvelle-Orléans en septembre 2005,

- le tsunami, qui a affecté les côtes de l'Océan Indien le 26 décembre 2004.

La rémunération des agences de notation peut être jugée malsaine: il s'agit d'honoraires payés par le réassureur, qui souhaite obtenir une note auprès de l'agence de notation. Cette situation est relativement malsaine dès lors que l'on peut imaginer la possibilité qu'un réassureur «achète» sa note auprès d'une agence de notation. Une plus grande transparence au niveau des honoraires pratiqués diminuerait probablement cette réticence. Une régulation organisée par les Etats, comme celle qui sera prochainement mise en place par l'Union européenne, pourrait également limiter ce manque de transparence. De plus, le régulateur, qu'il soit une firme privée, ou un Etat, a tout intérêt à comparer les réassureurs sur des bases identiques. Les modèles utilisés doivent être comparables. Est-ce le cas, aujourd'hui, lorsque les réassureurs utilisent les résultats de différents logiciels commerciaux, ou les leurs, pour modéliser le capital nécessaire à la couverture des tempêtes et des tremblements de terre?

14.2. Contrôle du cycle de souscription

Dans certaines branches d'assurance, il existe un cycle de souscription: c'est typiquement le cas pour la branche incendie des risques industriels, qui est soumise à forte concurrence due à la force des gros clients. C'est également le cas de la branche RC auto, qui a connu des baisses de tarif conséquentes durant les années 90, à cause de la compétition rendue possible grâce à la dérégulation, mais aussi à cause des rendements financiers de l'époque, qui permettaient de gommer les pertes techniques. Principalement lorsqu'ils octroient des couvertures proportionnelles, les résultats des réassureurs sont sujets aux variations des tarifs d'assurance originaux. Il s'ensuit que les réassureurs subissent également le cycle, sauf à imposer des conditions de réassurance (via la commission de réassurance notamment) très strictes aux cédantes, ce qui n'a pas été le cas dans le passé.

Par ailleurs, le marché de la réassurance connaît également son propre cycle, lié à la souscription d'affaires de type *cat nat*. Il apparaît que les prix de la réassurance augmentent fortement à la suite d'événements majeurs. Cela a été le cas notamment après l'ouragan Andrew en 1992, et après les attentats du 11 septembre 2001 à New York. Par contre, lorsqu'il s'écoule une période plus ou moins longue sans événement majeur, les prix de la réassurance ont tendance à baisser fortement. Notons que l'ouragan Katrina n'a pas eu l'effet escompté sur les prix de la réassurance des affaires *cat nat* au renouvellement 2006: les prix n'ont que peu augmenté (hors Etats-Unis), contrairement à l'attente de nombreux commentateurs. Notons toutefois que les prix de la réassurance des affaires *cat nat* restent soutenus en Europe à cause des événements qui touchent les Etats-Unis. La Figure 14-1 donne l'évolution du rate on line (ROL) mondial des couvertures *cat nat* tel que calculé dans Guy Carpenter (2005).

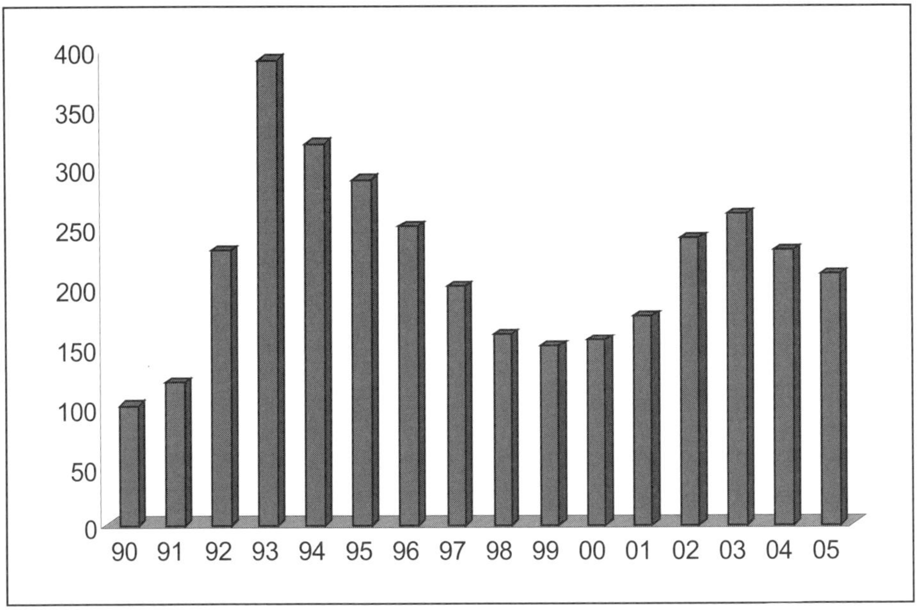

Figure 14-1. ROL mondial

Le cycle de souscription est clairement une mauvaise chose pour les assureurs et les réassureurs. L'assureur qui vise à une stabilisation de ses résultats est pénalisé si le prix de la réassurance est volatile. Ceci est d'autant plus vrai que la volatilité peut être due à des événements indépendants de son propre portefeuille. Par ailleurs, les réassureurs ont perdu beaucoup d'argent durant les phases basses du cycle de souscription et ils ont d'énormes difficultés à gérer ce cycle car l'anticipation des baisses ou hausses de prix est très malaisée. On peut raisonnablement s'attendre à ce que l'amplitude du cycle soit atténuée durant les années à venir. Les réassureurs ne peuvent plus se permettre de suivre un cycle à la baisse. De plus, les réassureurs opportunistes, de type bermudiens, ont subi de telles pertes comme suite aux ouragans Katrina, Rita et Wilma, que l'on peut douter de leur capacité à influer sur le cycle à l'avenir. L'industrie de la réassurance se mettrait hors-jeu si elle continuait à tolérer l'existence d'un cycle de souscription à forte amplitude.

14.3. Emergence de nouveaux risques

Il est clair que des risques inconnus, ou plutôt insuffisamment analysés voire ignorés, forment une menace pour les réassureurs. L'amiante aux Etats-Unis, les nanotechnologies, les ondes électromagnétiques liées à l'utilisation des télécommunications, les organismes génétiquement modifiés, les attentats du 11 septembre 2001, l'ouragan Katrina, le tsunami dans l'Océan Indien, ... Tous ces sinistres (ne sont) n'étaient pas, ou mal anticipés par les assureurs et les réassureurs. Les réassureurs sont d'autant plus touchés qu'ils offrent des couvertures non proportionnelles. Dès lors, il y a un développement considérable au niveau du contrôle des risques souscrits et des exclusions ou limites d'indemnisation au niveau des traités de réassurance, mais aussi au niveau des contrats d'assurance. Chaque risque doit être analysé et tarifé. Même si ceci semble évident, il faut reconnaître que le marché de la réassurance (mais aussi celui de l'assurance) a eu tendance à ignorer cet aspect dans le passé.

14.4. Fin des relations de long terme

Comme expliqué au chapitre 11, les relations de long terme telles qu'elles ont existé jusque fin des années 90 ont cessé. Aujourd'hui, tant l'assureur que le réassureur tentent de servir un coût du capital adéquat à leurs actionnaires et ils n'hésiteront pas à mettre fin à une longue relation commerciale si les exigences de rendement ne sont pas rencontrées. Si cette nouvelle situation est peut-être dommageable pour la facilité des relations entre les deux acteurs, elle donne la possibilité à de nouveaux joueurs d'entrer encore plus facilement sur le marché de la réassurance. De plus, certaines erreurs qui ont été commises dans le passé, comme le manque d'analyse des affaires souscrites, étaient la conséquence de ces relations de long terme, qui autorisaient implicitement le «*pay-back*» en faveur de la partie défavorisée en affaires. La réassurance n'a certes pas complètement tourné le dos à cette manière de travailler; il s'agit toujours d'un métier où la relation humaine est très importante. Toutefois, étant données les conditions de marché et les exigences des investisseurs, la relation s'est professionnalisée par rapport au passé.

14.5. Transparence accrue

Nous avons déjà traité des problèmes de transparence à la section 14.1. L'assurance et la réassurance ne sont manifestement pas des activités très transparentes vis-à-vis des assurés, des investisseurs, des régulateurs, mais aussi entre elles. Toute transaction d'assurance ou de réassurance est caractérisée par l'asymétrie d'information. L'assureur connaît en général son portefeuille mieux que le réassureur lorsqu'il s'agit de cessions proportionnelles. Par contre en excédent de sinistre, le réassureur développe une expertise très poussée, dont il peut faire bénéficier la cédante. Des échanges transparents entre les deux joueurs devraient mener à des solutions qui soient plus créatrices de valeur pour l'ensemble des acteurs. Si la cédante communique de manière transparente vers son réassureur, celui-ci ne sera pas obligé de charger un coût du capital incluant une pénalité pour le manque de transparence. Par ailleurs, le réassureur qui communique de manière transparente avec ses cédantes au sujet des structures optimales de réassurance à mettre en place s'assure un suivi des affaires, qui devient difficile à obtenir de nos jours. La qualité de l'information transmise par les assureurs et de la communication entre assureur et réassureur en général ne peut qu'aller en s'améliorant, ce qui devrait avoir pour effet une plus grande transparence vis-à-vis du monde extérieur (les régulateurs, les investisseurs et les assurés) impliquant une plus grande confiance pour ce segment du marché financier.

14.6. Problématique des développements juridiques négatifs

Les développements juridiques affectant négativement les couvertures d'assurance forment une réelle menace pour tout le système de l'assurance. Assureurs et réassureurs ne peuvent se permettre de subir des changements législatifs rétrospectifs octroyant aux victimes des compensations plus importantes que celles en vigueur au moment de la souscription du contrat d'assurance. Lorsque les règles du jeu changent en cours de partie, cette dernière s'en trouve faussée et les conséquences pour les assureurs peuvent être importantes. La situation des réassureurs en excédent de sinistre est bien plus grave. En effet, à cause de l'effet non proportionnel, les aggravations de sinistres touchant les tranches de réassurance dues à un changement législatif rétroactif sont entièrement prises en charge par les réassureurs. La charge de la sinistralité des réassureurs s'en trouve affectée de manière très importante. C'est la raison pour laquelle assureurs et réassureurs doivent argumenter auprès des autorités compétentes en faveur de politiques évitant le recours au changement de loi avec effet rétroactif, sans quoi, l'économie dans son ensemble pourrait souffrir d'un manque de couvertures d'assurance. Si la sécurité juridique n'est pas assurée, le principe d'assurabilité ne peut être rencontré.

14.7. Transition des affaires proportionnelles vers les affaires non proportionnelles

La réassurance non proportionnelle est beaucoup plus sophistiquée que la réassurance proportionnelle, où le réassureur ne doit en fin de compte juger que de la qualité des souscriptions réassurées, de la tarification originelle et de la gestion des sinistres de sa cédante.

En réassurance non proportionnelle, la définition la plus simpliste de la réassurance (la réassurance est l'assurance de l'assureur) prend toute sa dimension. En effet, le réassureur doit réellement étudier le risque qu'il prend, en l'occurrence la probabilité de dépasser la priorité du traité, selon les conditions de couverture qu'il a fixées. Paradoxalement, le problème est d'autant plus aigu que la fréquence de sinistres touchant le traité est basse.

Dans les pays présentant une maturité avancée au niveau de l'achat de couvertures d'assurance, l'on constate que les couvertures proportionnelles sont remplacées par des couvertures non proportionnelles. De nombreux réassureurs communiquent aujourd'hui vers leurs investisseurs en insistant sur la taille de leur portefeuille non proportionnel qui grandit. Il apparaît que la réassurance non proportionnelle (en fait les affaires en excédent de sinistre) est la plus à même de créer de la valeur pour les actionnaires des réassureurs. En effet:

- en réassurance non proportionnelle, les engagements sont clairement limités, ce qui n'est pas toujours le cas en réassurance proportionnelle,
- en réassurance non proportionnelle, le réassureur fixe la hauteur de la prime de réassurance, alors qu'en réassurance proportionnelle, le réassureur suit la tarification de l'assureur, en tentant de l'adapter via la commission de réassurance. De plus, la réassurance non proportionnelle est moins sujette au cycle d'assurance,
- en réassurance non proportionnelle, le réassureur est moins sujet à l'asymétrie d'information; il en résulte un coût du capital plus faible.

Par ailleurs, nous avons observé au chapitre 12 que la réassurance non proportionnelle semble être optimale pour les cédantes, par rapport aux réassurances proportionnelles, ce qui est d'ailleurs assez intuitif: la cédante a d'abord besoin de couper les pointes de ses grands sinistres, ce qui est exactement la fonction de la réassurance en excédent de sinistre.

La réassurance proportionnelle existe toujours pour les raisons discutées à la section 4.13. De plus, nombreux sont les réassureurs qui ne souhaitent pas voir leur portefeuille proportionnel disparaître trop vite à cause du volume qu'il représente. En effet, il est toujours plus aisé de comparer les coûts de gestion à un gros volume de prime plutôt qu'à un petit volume de prime venant d'affaires non proportionnelles. Ce calcul est néanmoins faux car ce qui compte c'est la création de valeur et cette dernière est plus aisée à atteindre avec des affaires non proportionnelles.

Notons que les nouvelles règles de solvabilité qui seront d'application avec Solvency II mettront l'accent sur le risque, ce qui devrait donner un fameux coup de frein à la souscription d'affaires proportionnelles, et par conséquent d'accélérateur à la souscription d'affaires non proportionnelles.

14.8. Titrisation

Nous n'avons pas traité de la titrisation dans cet ouvrage. Ce sujet sera analysé en détail dans une publication future. Toutefois, la titrisation du risque d'assurance revient à transférer le risque directement au marché financier sous la forme d'une obligation dont le paiement des coupons et/ou le remboursement du principal est fonction de la réalisation d'événements assurés.

La titrisation présente de nombreux avantages:

- elle évite le risque de crédit puisque le collatéral est mis à disposition par les investisseurs,
- l'investisseur ne subit pas l'aléa moral, sauf si la transaction est basée sur les indemnités payées par l'assureur, ce qui n'est en général pas le cas,
- la communauté des investisseurs a la possibilité d'utiliser un actif qui est peu corrélé avec l'économie (cette remarque n'est toutefois que partiellement vraie: en effet nous pouvons aisément comprendre qu'un crash boursier n'a pas d'influence sur la survenance de tempêtes ou de tremblements de terre; l'inverse peut ne pas être vrai lorsque l'événement est de taille. Le tremblement de terre de Kobe en 1995 en est un exemple: il a été suivi par un crash boursier sur les bourses asiatiques),
- la titrisation est une bonne alternative à la réassurance classique lorsque le marché est dur: elle offre en effet à l'acheteur une couverture à prix fixe pour plusieurs années,
- la titrisation permet d'accéder au très vaste marché des capitaux, alors que le marché de l'assurance et de la réassurance est relativement limité. Cette remarque n'est pas neutre. En effet, les actifs assurés et réassurés présentent des sommes assurées de plus en plus importantes et la tendance va

s'accélérer dès lors que des pays comme la Chine dans un premier temps et l'Inde ensuite atteindront un niveau de vie équivalent à celui que nous connaissons en Europe, aux Etats-Unis ou au Japon. Les montants à assurer en cas de catastrophes naturelles notamment seront tellement gigantesques que l'on peut douter de la capacité du marché de l'assurance et de la réassurance à pouvoir les absorber. Il semble que la titrisation s'indiquera parfaitement pour la couverture de ces risques.

La titrisation est relativement peu utilisée jusqu'à présent. Quelques gros réassureurs ou assureurs en font l'utilisation pour couvrir leurs risques liés aux catastrophes naturelles, à l'allongement de la vie humaine, à une aggravation de la mortalité comme suite à une épidémie par exemple. Notons également la récente titrisation par Axa de son portefeuille RC Auto. Les transactions sont actuellement peu nombreuses car les coûts liés à la transaction (avocats, banques d'affaires, ...) restent élevés par rapport aux montants en jeu. De plus, certains commentateurs estiment que les primes payées par les émetteurs sont relativement élevées, ce qui serait pour le moment à l'avantage des investisseurs.

Nous pouvons imaginer que le marché de la réassurance va évoluer dans le futur vers un recours de plus en plus important à la titrisation. En fait, les réassureurs pourraient devenir des usines à titriser: ce que les cédantes ne pourraient titriser elles-mêmes à cause de la taille réduite de leurs engagements serait réassuré classiquement auprès de réassureurs, qui titriseraient leurs accumulations. Le seul risque porté par les réassureurs serait alors le risque de base, soit la différence entre les indemnités réellement payées et le résultat de la titrisation basée sur un indice indépendant.

14.9. Gestion du risque de contrepartie

Malgré le fait que très peu de réassureurs n'aient fait défaut durant la période 1980-2003 (voir la Table 9-1), la gestion du risque de contrepartie devient de plus en plus importante. La cessation des activités de réassureurs tels Gerling ou Copenhagen Re a renforcé le souci de gestion du risque de crédit. Certains régulateurs comme la FSA en Grande-Bretagne et l'APRA en Australie exigent un reporting détaillé des expositions aux réassureurs. La FSA interdit aux assureurs de placer plus de 20% de leur réassurance auprès d'un même réassureur, ce qui revient à prendre en compte explicitement le risque de contrepartie.

L'intérêt récent porté à la gestion du risque de contrepartie semble assez normal. En fait, il traduit le retard que les assureurs ont historiquement pris en gestion du risque par rapport aux banquiers, pour lesquels le risque de crédit est bien entendu très important. Le secteur doit à présent déterminer de manière transparente quelles sont les probabilités de défaut en fonction de la notation octroyée par les agences de notation, ce qui permettra de calculer de manière transparente l'impact sur le capital économique nécessaire pour couvrir le risque de défaut des réassureurs. On peut imaginer que les assureurs devraient être tentés de diversifier leurs expositions au risque de contrepartie.

Notons que la réassurance va être régulée à l'intérieur de l'Union européenne conformément à la Directive réassurance publiée le 9 décembre 2005 au journal officiel de l'Union européenne (voir Directive 2005/68/CE du Parlement européen et du conseil du 16 novembre 2005). Cette directive doit être transposée par les Etats membres pour le 10 décembre 2007.

Jusqu'à présent, les Etats membres avaient la liberté de contrôler ou pas la réassurance. En Belgique, il n'y avait aucune régulation tandis qu'en Grande-Bretagne, la réassurance était essentiellement contrôlée comme l'assurance directe.

Les réassureurs devront désormais demander l'autorisation de pratiquer la réassurance en soumettant leur business plan et la structure de leur actionnariat à l'autorité de contrôle de leur pays d'origine. Ils devront faire preuve d'outils de reporting adéquats, d'une gouvernance d'entreprise efficace, détenir des provisions techniques suffisantes ainsi qu'une marge de solvabilité calculée sur des bases équivalentes à celles imposées aux assureurs directs non-vie. Les effets attendus de cette directive sont les suivants:

- apporter aux cédantes de l'Union européenne, mais également hors Union européenne, une sécurité financière minimale, basée sur des critères harmonisés. En fait la sécurité est également apportée aux assurés qui pourraient subir le défaut de leurs assureurs dans le cas où ces derniers devraient subir le défaut de leurs réassureurs pour le cas où ces derniers seraient mal contrôlés,
- permettre aux réassureurs européens d'arguer de leur contrôle local pour pénétrer d'autres marchés, et notamment le marché américain, qui est très régulé. La directive prévoit d'ailleurs à cet égard la possibilité de reconnaissance mutuelle avec le contrôle de pays tiers,
- interdire les mécanismes de sécurité collatérale imposés par certains états membres,
- renforcer le contrôle des compagnies d'assurance en mettant le doigt sur les réassureurs non contrôlés par l'Union.

La directive est basée sur le principe de la reconnaissance mutuelle, c'est-à-dire qu'un réassureur ayant obtenu l'agrément dans un Etat membre peut automatiquement souscrire dans les autres Etats membres. De plus, la supervision du réassureur ne peut être assurée que par l'autorité de contrôle de son pays d'origine.

Les réassureurs ayant leur siège social hors de l'Union (en fait de l'EEE), devront subir le contrôle de chaque Etat membre dans lequel ils souhaitent faire des affaires. Il y aura probablement un incitant pour ces joueurs à ouvrir une filiale dans un des pays de l'Union afin d'être contrôlé une seule fois plutôt que de devoir subir de multiples contrôles.

Les réassureurs non contrôlés ne sont pas automatiquement exclus. Les assureurs ont la possibilité de leur céder des affaires, moyennant le respect de la loi de l'Etat membre. Ce dernier pourra soit interdire certains joueurs, soit leur imposer des règles relatives au collatéral.

Quelques questions viennent à l'esprit:

- tous les régulateurs de l'Union appliqueront-ils un contrôle réellement harmonisé? Des réassureurs choisiront-ils le pays où ils installeront leur siège social en fonction de l'exigence du régulateur local?
- quel est le niveau de rating des agences de notation correspondant à la solvabilité minimale exigée par la directive?

La nouvelle réglementation européenne ne va pas changer la situation des gros groupes d'assurance. Ces derniers doivent évaluer la probabilité de défaut de leurs réassureurs, ainsi que le bénéfice de diversification lié à l'utilisation de plusieurs réassureurs. Comme discuté au chapitre 9, cette tâche sera loin d'être aisée.

L'exigence de collatéral par les cédantes (de manière alors purement contractuelle) devrait augmenter à l'avenir. Elle permettra de réduire les expositions par rapport aux contreparties et ce, même s'il s'ensuit une tarification moins favorable de la part des réassureurs qui répercutent sur la cédante les coûts de gestion et la perte financière liés à l'utilisation de collatéral. Il subsistera le risque de crédit par rapport aux expositions non encore réalisées, c'est-à-dire essentiellement les sinistres tardifs dans les branches de responsabilité et les couvertures de type catastrophes naturelles. Ces dernières ont une durée de vie courte tandis que les premières doivent être gérées durant plusieurs dizaines d'années.

Aigrain (2006) argumente en faveur de différentiations des conditions de réassurance en fonction du niveau de solvabilité offert par le réassureur. L'argumentation se base sur le fait que les régulateurs ne prendraient pas suffisamment en compte les coûts de capital liés aux expositions de réassurance présentant une solvabilité moyenne. Il est clair que le sujet mérite plus d'attention, et ce sera certainement le cas avec l'avènement de Solvency II. Notons toutefois que la diversification obtenue en utilisant un nombre suffisamment grand de réassureurs devrait autoriser une diminution importante du risque de crédit, même si toutes les expositions ne sont pas AAA.

14.10. Gestion archaïque et simplification

Le fonctionnement de la réassurance est, reconnaissons-le, assez archaïque. La notion de bonne foi peut sembler trop belle pour être vraie. La confiance aveugle que les réassureurs accordent en général à leurs cédantes contraste avec les mesures de contrôles qui sont typiquement d'application dans le monde bancaire.

Par ailleurs, les couvertures de réassurance sont souvent assez compliquées. Pensons à la gestion de la clause de stabilité, aux reconstitutions payantes, à la clause de participation aux sinistres, à la clause de participation bénéficiaire, … Tous ces éléments rendent opaque la protection achetée par l'assureur. Réaliser un calcul précis de capital économique est une opération d'autant plus hasardeuse que les couvertures de réassurance sont assorties de clauses qui en compliquent le fonctionnement et la compréhension.

Ces clauses ont essentiellement trois raisons d'être:

- tenter de limiter l'effet de l'aléa moral,
- elles sont la résultante de négociations opaques sur les conditions de réassurance,
- l'inertie historique.

La gestion de l'aléa moral serait nettement simplifiée par l'introduction de rétentions parallèles, dont l'effet est simple à modéliser pour les cédantes.

Enfin, une plus grande transparence au niveau des relations qui unissent la cédante et ses réassureurs devraient permettre d'agréer des conditions contractuelles claires et simples, ce qui augmenterait d'autant plus la transparence de la transaction.

En ce qui concerne le fonctionnement proprement dit de la relation entre l'assureur et le réassureur, on peut imaginer qu'il va se professionnaliser à l'avenir:

- les réassureurs seront nettement plus exigeants au niveau de la qualité des données nécessaires à l'analyse du risque, ce qui bénéficiera in fine aux cédantes, qui ont besoin de ces données pour analyser leur propre risque,
- dès lors que les cédantes achètent essentiellement des couvertures ne couvrant que les plus gros sinistres, ces derniers, peu nombreux, seront nettement plus contrôlés par les réassureurs.

14.11. Les captives de réassurance

Une société d'assurance ou de réassurance captive est une compagnie autonome créée par une société industrielle ou commerciale en vue d'assurer ou de réassurer tout ou une partie des risques des sociétés du groupe.

Les gros groupes industriels font usage de captives de réassurance et cette utilisation devrait s'étendre à l'avenir. En effet, il est une bonne pratique de gestion du risque, après la prévention, de réaliser la diversification des risques à l'intérieur du groupe, avant d'aller payer des primes d'assurance à l'extérieur, lorsque ces primes sont jugées, logiquement, plus élevées que les compensations moyennes obtenues des assureurs. A cet effet, les gros groupes industriels créent une captive de réassurance, de préférence dans une contrée favorable au niveau de la régulation et de la taxation. Le Grand-Duché de Luxembourg, Dublin, les Bermudes sont des exemples de telles contrées. La Belgique, grâce à la toute récente possibilité de déduction des intérêts notionnels, présente désormais un intérêt potentiel.

Comme la captive n'a pas l'agrément pour souscrire des polices d'assurance, un ou plusieurs assureurs fronteurs sont utilisés. En fait les risques sont souscrits par ces assureurs fronteurs, qui les cèdent en général à 100% à la captive de réassurance, moyennant le paiement d'un «*fronting fee*» censé couvrir les coûts de gestion de l'assureur fronteur, ainsi que le risque de crédit qu'il prend au cas où la captive ne serait pas à même d'honorer ses engagements.

Cette technique permet de centraliser tous les risques d'assurance du groupe et de réaliser la diversification au sein de la captive. Seuls les risques de pointe sont alors cédés vers le marché international de la réassurance, ce qui permet de limiter les marges payées aux réassureurs.

Notons que des groupes d'assurance peuvent également mettre en place une captive de réassurance pour faire transiter leurs cessions en réassurance réalisant ainsi une gestion optimale de leurs rétentions avant de ne céder sur le marché de la réassurance que les expositions extrêmes.

14.12. Cotations

Les cotations des traités de réassurance sont en général loin d'être triviales. Nous distinguerons deux cas: les traités proportionnels et les traités en excédent de sinistre.

En ce qui concerne les affaires proportionnelles, l'analyse du risque repose sur au mieux dix chiffres, à savoir les dix derniers rapports sinistres à primes de l'assureur. Il va de soi qu'il est extrêmement malaisé pour un réassureur de réaliser une analyse fine du risque avec un tel matériel statistique. Ceci est d'autant plus vrai que la politique de souscription de la cédante peut avoir dramatiquement évolué en dix ans. Par ailleurs, le problème de la tarification originale est crucial. Il est impératif pour le réassureur d'anticiper les augmentations, et surtout les diminutions de tarifs de la cédante, car leur impact sera immédiat sur le résultat du traité. Historiquement, ces difficultés d'analyse ne posaient pas problème puisque la relation était de long terme et l'objectif était de lisser les résultats entre assureur et réassureur. Aujourd'hui il en va autrement. Une cédante conservera une cession proportionnelle tant que la commission servie par le réassureur lui semble intéressante. Si le traité est touché violemment, par exemple par un très grand sinistre individuel, ou par une catastrophe naturelle, le réassureur n'aura probablement pas l'occasion d'obtenir un *pay-back* car la cédante choisira à ce moment de basculer vers une protection de forme non proportionnelle. Ceci explique pourquoi de nombreux réassureurs sont peu enclins à fournir des protections proportionnelles.

L'excédent de sinistre est quant à lui nettement plus transparent que la quote-part, et surtout que l'excédent de plein, qui a plus ou moins la même fonction, à savoir couper les pointes. Pour analyser un excédent de sinistre, le réassureur dispose de plus de statistiques. Il demande l'exposition de l'assureur ainsi que les sinistres ayant touché le traité durant les dix dernières années. Ceci permet d'analyser les tranches travaillantes du traité. De plus, comme le réassureur voit de nombreux grands sinistres, il peut les modéliser nettement mieux que la cédante, ce qui lui permet également de coter les tranches non touchées. Il reste toutefois un risque de modèle assez considérable, en particulier pour les couvertures liées aux catastrophes naturelles. Il est évident que ces couvertures sont cotées sur base de modèles insuffisamment développés (pour la tempête, les ouragans et l'inondation). Il est d'ailleurs illusoire d'espérer disposer un jour de modèles fiables en ce qui concerne le tremblement de terre. Ici, la notion de *pay-back* prend toute son importance. Sans elle, le marché ne pourrait fonctionner.

Rappelons enfin toutes les difficultés liées à la gestion de l'aléa moral. L'inclusion de clauses assez compliquées dans les traités en excédent de sinistre permet d'en limiter l'effet. Il serait toutefois plus facile de recourir à des couvertures plus simples comme l'utilisation de rétentions parallèles, obligeant les cédantes à conserver une partie de leurs cessions non proportionnelles.

14.13. Quel business model*?*

D'une manière générale, la réassurance est une activité économique comme une autre, à propos de laquelle on peut supposer que les clients attendent un haut niveau de service. En ce qui concerne la réassurance, le service proposé consiste d'abord en la sécurité offerte au client: la promesse d'indemnisation doit être honorée. A cet égard, seuls les réassureurs pouvant disposer d'une notation élevée (au minimum A chez Standard & Poor's) ont une chance de pouvoir évoluer sur le marché de la réassurance. Vient ensuite le prix payé pour le produit proposé. En réassurance, tous les réassureurs suivent généralement la tarification du réassureur leader choisi par la cédante. Historiquement, cette situation impliquait des sous-tarifications potentielles. Désormais, comme les actionnaires sont devenus exigeants en terme de rentabilité, les cédantes ne sont plus en mesure d'imposer des prix minima à tous leurs réassureurs. En clair, casser les prix n'est plus une stratégie gagnante. Les cédantes sont attentives à la pérennité de leurs réassureurs (pour d'évidentes raisons liées au risque de crédit) et ne suivront pas des tarifications manifestement trop basses. Le service peut également se manifester par la qualité de la relation commerciale entre le réassureur et l'assureur. Que le réassureur soit grand ou petit, il importe qu'il soit en mesure de donner des réponses précises et rapides à son client. La chaîne de prise de décision doit être aussi courte que possible, ce qui tend à disqualifier les méga-réassureurs. Toutefois, les gros réassureurs, qui peuvent offrir des solutions à tous types de problèmes ont évidemment un avantage sur les petits réassureurs. Notons que les récents développements en terme de gestion du risque de crédit ne sont pas à l'avantage des gros réassureurs. Les régulateurs semblent en effet vouloir jouer le jeu de la diversification du risque de crédit. Il reste manifestement un marché pour les réassureurs de petite taille. Ces derniers bénéficient toutefois du fait que les modèles d'évaluation du capital économique utilisés jusqu'à présent par les régulateurs ou agences de notation ne prennent pas suffisamment en compte le bénéfice de diversification des plus gros réassureurs, qui souscrivent mondialement et toutes les branches d'assurance. Dès lors que les modèles intégreront de manière raisonnable la véritable exposition au risque, on peut imaginer que les joueurs insuffisamment diversifiés seront pénalisés et ne pourront se démarquer que par le biais d'une organisation interne meilleure que la moyenne, ce qui devrait en faire des proies pour les plus gros joueurs.

Dès lors que la gestion du risque de contrepartie laisse une place pour plusieurs joueurs sur le marché de la réassurance, on peut se poser la question de savoir si l'expertise technique doit atteindre le même niveau auprès de tous les réassureurs. Quelques leaders et plusieurs suiveurs pourraient cohabiter sur un même marché. Choisir d'analyser les affaires dans tous les détails, ou pas, devient une décision stratégique. D'une manière générale, nous pouvons supposer que la notion de service autre que la fourniture de couverture de réassurance se fera de plus en plus par des consultants neutres ou par les courtiers de réassurance, et plus par les réassureurs, qui ne sont pas des interlocuteurs tout à fait neutres. L'expertise technique doit d'abord être mise à disposition de l'entreprise en vue de communiquer de manière transparente vers les investisseurs. Ensuite, elle sert à analyser les affaires sur base individuelle. Les autres services tendront à disparaître à l'avenir (sauf l'expertise très spécifique en terme d'analyse des risques industriels ou d'assurance décès). De même, être proche de son client, ou bien ne travailler que via des courtiers de réassurance (comme les bermudiens par exemple) sont des modèles qui peuvent se défendre.

Nous ne sommes pas en mesure de définir le business model optimal pour le réassureur de demain. Toutefois nous avons évoqué quelques pistes possibles. Il est toutefois clair que la réassurance reste un business présentant très peu de barrières à l'entrée. Du capital, des souscripteurs expérimentés et des modèles de gestion du risque sophistiqués et transparents permettront à des start-up de pénétrer le marché sans difficultés dans les années à venir.

Nous pouvons toutefois conclure que les éléments suivants seront déterminants:

- un actionnariat stable, et de qualité, prêt à subir des variations de résultat relativement importantes, en échange d'une rémunération adéquate, calculée sur le long terme,
- des outils de gestion du risque performants, autorisant une communication transparente vers les clients, les actionnaires et les régulateurs,

- des commerciaux de haut vol, ayant un accès privilégié auprès des cédantes et/ou des courtiers de réassurance
- un niveau de sécurité financière élevé.

Il semble que petits et grands réassureurs puissent cohabiter selon ce type de modèle.

14.14. Gestion de l'aléa moral

Nous avons observé qu'il est assez coûteux pour un réassureur de faire le suivi de la gestion des sinistres d'un assureur, en particulier en ce qui concerne les affaires proportionnelles ou en excédent de perte annuelle. Ceci implique que la cédante peut ne pas prendre toutes les mesures nécessaires à une souscription de qualité et une gestion de sinistres idéale.

En pratique, l'assureur reste toujours intéressé par le règlement des sinistres en réassurance proportionnelle puisque, comme l'indique son nom, il conserve une proportion de chaque sinistre. Cependant, pour des portefeuilles avec une cession très importante par rapport à d'autres portefeuilles moins réassurés, on peut imaginer qu'il y ait réalisation de l'aléa moral. Notons que les affaires proportionnelles subissent énormément de clauses, destinées à lisser les résultats entre l'assureur et le réassureur. Ces clauses ont aussi pour effet de récompenser la cédante lorsque les affaires sont bonnes. Elle ont donc également un effet moralisateur.

Nous avons observé plus haut que l'excédent de perte annuelle pouvait être particulièrement sujet à l'aléa moral. Pour cette raison, et parce qu'il est très difficile à coter, ce type de couverture est quasiment introuvable sur le marché.

Il nous reste à discuter le cas de l'excédent de sinistre. Cette couverture est également sujette à l'aléa moral, au cas par cas. En effet, lorsque le réassureur commence à intervenir au-delà d'une certaine priorité, la cédante peut se désintéresser de la gestion du sinistre à condition d'avoir une couverture suffisante. L'effet pour le réassureur est évidemment dramatique à cause de l'effet non proportionnel. C'est pour cette raison qu'il existe une série de clauses qui ont pour objet de limiter le risque de réalisation de l'aléa moral: la clause du partage des intérêts, la clause de stabilité, l'échelle de prime, les reconstitutions payantes, ... Curieusement, la clause la plus simple à mettre en œuvre, à savoir la rétention parallèle, est quasiment inexistante sur le marché. Elle a pourtant l'avantage d'être très transparente et très facile à expliquer.

Notons que les traditionnelles relations de long terme liant assureurs et réassureurs formaient une barrière à la réalisation du risque d'aléa moral en augmentant le coût lié à un comportement opportuniste. Dès lors que les relations de long terme s'estompent, cet argument tombe.

14.15. L'éclatement des risques: importance de la réassurance pour la création de valeur économique

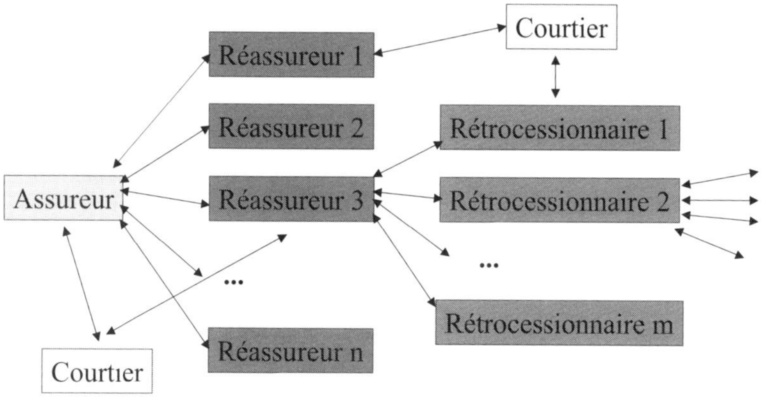

Figure 14-2. Atomisation des risques

Considérant que le bénéfice de diversification permet d'économiser du capital économique, l'optimum théorique en ce qui concerne le marché de l'assurance consiste à ne travailler qu'avec un seul assureur planétaire. Ce gigantesque assureur serait en mesure de bénéficier au mieux de la diversification des risques et ne devrait disposer que d'un capital limité par rapport à la somme des capitaux de l'ensemble des assureurs opérant sur la planète.

Cette vision est évidemment peu réaliste. Une telle situation induit en effet une absence totale de concurrence avec toutes les conséquences qui s'ensuivent: tarification anormalement élevée (alors que le capital utilisé est relativement faible), absence d'innovation, absence de possibilité de diversification pour les entreprises de taille importante qui souhaitent acheter des couvertures d'assurance.

Notre environnement socio-économique est tel qu'il interdit cette manière de travailler. En pratique de nombreux assureurs opèrent sur des marchés relativement restreints, en général correspondant aux frontières des pays (ou des états aux Etats-Unis). Notons toutefois que la tendance à la globalisation qui a été récemment observée notamment sur le marché de l'assurance ne résulte pas uniquement de la volonté de réaliser des économies d'échelles au niveau des frais administratifs mais est aussi la conséquence du bénéfice de diversification discuté ci-dessus. Il n'est pas exclu que cette tendance à la globalisation se renforce lorsque les modèles d'évaluation de la solvabilité des entreprises d'assurance prendront mieux en compte le bénéfice de diversification.

Nous nous retrouvons donc face à des entreprises d'assurance, présentes sur quelques marchés d'assurance. Ces compagnies ne bénéficient donc pas au maximum du bénéfice de diversification. Par exemple, une compagnie belge ne peux diversifier son risque de tempête avec le risque de tremblement de terre au Japon. A un autre niveau, elle ne peut diversifier le risque de subir un très grand sinistre en responsabilité civile automobile (plus de 10 millions d'euros par exemple) avec celui subi sur le marché français. Ces entreprises doivent donc détenir une quantité de capital économique relativement grande par rapport à l'hypothétique assureur planétaire dont il est question ci-dessus. Nous en concluons qu'un tel marché est sous-optimal.

La réassurance est bien entendu un excellent moyen en vue d'améliorer cette situation. En effet, les difficultés de diversification rencontrées par les assureurs nationaux peuvent être contrées en utilisant des couvertures de réassurance. Il suffit en effet de transmettre au réassureur la portion des risques qui sont les plus consommateurs de capital économique.

Comme le réassureur souscrit de tels risques au niveau mondial, il est en mesure de réaliser la diversification des risques que la cédante n'arrive pas à opérer. Les réassureurs font donc partie intégrante de l'industrie de l'assurance qui permet un développement économique et social grâce à la sécurité apportée par les assureurs et, derrière eux, les réassureurs qui permettent aux assureurs d'utiliser de manière optimale le marché des capitaux, c'est-à-dire soit en direct, soit les capitaux des réassureurs. Le coût de l'assurance est en définitive moins élevé grâce à la réassurance puisque les capitaux sont mieux utilisés. De plus l'assurance est plus sécurisante grâce aux couvertures de réassurance. Le client final en est le principal bénéficiaire.

Bibliographie

Aigrain, J. (2006), *2006 A Year of Opportunity*, Présentation au Standard & Poor's Insurance Symposium, Londres, 3 mars 2006, disponible sur www.swissre.com.

Bernegger, S. (1997), «The Swiss Re Exposure Curves and The MBBEFD Distributions Class», *Astin Bulletin*, 27, 99-111.

Blondeau, J. et Partrat, C. (2003), *La réassurance. Approche technique*, Paris, Economica.

Business Insurance (2005), *World Largest Reinsurance Brokers*, October 24, 2005. Disponible sur www.businessinsurance.com.

Brown, R.H. and Reed, P.B. (1981), *Marine Reinsurance*, Londres, Witherby & Co Ltd.

Carter, R.L., Lucas, L.D. and Ralph, N. (2000), *Reinsurance*, Reactions Publishing Group.

Carton de Tournai, R. et Van Der Meersch, P. (1970), *Précis des assurances terrestres en droit belge*, 2 tomes, Bruxelles, Bruylant.

de Finetti, B. (1940), «Il problema dei pieni», *Giorn. Inst. Ital. Attuari*, 11, 1-88.

Denuit, M. et Charpentier, A. (2005), *Mathématiques de l'assurance non-vie*, Tome I, Paris, Economica.

Denuit, M. and Vermandele, M. (1998), «Optimal Reinsurance and Stop-Loss Order», *Insurance: Mathematics and Economics*, 22, 229-233.

Directive 2005/68/CE du Parlement européen et du Conseil du 16 novembre 2005 relative à la réassurance et modifiant les directives 73/239/CEE et 92/49/CEE du Conseil ainsi que les directives 98/78/CE et 2002/83/CE, *Journal officiel de l'Union européenne*, 9 décembre 2005.

Gerathewohl, K. (1980), *Reinsurance Principles and Practice*, Volume I, Karlsruhe, Verlag Versicherungswirtschaft E.V.

Gerathewohl, K. (1982), *Reinsurance Principles and Practice*, Volume II, Karlsruhe, Verlag Versicherungswirtschaft E.V.

Gerber, H.U. (1982), «On the Numerical Evaluation of the Distribution of Aggregate Claims and its Stop-loss Premiums», *Insurance: Mathematics & Economics*, 1, 13-18.

Glineur, F. and Walhin, J.F. (2006), *de Finetti's Retention Problem for Proportional Reinsurance Revisited*, Blatter Deutsche Gesellschaft fur Versicherungsmathematik, 451-462.

Grossmann, M. (1983), *Manuel de réassurance*, Paris, L'argus.

Guy Carpenter (2005), *The World Catastrophe Reinsurance Market 2005*.

Hagopian, M. (1981), *Dix leçons sur la réassurance*, Paris, L'argus.

Jensen, M. and Meckling, W. (1976), «Theory of the Firm: Managerial Behavior, Agency Cost, and Ownership Structure», *Journal of Financial Economics*, 1976, 305-360.

Kiln, R. (1981), *Reinsurance in Practice*, Londres, Witherby & Co Ltd.

Lampaert, I. and Walhin, J.F. (2005), «On the Optimality of Proportional Reinsurance», *Scandinavian Actuarial Journal*, 2005-3, 225-239.

Mack, T. (1997), *Schriftenreihe Angewandte Versicherungsmathematik*, Karlsruhe, Verlag Versicherungswirtschaft E.V.

Panjer, H.H. (1981), «Recursive Evaluation of A Family of Compound Distributions», *Astin Bulletin*, 12, 22-26.

Picard, M. (1912), *De la réassurance*, Paris, Rousseau.

Ramel, M. (1980), *La réassurance. Aspects théoriques et pratiques*, Paris, Dulac & Cie.

Sigma 5/2003 (2003), *Reinsurance – a Systemic Risk?*, Swiss Re Economic Research & Consulting.

Standard & Poor's (2001), *Global Reinsurance Highlights 2000*, Reactions Publishing Group.

Standard & Poor's (2006), *Global Reinsurance Highlights 2005*, Reactions Publishing Group.

Strain, R.W. (1996), *Reinsurance Contract Wording*, Strain Publishing & Seminars, Inc. Athens (Texas).

Strain, R.W. (ed.) (1997), *Reinsurance*, Strain Publishing & Seminars, Inc. Athens (Texas).

Walhin, J.-F. (2006), «Value Creation for Insurers», *German Actuarial Bulletin*, 27-4, 681-693.

Witdouck, S. and Walhin, J.F. (2004), *Some Remarks on the Cedent's Retention Risk in Presence of an Annual Aggregate Deductible or Reinstatements*, Blatter Deutsche Gesellschaft fur Versicherungsmathematik, 26-3, 461-481.

Liste des figures

Liste des tables

Annexes

a) Exemple de texte contractuel pour un traité en quote-part incendie

TRAITÉ DE RÉASSURANCE INCENDIE EN QUOTE-PART

Entre les soussignés:

Assureur

Ci-après dénommée la Cédante

d'une part,

et

Réassureur

Ci-après dénommé le Réassureur

d'autre part

Il a été convenu et arrêté ce qui suit

ARTICLE 1

Effet – Durée – Résiliation

Le présent traité prend effet au 1er janvier 2004 et se renouvellera d'année en année par tacite reconduction, sauf si l'une des parties décide d'y mettre fin par lettre recommandée expédiée au moins trois mois à l'avance pour prendre effet au prochain 31 décembre.

ARTICLE 2

Objet du traité

La présente convention a pour objet la réassurance, en quote-part à concurrence de 50%, des risques incendie, vol, dégâts des eaux souscrits directement par la Cédante. La garantie s'étend aux risques accessoires suivants lorsqu'ils sont souscrits conjointement aux risques incendie: tempêtes, ouragans, trombes, tornades, cyclones, grêle sur les toitures et poids de la neige.

Sont formellement exclus les risques figurant à la liste d'exclusions jointe au présent traité y compris, notamment:

- tout sinistre pris en charge par la Cédante dans le cadre de la Loi du 13 juillet 1982 sur les catastrophes naturelles;
- les risques liés à l'énergie nucléaire selon la clause également jointe au présent traité.

Le présent traité s'applique à la part des souscriptions de la Cédante en France et principalement dans le département de la Marne, conformément au tableau de souscription annexé au traité.

ARTICLE 3

Engagement du réassureur

La Cédante s'engage à céder au Réassureur, qui s'engage à l'accepter, une part de 20% de l'ensemble des risques souscrits par la Cédante et désignés à l'article 2 du présent Traité, sous réserve des pleins de souscription figurant en annexe. La Cédante créditera le compte du Réassureur de sa part des cotisations originales. Par cotisations originales, il faut entendre le montant total des cotisations brutes encaissées par la Cédante, déductions faites des annulations, ristournes et taxes. En contrepartie, le Réassureur participera, à concurrence de sa part, et dans les limites prévues au tableau de pleins annexé à ce traité, aux sinistres qui viendraient à frapper les risques qui lui sont cédés.

ARTICLE 4

Commission – Participation bénéficiaire

Le Réassureur versera à la Cédante une commission de 37%, (trente-sept pour cent) appliquée aux cotisations qui lui sont créditées telles qu'elles sont définies à l'article 2 de cette convention.

En outre, le Réassureur allouera à la Cédante une participation aux bénéfices obtenus par lui. Cette participation aux bénéfices est déterminée sur la base d'un compte de profits et de pertes établi par la Cédante à la fin de chaque exercice et comprend:

A) En recettes
1) Les cotisations cédées et acquises à l'exercice telles que définies à l'article 2
2) L'entrée de portefeuille-primes telle que définie à l'article 8

B) En dépenses
1) La commission de réassurance prévue au premier paragraphe de l'article présent
2) Les sinistres payés nets des recours éventuels des sinistres de l'exercice
3) Les sinistres en suspens évalués à la fin de chaque exercice jusqu'à extinction.
4) La perte éventuelle des exercices précédents
5) La sortie de portefeuille-primes telle que définie à l'article 8
6) Les frais généraux du réassureur de 10% (dix pour cent) des cotisations telles que définis à l'article 2.

La différence entre les recettes et les dépenses constitue le bénéfice ou la perte. Le réassureur allouera à la cédante 20% du bénéfice constaté par le compte de profits et pertes tel que défini ci-dessus. Toute perte sera reportée sur les dix exercices suivants.

ARTICLE 5

Sinistres

Les sinistres seront réglés par la Cédante, sa décision devant être acceptée sans discussion. Cependant, le Réassureur se tient à la disposition de la Cédante, si elle le souhaite, de jouer un rôle consultatif pour les cas éventuels où la Cédante jugera utile de l'y intéresser.

Le Réassureur participera, en proportion de sa quote-part définie à l'article 3, au principal et aux frais d'expertise, d'arbitrage et de procès, mais à l'exclusion des frais généraux de la Cédante et des appointements de son personnel.

Le Réassureur participera dans la même proportion à tout recours que la Cédante encaisserait éventuellement.

La Cédante doit, dans les quinze jours suivant celui où elle en a eu connaissance, déclarer au Réassureur tout sinistre qui est supposé devoir dépasser Euros 100.000. Par ailleurs, la Cédante pourra demander au Réassureur le paiement immédiat de tout sinistre payé ou à payer dont le coût est égal ou supérieur au montant précité.

Le Réassureur est tenu de donner satisfaction à une telle demande dans les huit jours de sa présentation.

L'engagement du réassureur ne pourra excéder une limite annuelle de Euros 12.000.000 par événement.

ARTICLE 6

Représentation des engagements

a) Provisions techniques

Provisions pour sinistres en suspens sur la base de 100%.

b) Représentation des provisions techniques

Le Réassureur participe, au prorata de son intérêt, à la représentation des provisions constituées par la Cédante au titre des risques entrant dans le cadre du présent traité, selon les modalités précisées ci-après.

Le dépôt par nantissement de valeurs s'effectuera selon les dispositions de l'article 29 et suivants de la loi n° 83-1 du 3 janvier 1983 modifiée par l'article 102 de la loi 96 597 du 2 juillet 1996 ainsi que du Code des Assurances (articles R.332-17 et R.332-20 notamment).

A cet effet, une convention de gage de compte d'instruments financiers sera rédigée à partir d'un modèle convenu entre la Cédante et le Réassureur, agréé par la Commission de Contrôle des Assurances.

En cas de résiliation, les valeurs affectées à la représentation des provisions sont libérées au fur et à mesure de l'extinction des engagements du Réassureur.

Les parties se réservent de réviser d'un commun accord les stipulations du présent article si les dispositions légales ou administratives en la matière venaient à être modifiées.

ARTICLE 7

Comptes

La Cédante adressera au Réassureur les comptes suivants:

Les comptes techniques semestriels seront envoyés dans les trois mois suivant la clôture du semestre.

Ils comprendront

a) En recettes
- les cotisations nettes d'annulations, de ristournes et de la taxe sur les contrats d'assurance,
- les versements effectués par le Réassureur au titre des sinistres au comptant.

b) En dépenses
- les sinistres payés nets de recours,
- la commission dont le taux est fixé à l'article 4 du présent traité.

Le compte de Participation aux Bénéfices sera arrêté au 31 décembre de chaque année, conformément à l'article 4 du présent traité et envoyé dans les trois mois suivant cette date.

L'état des réserves pour sinistres en suspens sera tenu semestriellement au 30 juin et au 31 décembre, conformément à l'article 6 du traité et envoyé dans les trois mois suivant cette date.

Cet état donnera le total des sinistres à réserver dans le cadre du présent traité.

Pour tous ces comptes, le Réassureur dispose d'un délai de quinze jours à dater du jour de la réception des comptes pour faire parvenir ses observations à la Cédante, faute de quoi il sera considéré comme ayant donné son accord. Le solde sera payable par la partie débitrice dans les quinze jours de l'accord formel ou tacite du Réassureur.

ARTICLE 8

Entrée et retrait de portefeuille

PORTEFEUILLE-PRIMES

Entrée: Le Réassureur est engagé dès la prise d'effet du traité, sur les affaires en cours; il est donc crédité d'une entrée de portefeuille-primes calculée au taux utilisé par la Cédante pour ses réserves pour risques en cours.

Retrait: Le Réassureur est désengagé dès la fin d'effet du traité, sur les affaires en cours; il est donc débité d'une sortie de portefeuille-primes calculée au taux utilisé par la Cédante pour ses réserves pour risques en cours.

PORTEFEUILLE-SINISTRES

Entrée Néant

Retrait Expiration naturelle.

ARTICLE 9

Bordereaux/droit de regard

La Cédante est dispensée de tout envoi de bordereau, mais le Réassureur aura le droit, en tout temps, de s'assurer aux bureaux de la Cédante de l'exactitude des opérations de réassurance par l'examen de ses registres et de toute pièce nécessaire à la justification des comptes. Ces registres et pièces feront foi et le Réassureur s'interdit de les discuter.

Cette vérification ne pourra être effectuée que par un membre du personnel de Direction du Réassureur qui devra prévenir la Cédante huit jours à l'avance de son intention.

ARTICLE 10

Arbitrage

Les parties expriment leur intention formelle que tous les différends qui pourraient éventuellement survenir entre elles à l'occasion de l'exécution de la présente convention soient résolus plutôt en équité et d'après l'usage de la profession que selon le droit strict et rigoureux.

Tout différend qui ne pourra être résolu à l'amiable sera soumis à la décision de trois arbitres. Chaque partie nommera son arbitre qui devra être choisi parmi les Directeurs ou Sous-Directeurs de Société d'Assurances et de Réassurances. Ces deux arbitres désigneront le tiers-arbitre. Faute par l'une des parties de nommer son arbitre dans le délai de deux mois ou par les deux arbitres de s'entendre sur le choix du tiers-arbitre dans le même délai, il y sera pourvu par le Président du Tribunal d'Instance de Paris à la requête de la partie la plus diligente.

Les trois arbitres seront dispensés de toute formalité judiciaire et jugeront comme amiables compositeurs, le tiers-arbitre n'intervenant qu'en cas de désaccord entre les deux arbitres et pour les départager. Les parties s'engagent à se conformer à leur jugement, la sentence étant en dernier ressort sans pourvoi ni appel. L'arbitrage aura lieu à Paris.

Les frais d'arbitrage seront, sauf décision contraire des arbitres, à la charge de la partie qui succombera.

ARTICLE 11

Modifications

Toute modification à la présente convention décidée d'un commun accord fera l'objet d'un avenant ou d'un échange de lettres qui liera les parties comme le traité lui-même.

ARTICLE 12

Droit

Le Réassureur s'engage à se soumettre aux dispositions du Code des Assurances et, en général, à tous les textes législatifs et réglementaires relatifs à la surveillance des opérations

ARTICLE 13

Réassurance externe

Il est entendu que la Cédante aura la faculté de réassurer par ailleurs tout risque dont le montant dépasse les limites fixées au tableau de pleins annexé au présent traité. Par ailleurs, la Cédante se réserve le droit de conclure en dehors de la présente convention toute autre réassurance destinée à protéger sa conservation.

ARTICLE 14

Clause d'intermédiaire

La société de courtage en réassurance, reconnue par les parties contractantes comme l'intermédiaire négociateur de la présente convention, est désignée par elles comme leur représentant habilité à recevoir et transmettre tous avis, correspondances, envois de comptes et règlements se rapportant à la dite convention.

b) Exemple de texte contractuel pour un traité en excédent de sinistre couvrant les événements naturels

CONDITIONS GÉNÉRALES DU TRAITÉ DE RÉASSURANCE INCENDIE ET ÉVÉNEMENTS NATURELS EN EXCÉDENT DE SINISTRE

entre

La Cédante,

et

Le Réassureur

il est arrêté et convenu ce qui suit:

Préambule

Les présentes conditions générales fixent les règles de fonctionnement du traité. Elles sont indissociables tant des annexes que des conditions particulières.

ARTICLE I

Objet du traité

Le présent traité a pour objet la réassurance en excédent de sinistre des polices telles que mentionnées à l'article II.

Pour chaque sinistre ou ensemble de sinistres frappant les contrats réassurés, le Réassureur prendra en charge sa part de la perte nette définitive de la Cédante dépassant le montant de la priorité indiquée aux Conditions Particulières et dans les limites d'engagement indiquées aux dites Conditions.

ARTICLE II

Étendue de la couverture

• Branches protégées et exclusions.

Sous réserve d'application de la liste d'exclusions et de limitations figurant aux annexes, le présent traité s'applique aux polices d'assurance souscrites par la Cédante directement, en coassurance ou par voie de réassurance facultative dans les branches spécifiées aux Conditions Particulières.

• Territorialité

L'étendue territoriale du présent traité est celle indiquée dans les Conditions Particulières.

• Partage du sort

La souscription des risques par la Cédante relève de sa seule et unique compétence. Elle s'oblige à gérer son portefeuille comme le ferait un Assureur non réassuré; il en découle, que le Réassureur partage le «sort» de la Cédante, sous réserve de l'application et exclusions des polices originales et de celles du présent traité.

ARTICLE III

Rétention

Ce traité ne s'applique qu'à la fraction de toute assurance ou réassurance conservée nette pour propre compte par la Cédante. Pour le calcul du montant de chaque sinistre ainsi que du montant en excédent duquel le présent traité interviendra, ne seront retenus que le ou les sinistres relatifs à la fraction d'assurance ou de réassurance conservée pour propre compte par la Cédante.

L'engagement du Réassureur pour chaque sinistre et/ou sinistres ne sera pas augmenté si la Cédante se trouve dans l'incapacité de recouvrir auprès d'autres Réassureurs (spécifiques ou généraux) les sommes qu'ils doivent, que cette incapacité provienne de leur insolvabilité ou de toute autre raison.

ARTICLE IV

Perte nette définitive

L'expression «perte nette définitive» s'entend de la somme ou des sommes payées ou dues par la Cédante en règlement de sinistres entraînant sa garantie après déduction de:

- tous recouvrements, recours et sauvetages,
- toutes sommes recouvrables du fait d'autres réassurances (autres que celles effectuées à l'intérieur de la priorité), que ce montant soit ou non recouvré.

Sont compris dans la perte nette définitive tous les frais occasionnés par le règlement des sinistres (frais d'expertise, frais judiciaires et autres) à l'exclusion des frais généraux et des salaires de la Cédante.

Les recouvrements ou sauvetages obtenus par la Cédante postérieurement au règlement par le Réassureur de l'indemnité due au titre du présent traité, seront répartis comme ayant été obtenus avant ledit règlement et il sera procédé à tout ajustement nécessaire entre les parties.

Cette clause ne pourra être interprétée comme signifiant que le paiement des sinistres ne sera pas exigible dans le cadre du présent traité tant que la perte nette définitive de la Cédante n'aura pas été déterminée.

ARTICLE V

Mise en jeu de la couverture

• Priorité, portée et participation du Réassureur

Le Réassureur assume sa part contractuelle de la perte nette définitive excédant la priorité et dans les limites spécifiées aux Conditions Particulières.

• Reconstitution et engagement maximum annuel

En cas de sinistre faisant jouer la garantie du traité, l'engagement des Réassureurs serait automatiquement reconstitué selon les dispositions prévues aux conditions particulières.

La prime additionnelle sera calculée, sous réserve d'ajustement, sur le montant de la prime provisionnelle.

ARTICLE VI

Prime de réassurance

La Cédante versera au Réassureur sa quote-part d'une prime provisionnelle et minimum annuelle dont le montant et les modalités de paiement sont fixés aux Conditions Particulières.

Cette prime provisionnelle sera ajustée annuellement selon un taux mentionné aux Conditions Particulières applicable à la totalité des primes acquises relatives à l'exercice et aux souscriptions couverts par le traité, nettes d'annulations.

ARTICLE VII

Sinistres

• Déclaration

Dès que la Cédante aura en sa possession des renseignements lui permettant d'estimer que la garantie du Réassureur peut être appelée à jouer, ou de constater que le seuil de déclaration indiqué aux Conditions Particulières est atteint, elle en avisera le Réassureur et le tiendra informé par la suite de toute modification importante du sinistre, qu'elle soit relative à son évaluation ou à sa gravité.

• Coopération

Pour ce qui concerne les sinistres susceptibles de dépasser le montant de la priorité figurant aux conditions particulières, le Réassureur pourra – s'il en exprime le désir ou si la Cédante le lui demande – donner son avis sur toute décision relative à une action judiciaire ou transactionnelle et d'une manière générale sur le règlement du ou des sinistres, l'avis de la Cédante restant prépondérant en cas de divergence d'opinion.

• Suspens

La Cédante remettra au Réassureur, en même temps que les comptes, la liste des évaluations relatives à chacun des sinistres en suspens dont le montant dépasse la limite de la priorité.

• Règlement au comptant

Le règlement des sinistres intéressant le présent traité devra, sur simple demande de la Cédante, être effectué par le Réassureur dans les quinze jours suivant la réception des documents établissant la matérialité du sinistre, la Cédante se réservant la faculté de demander au Réassureur le versement de sa quote-part avant même que le sinistre original ne soit effectivement réglé.

Tout sinistre, qui ne serait pas réclamé par la Cédante selon les dispositions qui précédent, sera porté au débit du Réassureur dans les comptes annuels et le règlement sera effectué comme indiqué dans l'article VIII «Dispositions comptables».

ARTICLE VIII

Dispositions comptables

• Comptes

Aussitôt que possible mais au plus tard dans les trois suivant la fin de chaque année, la Cédante adressera au Réassureur un compte annuel faisant ressortir le montant de la prime de réassurance définitive et récapitulant les autres opérations.

Le Réassureur devra donner son accord ou faire part de ses observations dans les quatre semaines suivant la réception du compte, faute de quoi celui-ci sera réputé exact.

Le règlement du solde sera effectué par la partie débitrice dans le délai d'un mois après réception de l'accord.

En cas de somme due par une des parties à une autre, qu'il s'agisse du règlement des primes ou des sinistres, les parties pourront exercer une compensation.

- Monnaies

Dans le cadre du présent traité tous les montants sont exprimés, tous les comptes sont établis et tous les paiements sont effectués en euros.

Au cas où la Cédante serait amenée, à payer un sinistre dans une autre monnaie que celle prévue au présent traité, le montant à verser sera converti au taux de change en vigueur à la date du paiement de ce sinistre.

Au cas où un même sinistre donnerait lieu à plusieurs versements, chacun d'entre eux sera converti au taux de change en vigueur à la date du paiement par la Cédante.

ARTICLE IX

Représentation des engagements

Le Réassureur représentera son engagement soit sous forme de gage de compte d'instruments financiers, soit sous forme de gage-espèces, dans les quinze jours suivant la demande de la Cédante.

Le choix du nantissement en compte gagé ou en dépôt espèces dans les comptes périodiques doit être précisé lors de l'acceptation de l'affaire. En l'absence de choix du Réassureur pour l'une ou l'autre modalité de dépôt pour un traité existant, la forme de représentation des engagements sera identique à la dernière année de participation du Réassureur au traité concerné.

Après le règlement définitif du sinistre par la Cédante, le dépôt correspondant sera remboursé en totalité au Réassureur dès que ce dernier aura à son tour réglé sa quote-part du sinistre.

En cas de dépôt sous forme de gage-espèces, ce dépôt sera rémunéré au taux de l'Euribor à un an, moyenne mensuelle, calculé à partir de la date de constitution du gage jusqu'à celle où le sinistre devient payable par le Réassureur d'après le présent traité. Cet intérêt est payable au 31 décembre de chaque année.

Le montant du dépôt pourra être retenu par la Cédante pour le règlement définitif du sinistre correspondant. La différence entre le montant du règlement et le montant du dépôt sera alors versée dans les quinze jours par la partie débitrice à l'autre partie.

En cas de résiliation du traité, le dépôt est ajusté annuellement jusqu'à extinction des engagements du Réassureur.

ARTICLE X

Affaires spéciales

La Cédante pourra verser au traité des risques excédant les limites du présent traité ou exclus de ce dernier, après avoir obtenu l'accord préalable des Réassureurs.

Les affaires spéciales agréées antérieurement et en cours à la date d'effet du présent traité sont réputées agréées pour l'année en question.

ARTICLE XI

Erreurs ou omissions

Les erreurs et omissions dans l'application du présent traité ne modifient pas les droits et obligations en résultant quand bien même elles sont découvertes après le règlement d'un sinistre. Elles seront rectifiées immédiatement après leur découverte.

ARTICLE XII

Droit de regard

Le Réassureur a le droit de prendre connaissance à tout moment pendant les heures de bureau de la Cédante, des livres et de tout document concernant les affaires couvertes par le présent traité, sous réserve d'en informer la Cédante au minimum 48 heures à l'avance.

Ces documents font toujours foi et le Réassureur s'engage à ne jamais les discuter ni prendre prétexte de leur examen pour refuser ou retarder le paiement de toute somme due en exécution du présent traité.

Cette faculté ne peut cependant pas être exercée en cas de procédure d'arbitrage ou judiciaire avec la Cédante.

Le Réassureur peut exercer son droit de regard aussi longtemps qu'une des parties fait valoir une prétention envers l'autre découlant d'affaires cédées dans le cadre du présent traité et ceci même si ce dernier a cessé d'être en vigueur.

Sur la demande et aux frais du Réassureur et/ou de ses représentants autorisés, la Cédante lui/leur fournira des copies et extraits des pièces, livres, comptes et de tout autre document concernant les affaires faisant l'objet du présent traité.

ARTICLE XIII

Législation en vigueur

Au cas où une quelconque modification de loi intervenant après la prise d'effet du présent traité changerait de façon substantielle les droits et obligations des parties, le traité sera, d'un commun accord, adapté aux nouvelles dispositions après discussion entre la Cédante et le Réassureur.

Par modification de la loi, on entend toute modification de texte législatif ou réglementaire.

Tant que les parties ne se seront pas mises d'accord sur l'adaptation du traité à la modification de la Loi telle que définie ci-dessus, son exécution est soumise aux textes en vigueur à la date de sa prise d'effet et ce tant pour les sinistres survenus mais non encore liquidés avant la date d'entrée en vigueur de la nouvelle législation que pour ceux survenus après cette même date.

Dès que les parties se seront déclarées d'accord sur les nouvelles conditions du traité, les sinistres concernés seront réglés conformément à ces nouvelles dispositions.

Au cas où les parties ne parviendraient pas à s'entendre sur les nouvelles conditions du traité, celui-ci fonctionnera, à compter de la date effective de la modification de loi, comme si la modification n'était pas intervenue.

ARTICLE XIV

Arbitrage

Tous différends auxquels le présent traité pourrait donner lieu, notamment au sujet de sa validité, de son interprétation, de son exécution et de sa résiliation seront résolus par un tribunal arbitral composé de trois arbitres.

Chaque partie désigne un arbitre et les deux arbitres ainsi désignés nomment avant examen au fond de la cause, un troisième arbitre qui remplit les fonctions de président du tribunal.

Ces trois arbitres doivent être choisis parmi des professionnels de l'assurance ou de la réassurance reconnus pour leurs compétences et leur expérience significative de ce secteur.

A défaut par une des parties de désigner son arbitre dans un délai de trois semaines ou par les arbitres de s'entendre dans le même délai sur le choix du troisième arbitre, la nomination sera faite par le président du tribunal de grande instance du siège social de la Cédante à la requête de la partie la plus diligente.

Le tribunal arbitral siégera à Paris.

Les arbitres statueront en amiables compositeurs. Toutefois, ils devront se prononcer en équité, conformément au traité et aux usages de la réassurance.

La procédure est laissée à la libre appréciation du tribunal arbitral, lequel est dispensé dans la mesure du possible de toute formalité judiciaire. Il juge en dernier ressort et se prononce sur la répartition des frais et dépens entre les parties.

La sentence arbitrale est rendue au plus tard dans les trois mois qui suivent la constitution du tribunal. Elle doit être motivée et signée par le tribunal. Les signatures de deux membres du tribunal suffisent, mention devant être faite du refus de signature du troisième membre.

La présente clause est réputée constituer une convention séparée entre la Cédante et le Réassureur et garde donc sa pleine validité quel que puisse être le sort du traité proprement dit. Le tribunal arbitral reste donc compétent pour statuer, de la manière indiquée ci-dessus, sur l'application du présent traité.

ARTICLE XV

Droit applicable

Si la clause compromissoire ne pouvait trouver application, les dispositions du droit national de la Cédante seraient applicables à titre subsidiaire au présent traité.

ARTICLE XVI

Attribution de juridiction

Les parties font attribution de juridiction au siège social de la *Cédante*.

ARTICLE XVII

Durée du traité

• Effet – Durée

La date d'effet et la durée du présent traité sont fixées aux Conditions Particulières.

• Résiliation anticipée

Chaque partie a le droit de résilier le traité, sans délai, en avisant l'autre partie par simple avis donné par lettre recommandée ou télécopie, si:

1. L'exécution du traité est juridiquement ou *de facto* rendue impossible
2. L'autre partie ne peut plus payer ses dettes, est insolvable, entre en liquidation ou perd le pouvoir de gestion
3. L'autre partie perd la moitié de son capital social versé
4. L'autre partie fusionne avec une autre société ou est soumise au contrôle d'une autre société
5. L'autre partie ne remplit pas ses engagements contractuels après en avoir été mise en demeure de les exécuter
6. Le pays de la Cédante ou du Réassureur se trouve engagé dans un conflit armé.

Au cas où ce traité serait résilié à une date autre que celle stipulée aux conditions particulières, la prime due au Réassureur serait calculée au prorata du nombre de jours écoulés entre la date d'effet et la date effective de résiliation ou *pro rata temporis* de la prime minimum, le montant le plus élevé étant retenu.

A l'expiration du traité ou en cas de résiliation, le Réassureur sera dégagé de toute obligation sur les risques en cours à la date d'effet de la dite expiration ou résiliation.

Dans tous les cas, pour les sinistres survenus pendant la période de validité du traité, l'engagement du Réassureur subsiste jusqu'à leur règlement définitif et la réserve pour sinistre en suspens sera ajustée annuellement jusqu'à épuisement de tous les sinistres en suspens. Les excédents ou insuffisances par rapport au montant des réserves seront réglés par la partie débitrice.

ARTICLE XVIII

Communications

Toutes les communications requises aux termes du traité prendront effet si elles sont adressées:

a) en ce qui concerne la Cédante à son adresse indiquée en titre du présent traité ou à tout autre adresse désignée par elle,

b) en ce qui concerne le Réassureur, à son siège social ou à l'adresse précisée aux conditions particulières.

CONDITIONS PARTICULIÈRES 2005 DU TRAITÉ DE RÉASSURANCE EN EXCÉDENT DE SINISTRE INCENDIE ET ÉVÉNEMENTS NATURELS

entre

La Cédante,

et

Le Réassureur

il est arrêté et convenu ce qui suit:

Préambule

Les présentes conditions particulières définissent l'engagement des deux parties au titre du traité. Elles sont indissociables, tant des conditions générales que des annexes.

I – OBJET DU TRAITÉ

Le traité a pour objet la réassurance en excédent de sinistre par risque et/ou événement de toutes les souscriptions directes en coassurance et par voie de réassurance facultative de la Cédante dans les branches mentionnées ci-après.

II – ÉTENDUE DE LA COUVERTURE

Polices multirisques habitation, multirisques professionnelles et plaisance pour les garanties suivantes:

- Evénements naturels notamment: tempête, ouragans, cyclones, grêle sur toitures, poids de la neige et/ou de la glace sur toitures, gel.
- Conflagration.
- Incendie et risques annexes notamment les risques locatifs, recours des locataires.

Territorialité:

Risques souscrits en France métropolitaine, Départements et Territoires d'Outre Mer, dans les Principautés de Monaco et d'Andorre, en Espagne, Belgique, Allemagne, Italie, Suisse et Luxembourg.

III – MISE EN JEU DE LA COUVERTURE

Priorité, portée et participation du réassureur

Le Réassureur accepte, aux conditions ci-après, de rembourser à la Cédante et à concurrence de sa participation de 10%:

1. Evénements naturels:

Première tranche:

EUR 48.000.000 de perte nette définitive après une priorité de EUR 2.000.000 de perte nette définitive par événement.

Une reconstitution de garantie moyennant le versement d'une prime additionnelle calculée à 100% de la prime définitive à savoir au prorata de la garantie absorbée et indépendamment de la date de survenance du sinistre.

Engagement maximum annuel des réassureurs au titre de cette tranche: EUR 96.000.000.

<u>Deuxième tranche</u>:

EUR 75.000.000 de perte nette définitive après une priorité de EUR 50.000.000 de perte nette définitive par événement.

Une reconstitution de garantie moyennant le versement d'une prime additionnelle calculée à 100% de la prime définitive à savoir au prorata de la garantie absorbée et indépendamment de la date de survenance du sinistre.

Engagement maximum annuel des réassureurs au titre de cette tranche: EUR 150.000.000.

2. <u>Risques technologiques et conflagration</u>:

EUR 28.000.000 de perte nette définitive après une priorité de EUR 2.000.000 de perte nette définitive par événement.

Une reconstitution de garantie moyennant le versement d'une prime additionnelle calculée à 100% de la prime définitive à savoir au prorata de la garantie absorbée et indépendamment de la date de survenance du sinistre.

Engagement maximum annuel des réassureurs: EUR 56.000.000.

3. <u>Incendie, risques annexes, risques locatifs, recours des voisins et des tiers</u>:

Engagement à hauteur du seuil du Pool des Risques Locatifs en perte nette définitive après une priorité de EUR 2.000.000 de perte nette définitive par risque et/ou par événement.

Une reconstitution de garantie moyennant le versement d'une prime additionnelle calculée à 100% de la prime définitive à savoir au prorata de la garantie absorbée et indépendamment de la date de survenance du sinistre.

Engagement maximum annuel des réassureurs au titre de cette tranche: deux fois le seuil du Pool des Risques locatifs.

IV – PRIME

La Cédante créditera le Réassureur de sa quote-part d'une prime provisionnelle et minimum annuelle de:

• Evénements naturels:

EUR 11.780.000 ajustable au taux de 6,95% pour la première tranche.

EUR 2.500.000 ajustable au taux de 1,45% pour la deuxième tranche.

• Risques technologiques et conflagration:

EUR 763.000 ajustable au taux de 0,45%.

• Incendie, risques annexes, risques locatifs, recours des voisins et des tiers:

EUR 322.000 ajustable au taux de 0,19%.

Ces primes provisionnelles seront payables par moitié les 1er mars et 1er septembre 2005.

Elles seront ajustées par application des taux aux cotisations nettes acquises pour l'ensemble des branches couvertes.

Par cotisations nettes acquises on entend les cotisations émises de l'année, au net d'annulations et de ristournes.

V – SINISTRES

• Déclaration: sinistres égaux ou supérieurs à la priorité.

• Règlement au comptant: sur demande de la Cédante pour tout sinistre excédant le montant de la priorité.

VI – DURÉE DU TRAITÉ

Effet – durée

Le présent traité prend effet le **1er janvier 2005** à zéro heure pour une durée ferme d'un an, à savoir jusqu'au **31 décembre 2005** à 24 heures, ces deux jours inclus.

Les parties reconnaissent avoir pris connaissance des conditions générales et des annexes qui font partie intégrante du présent traité.

Fait en double exemplaire, signé et échangé entre les parties contractantes pour être exécuté de bonne foi.

c) Exemple de texte contractuel pour un traité de réassurance en excédent de sinistre RC Automobile

EXCÉDENT DE SINISTRE AUTOMOBILE ET RESPONSABILITÉ CIVILE GÉNÉRALE

CONDITIONS GÉNÉRALES

ARTICLE 1

Définitions

Par «***frais externes***», on entend les dépenses engagées par la Cédante en relation avec l'indemnisation d'un sinistre déterminé afférent à une police couverte dans le cadre du présent traité.

Entrent notamment dans les *frais externes,* les frais d'enquête, d'expertise et de procédure. Les salaires des employés et les frais généraux de la Cédante ne constituent pas des *frais externes.*

Par «***limite de la couverture de réassurance***», on entend le montant maximal que la Cédante peut obtenir – par sinistre – de tous les Réassureurs participant au présent traité.

Par «***monnaie du traité***», on entend la monnaie dans laquelle est exprimée la couverture de réassurance.

Par «***période de réassurance***», on entend la période annuelle ou les périodes annuelles entre la prise d'effet et la fin du présent traité de même que toute période similaire postérieure à la fin du présent traité tant que des soldes contractuels sont encore ouverts.

Par «***police***», on entend tout type de contrat d'assurance ou de réassurance facultative, conformément au champ d'application du présent traité.

Par «***prestations d'assurance***», on entend l'indemnité d'assurance, les intérêts, et les *frais externes* que la Cédante a payés, ou a l'obligation de payer, en cas de réalisation des risques garantis par les polices couvertes dans le cadre du présent traité.

Par «***priorité***», on entend le montant par sinistre à partir duquel le Réassureur garantit la couverture de réassurance.

Par «***taux de change officiel***», on entend le taux de change (prix de vente) publié par un quotidien économique international reconnu.

ARTICLE 2

Réassurance obligatoire

La Cédante s'engage à payer au Réassureur une prime de réassurance et le Réassureur à octroyer à la Cédante une couverture de réassurance selon les conditions et dans les limites du présent traité et en relation avec les sinistres couverts dans le cadre du présent traité.

Le présent traité s'applique automatiquement et sans exception à toutes les polices entrant dans son champ d'application.

ARTICLE 3

Champ d'application du Traité

Le présent traité s'applique aux sinistres se produisant durant sa période de validité dans l'étendue géographique indiquée aux Conditions Particulières et frappant des polices souscrites par la Cédante dans les branches d'assurance et dans l'étendue géographique indiquée aux **Conditions Particulières.**

Le présent traité s'applique aux polices étant des contrats d'assurance souscrits directement par la Cédante (en tant qu'assureur) ou en coassurance, ou étant des contrats de réassurance facultative qui sont acceptés par la Cédante (en tant que réassureur), à moins que les parties n'en disposent autrement aux **Conditions Particulières.**

ARTICLE 4

Conservation nette couverte

Le présent traité ne s'applique qu'à la conservation nette que la Cédante garde à sa charge selon sa politique de souscription arrêtée.

La couverture garantie par le Réassureur dans le cadre du présent traité ne saurait s'accroître ni du fait d'une erreur ou d'une omission de la Cédante qui entraînerait une augmentation de sa conservation nette normale, ni par suite de l'absence d'une couverture de réassurance en contradiction avec sa pratique établie, ni en raison de l'incapacité ou de l'impossibilité pour la Cédante de recouvrer un montant dû par tout autre Réassureur, pour quelque motif que ce soit, par exemple en raison d'insolvabilité de ce dernier.

ARTICLE 5

Exclusions

La liste des exclusions s'appliquant au présent Traité est mentionnée dans les **Conditions Particulières.**

ARTICLE 6

Informations inexactes ou incomplètes

Les termes et conditions du présent traité se basent sur les informations que la Cédante a fournies au Réassureur avant la conclusion du traité.

S'il apparaît que la Cédante a fourni au Réassureur des informations dont elle savait qu'elles étaient inexactes ou incomplètes, le présent traité sera considéré comme nul s'il s'avère que le Réassureur aurait refusé d'octroyer une couverture de réassurance s'il avait eu connaissance des faits véritables.

S'il s'avère que le Réassureur aurait bien octroyé une couverture de réassurance s'il avait eu connaissance des faits véritables, mais à des conditions moins avantageuses, le présent traité sera modifié en conséquence avec effet rétroactif au moment de sa prise d'effet.

Pour déterminer comment le Réassureur aurait agi s'il avait eu connaissance des faits véritables, on examine comment un réassureur raisonnable aurait agi dans les mêmes circonstances, à moins que la Cédante ne parvienne à démontrer que le Réassureur aurait agi différemment.

ARTICLE 7

Étendue de la couverture de réassurance par sinistre

Si la perte nette définitive dépasse – par sinistre – la priorité de la Cédante, le Réassureur prend la somme la dépassant en charge conformément à sa part au traité. Toutefois, le montant recouvrable par la Cédante ne saurait dépasser – par sinistre – la limite de la couverture de réassurance.

La priorité du traité, la part incombant au Réassureur et la limite de la couverture de réassurance sont stipulées dans les **Conditions Particulières.**

ARTICLE 8

Étendue de la couverture de réassurance par période de réassurance

Par période de réassurance, la Cédante sera indemnisée par le Réassureur au maximum à concurrence du montant stipulé aux **Conditions Particulières** comme limite de couverture annuelle.

Toutefois, les parties ont le droit de stipuler dans les **Conditions Particulières** une limite de la couverture de réassurance par période de réassurance grâce à un nombre de reconstitutions déterminé dans les **Conditions Particulières.**

ARTICLE 9

Définition du sinistre

Sont couverts les sinistres qui se produisent pendant la période de validité du présent traité et qui affectent des polices originales couvertes par le présent traité.

La définition, la datation et l'affectation des sinistres de Responsabilité Civile ou de Dommages font l'objet des clauses spécifiques mentionnées aux **Conditions Particulières** et annexées au présent traité.

ARTICLE 10

Perte Nette Définitive

Par «perte nette définitive», on entend – à l'exclusion des exceptions ci-dessus – les prestations d'assurance et les frais externes payés par la Cédante en règlement d'un sinistre couvert par le présent traité, à l'exclusion des sauvetages, récupérations et restitutions.

Par restitutions, on entend également les paiements découlant des réassurances précipútaires indépendamment de leur rentrée, à l'exclusion des paiements provenant des tranches de réassurance sous-jacentes en excédent de sinistre.

Tous sauvetages, récupérations ou autres paiements que le Réassureur obtient postérieurement au règlement d'un sinistre en application du présent traité sont traités comme s'ils avaient été obtenus avant ledit règlement. Les parties procèdent par la présente à tout ajustement nécessaire de façon immédiate.

Il est précisé que cette clause ne saurait être interprétée comme signifiant que le paiement des sinistres par le Réassureur ne serait pas exigible dans le cadre du présent traité tant que la perte nette définitive de la Cédante n'aurait pas été déterminée.

Les intérêts de retard, judiciaires ou autres, font l'objet d'un décompte séparé; ils sont répartis entre Cédante et le Réassureur au marc le franc des portions d'indemnités et frais qui leur incombent.

ARTICLE 11

Sinistres en monnaies étrangères

Pour les sinistres dont le règlement intervient dans une monnaie qui n'est pas la monnaie du traité, l'engagement du Réassureur se calcule de la façon suivante:

a) La priorité et la limite de la couverture de réassurance seront converties dans la monnaie qui sera déterminante pour le règlement des sinistres. La conversion se fait au taux de change officiel en vigueur au commencement de la période de réassurance dans laquelle le sinistre s'est produit.
b) Dès que la perte nette définitive en monnaie étrangère surmonte – après l'application de la clause de stabilité – la priorité ainsi convertie, le montant couvert par la réassurance sera converti de nouveau dans la monnaie du traité. La conversion se fait au taux de change officiel en vigueur au jour du règlement des prestations d'assurance.

Pour les sinistres dont le règlement intervient dans plusieurs monnaies, l'engagement du Réassureur se calcule de la façon suivante:

a) La perte nette définitive en chaque monnaie étrangère sera convertie dans la monnaie du traité au taux de change officiel en vigueur au commencement de la période de réassurance dans laquelle le sinistre s'est produit. Cela détermine le pourcentage de chaque monnaie à la perte nette définitive.
b) Ce pourcentage pour chaque monnaie est ensuite appliqué à la priorité et à la limite de la couverture de réassurance pour donner les sommes correspondantes pour chaque monnaie concernée (exprimée en monnaie du traité).
c) La priorité et la limite de la couverture de réassurance seront ensuite converties dans la monnaie applicable au règlement des sinistres. La conversion se fait au taux de change officiel en vigueur au commencement de la période de réassurance dans laquelle le sinistre s'est produit.
d) Dès que la perte nette définitive dans une des monnaies étrangères dépasse – après l'application de la clause de stabilité – la priorité ainsi calculée pour cette monnaie, le montant couvert par la réassurance sera converti de nouveau dans la monnaie du traité. La conversion se fait au taux de change officiel en vigueur au jour du règlement des sinistres.

ARTICLE 12

Clause de stabilité

La priorité de la Cédante et la limite de la couverture de réassurance sont soumises à la clause de stabilité mentionnée aux **Conditions Particulières** et annexée au présent traité.

ARTICLE 13

Partage du sort dans le règlement des sinistres

Le Réassureur est lié par les prestations d'assurance accordées par la Cédante, pour autant que le règlement des sinistres intervienne tant dans le strict respect des conditions de la police concernée que dans le cadre des dispositions du présent traité. L'obligation du Réassureur de fournir à la Cédante des prestations de réassurance présuppose que la Cédante ait pour sa part effectivement payé, ou s'apprête à payer, l'assuré(e) concerné(e).

Il est précisé expressément que les prestations d'assurance accordées par la Cédante alors qu'elle n'y serait pas tenue (indemnités à bien plaire ou «ex gratia») ne lient le Réassureur que si celui-ci y a consenti au préalable.

ARTICLE 14

Prime de réassurance

La Cédante s'oblige à verser au Réassureur une prime de réassurance pour chaque période de réassurance. Le montant de cette prime correspond au pourcentage des primes qui est précisé dans les **Conditions Particulières. Les Conditions Particulières** précisent s'il s'agit du revenu des primes souscrites ou encaissées.

La Cédante verse au Réassureur une prime provisionnelle pour chaque période de réassurance; le montant et les modalités de paiement de cette prime sont précisés dans les **Conditions Particulières.**

La prime minimale fixée dans les **Conditions Particulières** reste due en tous les cas.

Par «primes acquises conservées», on entend le total des primes brutes (pour les polices couvertes) souscrites ou encaissées par la Cédante durant la période de réassurance correspondante, après déduction des annulations et remboursements de primes, ainsi que des primes pour la réassurance préciputaire.

Les primes libellées dans une monnaie qui n'est pas la monnaie du traité seront converties dans la monnaie originale au taux de change arrêté dans la comptabilité de la Cédante.

ARTICLE 15

Prime de reconstitution

La Cédante verse au Réassureur une prime additionnelle pour des reconstitutions dans la mesure où cela est prévu dans les **Conditions Particulières.** La méthode de calcul de cette prime est mentionnée aux **Conditions Particulières.** La prime additionnelle vient à échéance en même temps que l'indemnité du Réassureur. Si le règlement du ou des sinistres devait intervenir avant l'établissement de la prime définitive, la prime additionnelle serait calculée, sous réserve d'ajustement, sur le montant de la prime provisionnelle et minimum.

ARTICLE 16

Politique de souscription

La Cédante tiendra le Réassureur informé de toutes modifications importantes dans sa politique de souscription arrêtée pour les catégories d'affaires auxquelles s'applique le présent traité. Si la Cédante manque à son obligation d'informer le Réassureur, celui-ci sera délié de son obligation de prendre en charge sa part au traité en relation avec les polices concernées par ledit changement, et remboursera en contrepartie la part de la prime de réassurance afférente à ces polices et correspondant à la période postérieure auxdites modifications.

La politique de souscription établie se reflète en particulier dans les textes préimprimés de polices, les conditions générales, et les tarifs utilisés par la Cédante au moment de la prise d'effet du présent traité.

Les modifications dans la politique de souscription sont importantes lorsqu'elles sont susceptibles d'augmenter l'engagement du Réassureur ou son exposition aux risques dans le cadre du présent traité à un point tel qu'un Réassureur raisonnable n'aurait, dans les mêmes circonstances, pas couvert les polices concernées dans le cadre du présent traité, mais bien plus dans le cadre d'une autre couverture de réassurance.

ARTICLE 17

Avis de sinistre

La Cédante avise le Réassureur par écrit, dès qu'elle en a connaissance, mais en tous les cas avant toute demande de règlement ou de représentation des engagements faite au Réassureur, de tout sinistre susceptible de dépasser le pourcentage de la priorité du présent traité mentionné aux **Conditions Particulières.** Cet avis englobe notamment des informations sur les faits, la situation juridique, et le montant estimé du dommage. Suite à l'avis, la Cédante tient le Réassureur informé de toute évolution du sinistre annoncé, ainsi que de la liquidation définitive de celui-ci.

ARTICLE 18

Liste des sinistres en suspens

La Cédante s'oblige à fournir au Réassureur, dans un délai de soixante jours suivant la fin de chaque période de réassurance, une liste des sinistres encore en suspens. Cette liste doit indiquer les sinistres séparément par période de réassurance et par branche d'assurance. La liste doit préciser pour chaque sinistre ce qui a déjà été payé et ce qui reste encore en réserve, de même que la part pouvant incomber au Réassureur.

ARTICLE 19

Coopération dans le règlement des sinistres

Le règlement des sinistres incombe à la Cédante.

Concernant les sinistres que la Cédante se doit de déclarer conformément aux dispositions du présent traité, la responsabilité du Réassureur est automatiquement engagée à la condition toutefois que la Cédante accepte de coopérer dès que possible avec le Réassureur apériteur, ou toute autre personne désignée par ses soins, si le Réassureur le demande.

ARTICLE 20

Droit de regard

Sur la demande du Réassureur, la Cédante doit mettre à disposition de celui-ci ou de toute personne désignée par lui à cet effet, à son siège social ou à tout autre établissement, toutes les informations concernant les affaires entrant dans le champ d'application du présent traité dont elle est en possession ou dont elle a le contrôle.

Le Réassureur peut exercer son droit de regard à tout moment apparaissant opportun. Le Réassureur doit aviser la Cédante de son intention d'exercer son droit de regard au moins deux semaines à l'avance, ce délai pouvant être ramené à quarante-huit heures au minimum en cas d'urgence.

La Cédante doit fournir au Réassureur qui en fait la demande, et aux frais de celui-ci, copie de ses livres, des comptes et de tout document contenant des informations relatives aux affaires entrant dans le champ d'application du présent traité.

Lorsqu'une procédure judiciaire, ou une procédure d'arbitrage opposant les parties au présent traité est en cours, le Réassureur ne peut exercer son droit de regard que par l'intermédiaire d'une personne qui sera désignée par l'instance saisie du litige.

ARTICLE 21

Système comptable

Le système comptable qui s'applique au présent traité est indiqué aux **Conditions Particulières.** Il peut s'agir du système par année comptable, du système par année de survenance, du système par année de souscription, ou d'une combinaison de plusieurs de ces systèmes de comptabilisation.

ARTICLE 22

Comptes

La Cédante doit établir des comptes et les fournir au Réassureur pour chaque période comptable, et cela dans les délais, indiqués aux **Conditions Particulières.**

Les comptes seront libellés dans la monnaie du traité et ils seront séparés pour chaque branche d'affaires auxquelles s'applique le présent traité en précisant à chaque fois la part incombant au Réassureur.

ARTICLE 23

Approbation des comptes et paiement des soldes

Le Réassureur doit approuver les comptes ou émettre des objections à leur sujet dans le délai fixé aux **Conditions Particulières.** Si le Réassureur émet des objections, la Cédante doit fournir une version apurée des comptes.

Les soldes ressortant des comptes sont à payer dans les délais indiqués aux **Conditions Particulières.** Le paiement d'un solde par le Réassureur sans qu'il n'émette d'objections est considéré comme une approbation tacite des comptes correspondants, sous réserve d'erreurs et d'omissions.

ARTICLE 24

Paiement du sinistre

La Cédante établit un décompte séparé pour chaque paiement exigé dans le cadre d'un sinistre. Ce décompte doit englober une preuve des paiements effectués par la Cédante ainsi que d'autres informations essentielles.

Le solde qui résulte du décompte est à payer dans le délai fixé dans les **Conditions Particulières.**

ARTICLE 25

Monnaie de paiement

Les paiements entre les parties s'effectuent dans la monnaie du traité.

Toutefois, les parties peuvent convenir aux **Conditions Particulières** d'une monnaie de paiement particulière. Dans ce cas, la conversion se fait au taux de change officiel en vigueur au jour du paiement.

ARTICLE 26

Compensation

Chacune des parties au présent traité a le droit de compenser les montants qu'elle doit avec les soldes qui peuvent lui être dus par l'autre partie en application du présent traité ou de tout autre traité de réassurance qui les lient entre elles.

ARTICLE 27

Représentation des engagements

Le Réassureur participe, au prorata de son intérêt, à la représentation des provisions constituées par la Cédante au titre des risques entrant dans le cadre du présent traité, selon des modalités précisées dans les **Conditions Particulières.**

Le dépôt par nantissement de valeurs s'effectuera selon les dispositions de l'article 29 et suivants de la loi n° 83-1 du 3 janvier 1983 modifiée par l'article 102 de la loi 96597 du 2 juillet 1996 ainsi que du Code des Assurances (articles R.332-17 et R.332-20 notamment).

A cet effet, une convention de gage de compte d'instruments financiers sera rédigée à partir d'un modèle convenu entre la Cédante et le Réassureur, agréé par la Commission de Contrôle des Assurances, des Mutuelles et Institutions de Prévoyance.

En cas de résiliation, les valeurs affectées à la représentation des provisions sont libérées au fur et à mesure de l'extinction des engagements du Réassureur.

Les parties se réservent de réviser d'un commun accord les stipulations du présent article si les dispositions légales ou administratives en la matière venaient à être modifiées.

ARTICLE 28

Prise d'effet et durée

Le présent traité prend effet le 1er janvier 2007 à zéro heure et se termine le 31 décembre 2007 à minuit, sans tacite reconduction.

Les parties contractantes se réservent le droit de résilier le présent traité en tout temps, sans délai préalable lorsque:

a) une évolution notable intervient en ce qui concerne le contrôle du partenaire contractuel, que ce soit par changement de propriété ou de toute autre manière; ou
b) le partenaire contractuel réduit son capital social versé pour s'acquitter de ses dettes; ou
c) le partenaire contractuel est insolvable ou est dans l'incapacité d'honorer ses dettes, ou lorsqu'un mandat d'intervention, ou de liquidation, ou tout autre mandat qui marque le début d'une procédure de liquidation par rapport au partenaire contractuel est décerné par un tribunal ou une autorité administrative; ou

d) l'un des partenaires contractuels se voit partiellement ou entièrement retirer, suspendre ou soumettre à condition par un tribunal ou une autorité administrative l'autorisation de pratiquer l'assurance ou la réassurance; ou
e) l'exécution de l'ensemble, ou d'une partie du présent traité est interdite ou rendue impossible de jure ou de facto; ou
f) le partenaire contractuel vient à manquer gravement aux modalités ou aux obligations découlant du présent traité; ou
g) l'Etat sur le territoire duquel le partenaire contractuel est domicilié *de jure ou de facto* est impliqué dans des hostilités armées l'opposant à un autre pays, que la guerre soit déclarée ou non, ou est occupé en tout ou en partie par une autre puissance, ou est affecté par une guerre civile.

Si une des parties au présent traité se voit affectée par un motif de résiliation immédiate selon l'alinéa 2 ci-dessus, elle est tenue de le faire savoir par écrit dans les trente jours au partenaire contractuel, à moins que celui-ci n'ait manifestement connaissance dudit motif.

La résiliation immédiate s'exerce par notification écrite au partenaire contractuel, au plus tard trente jours après que la partie qui résilie a eu connaissance du motif de résiliation. La résiliation prend effet au moment où la notification est envoyée ou, si les communications sont interrompues, au moment où il a été tenté de l'envoyer. La notification par écrit peut également avoir lieu par télécopie, courriel avec accusé de réception, ou télégramme.

ARTICLE 29

Sinistres en suspens à la fin du traité

Lorsque le présent traité prend fin, le Réassureur reste tenu d'indemniser la Cédante en relation avec tous les sinistres dont le règlement est encore en suspens à cette date.

ARTICLE 30

Obligations accessoires

Les obligations accessoires, notamment l'obligation d'établir des comptes, l'obligation de livrer des informations relatives aux sinistres, ou l'obligation de laisser libre accès aux informations (droit de regard) perdurent jusqu'à ce qu'il n'y ait plus de solde ouvert dans le cadre du présent traité. Dans ce contexte, la raison pour laquelle le traité prend fin n'a aucune incidence sur lesdites obligations.

ARTICLE 31

Forme applicable aux modifications

Les modifications apportées au présent traité ne sont valables que si elles sont passées en forme écrite et dûment signées des deux parties.

ARTICLE 32

Changement de loi

Au cas où une quelconque modification de loi intervenant après la prise d'effet du présent traité changerait les droits et obligations des parties, le traité sera, d'un commun accord, adapté aux nouvelles dispositions après discussion entre la Cédante et le

Réassureur apériteur. Par modification de loi, on entend toute modification de texte législatif ou réglementaire.

Tant que les parties ne se seront pas mises d'accord sur l'adaptation du traité à la nouvelle législation, son exécution est soumise aux textes en vigueur à la date de sa prise d'effet et ce tant pour les sinistres survenus mais non encore liquidés avant la date d'entrée en vigueur de la nouvelle législation que pour ceux survenus après cette même date.

Dès que les parties se seront déclarées d'accord sur les nouvelles conditions du traité, les sinistres concernés seront réglés conformément à ces nouvelles dispositions.

ARTICLE 33

Usages commerciaux et droit applicable

Le présent traité est régi par les usages commerciaux de l'assurance et de la réassurance en vigueur dans le marché considéré et par le droit applicable au présent traité stipulé aux **Conditions Particulières.** Dans l'hypothèse d'un conflit entre les dispositions du présent traité et les usages commerciaux ou le droit applicable, les premières l'emportent dans la mesure où cela ne constitue pas une infraction au droit applicable. Dans l'hypothèse d'un conflit entre les usages commerciaux et le droit applicable, les premiers l'emportent dans la mesure où cela ne constitue pas une infraction au droit applicable.

Le présent article garde toute sa validité même en cas de nullité du présent traité.

ARTICLE 34

Résolution des différends

Lorsqu'elles ne parviennent pas à résoudre par la négociation les contestations intervenant entre elles en relation avec le présent traité, que celui-ci soit en vigueur ou non, y compris celles ayant trait à sa formation et à sa validité, les parties contractantes doivent s'efforcer en toute bonne foi de rechercher une solution en ayant recours à la médiation non-obligatoire, avant de s'en remettre à un tribunal arbitral conformément aux dispositions qui suivent.

Sauf accord contraire des parties, le tribunal arbitral (le tribunal) sera composé de personnes, actives ou retraitées, ayant au moins dix ans d'expérience de l'assurance ou de la réassurance internationale, en qualité de collaborateurs ou de conseils à titre professionnel de sociétés actives dans ce secteur.

A moins que les parties ne tombent d'accord sur la personne d'un arbitre unique dans les trente jours à compter de la réception de la requête écrite d'arbitrage d'une partie par l'autre, le demandeur (la partie requérant l'arbitrage) désignera un arbitre (le premier arbitre) et en avisera l'autre partie (le défendeur) par écrit. Dans les trente jours suivant la réception de cet avis, le défendeur désignera un arbitre (le second arbitre) et en avisera le demandeur par écrit, faute de quoi ce dernier pourra requérir de l'instance ci-après mentionnée qu'elle procède à la désignation du deuxième arbitre.

Dans les trente jours suivant la nomination du deuxième arbitre, le premier et le deuxième arbitre désigneront un troisième arbitre. Faute par eux d'y procéder, l'un d'eux ou une des parties pourra requérir de l'instance ci-après mentionnée qu'elle désigne le troisième arbitre. En tous les cas, le troisième arbitre fonctionnera comme président.

Le tribunal est constitué dès que le troisième arbitre a accepté sa nomination. Les trois arbitres décident à la majorité. Si une majorité ne peut être dégagée, la décision du troisième arbitre l'emporte.

Si un arbitre désigné renonce à sa fonction ou n'est plus en mesure de l'exercer, un nouvel arbitre sera nommé pour le remplacer en suivant la procédure prévue ci-dessus.

A moins que le tribunal n'en dispose autrement dans les quinze jours suivant sa constitution, les parties soumettront leur cause au tribunal dans les quarante-cinq jours à compter de la date de constitution.

La procédure d'arbitrage est laissée à la libre appréciation du tribunal. Celui-ci n'est en particulier lié par aucune règle de preuve formelle.

Le tribunal notifiera aux parties sa sentence, écrite et motivée, au plus tard soixante jours après qu'il sera parvenu à sa décision. La sentence est définitive et obligatoire pour les parties, qui s'engagent à l'exécuter. Si l'une d'elles vient à y manquer, l'autre peut requérir l'exécution de la sentence auprès du tribunal compétent de tout Etat dans lequel la partie défaillante est domiciliée, possède des biens ou exerce une activité.

Le tribunal se prononce librement sur le montant, la monnaie, et l'échéance des frais et dépens de l'arbitrage, ainsi que sur leur répartition entre les parties.

L'instance investie du pouvoir de nomination est mentionnée aux **Conditions Particulières.**

Le siège du tribunal arbitral est mentionné aux **Conditions Particulières.**

La présente clause compromissoire garde toute sa validité même en cas de nullité du présent traité.

CONDITIONS PARTICULIÈRES 2007

Programme Excédent de Sinistre Automobile et Responsabilité Civile Générale Tranches 1 à 4

CÉDANTE

Nom et adresse du siège social de la cédante.

EFFET – DURÉE:

1er janvier 2007 à zéro heure au 31 décembre 2007 à minuit, ces deux jours inclus.

FORME DE COUVERTURE

Excédent de Sinistre par risque et par événement.

AFFECTATION DES SINISTRES

Sinistres survenant pendant la période mentionnée au paragraphe «EFFET-DURÉE».

RISQUES COUVERTS:

Sont couverts sur la base «fait dommageable» pour la RC Auto et Risques des Particuliers, et sur la base «réclamation» pour les polices RC établies sur cette base:

• la Responsabilité Civile Automobile, (y compris la garantie du conducteur et la garantie Individuelle des personnes transportées).

• la Responsabilité Civile Générale, (y compris RC des contrats multirisques habitation, assurance chasse, scolaire, associations).

• les Dommages Matériels Automobiles, (y compris comme suite à des événements naturels et attentats/actes de terrorisme).

EXCLUSIONS:

Liste des exclusions définie en annexe 1.

TERRITORIALITÉ

Polices souscrites en France métropolitaine y compris en Corse, étant entendu que la garantie du traité s'exerce partout où la garantie de la Cédante est acquise à ses assurés.

LIMITES

1re tranche: EUR 1.500.000 de perte nette définitive par sinistre et par événement en excédent de EUR 500.000 de perte nette définitive à la charge de la cédante.

2e tranche: EUR 2.000.000 de perte nette définitive par sinistre et par événement en excédent de EUR 2.000.000 de perte nette définitive.

3e tranche: EUR 4.000.000 de perte nette définitive par sinistre et par événement en excédent de EUR 4.000.000 de perte nette définitive.

Dommages Automobiles non couverts.

4e tranche

• **RCA, Dommages Corporels:** garantie illimitée après application d'une priorité de EUR 8.000.000.

• **RCA, Dommages Matériels:** EUR 92.000.000 de perte nette définitive par sinistre et par événement en excédent de EUR 8.000.000 de perte nette définitive.

• **RC des Particuliers:** EUR 92.000.000 de perte nette définitive par sinistre et par événement en excédent de EUR 8.000.000 de perte nette définitive.

• **RC Générale:** EUR 8.000.000 par sinistre et par an après application d'une priorité de EUR 8.000.000.

• **Dommages Auto:** non couverts.

• **Attentats/actes de terrorisme:** non couverts.

RECONSTITUTIONS:

Première tranche:

• RC Automobile: reconstitutions illimitées et gratuites.

• RC Générale / RC des Particuliers: trois reconstitutions gratuites.

• Dommages Auto suite événements naturels: une reconstitution à 100%.

• Attentats/Actes de Terrorisme (RC et Dommages): une reconstitution à 100%.

Deuxième tranche:

- RC Automobile: reconstitutions illimitées et gratuites.
- RC Générale / RC des Particuliers: deux reconstitutions gratuites.
- Dommages Auto suite événements naturels: une reconstitution à 100%.
- Attentats/Actes de Terrorisme (RC et Dommages): une reconstitution à 100%.

Troisième tranche:

- RC Automobile: reconstitutions illimitées et gratuites.
- RC Générale / RC des Particuliers: deux reconstitutions gratuites.
- Dommages Auto suite événements naturels: non couverts.
- Attentats/Actes de Terrorisme (RC et Dommages): une reconstitution à 100%.

Quatrième tranche:

- RC Automobile:

Corporel: reconstitutions illimitées et gratuites.

Matériel: reconstitutions illimitées et gratuites.

- RC des Particuliers Tous dommages confondus: reconstitutions illimitées et gratuites.
- RC Générale: pas de reconstitution.
- Dommages Auto suite événements naturels: non couverts.
- Attentats/Actes de Terrorisme (RC et Dommages): non couverts.

TAUX DE PRIME:

1re tranche: 9,90%

2e tranche: 3,95%

3e tranche: 1,05%

4e tranche: 0,32%

Ces taux sont applicables sur l'assiette des primes RC acquises pour la période des douze mois du traité.

PRIME MINIMUM ET PROVISIONNELLE:

1re tranche:	EUR 1.504.800
2e tranche:	EUR 600.400
3e tranche:	EUR 159.600
4e tranche:	EUR 48.640

Payable par moitié les 1er janvier et 1er juillet 2007.

COMPTES:

Périodicité: annuelle.

Comptes établis en Euros.

Délai d'envoi: trois mois.

Délai de vérification: soixante jours à la réception des comptes.

Délai de règlement: quinze jours à l'envoi du bien trouvé.

SYSTÈME COMPTABLE

Système de l'année de survenance:

- Les primes de réassurance sont imputées aux différents exercices en fonction de la date à laquelle la prime d'assurance correspondante est devenue exigible (en cas de calcul basé sur la prime d'assurance émise) ou en fonction de la date à laquelle la prime d'assurance correspondante a été payée (en cas de calcul basé sur la prime d'assurance encaissée).
- Les indemnités de réassurance et les indemnités pour intérêts et frais sont imputées aux différents exercices en fonction de la date de la survenance (fait dommageable ou réclamation) du sinistre correspondant.

SEUIL D'AVIS DE SINISTRE

Pourcentage de la priorité: 75%.

Catégories de sinistres devant faire l'objet d'un avis de sinistre par la Cédante, indépendamment du montant du dommage, de la responsabilité, et de la couverture:

- coma, lésions cérébrales et médullaires,
- réclamations pour dommages corporels aux USA/CANADA,
- sinistres en série,
- procès engagés sur la couverture.

SEUIL DE SINISTRE AU COMPTANT:

Sur demande de la Cédante, pour tout sinistre excédant le seuil de la priorité, payable dans les dix jours.

DÉPÔTS:

100% de la provision pour sinistre en suspens en titres.

COURTAGE: 10%.

CLAUSES ET CONDITIONS APPLICABLES:

• Conditions Générales Excédent de Sinistre RCA et RCG.

• Clause de définition du sinistre et de l'événement (RC et Dommages) définie en *annexe 2*.

• Clause des rentes indemnitaires (suivi additionnel) définie en *annexe 3*.

• Clause des pénalités «Loi Badinter» définie en *annexe 4*.

• Clause de partage des intérêts (déplafonnement) définie en *annexe 5*.

• Clause de stabilité (Marge de 10% – Indice GIMRP 4T2004) définie en *annexe 6*.

• Clause d'exclusion des risques liés à l'énergie nucléaire définie en *annexe 7*.

• Clause d'atteinte à l'environnement définie en *annexe 8*.

• Loi française applicable.

• Siège du tribunal arbitral: Paris.

• Instance investie du pouvoir de nomination: Président du Tribunal de Commerce de Paris.

INFORMATIONS

Assiette des primes *acquises* estimée pour 2007(*): EUR **19.000.000.**

Assiette des primes *acquises* estimée pour 2006(*): EUR **18.000.000**.

(* RC Auto et autres + Garantie Personnelle du Conducteur)

Ce programme reprend l'intégralité des conditions techniques (hors tarification) arrêtées entre la Cédante et le Réassureur apériteur en titre des programmes RCA/RCG et Dommages aux Biens.

Ce dernier assortit ses conditions tarifaires d'une clause de participation bénéficiaire établie sur la globalité des cessions convenues entre les deux parties. Ces conditions sont du ressort exclusif de la Cédante et du Réassureur apériteur.

PLACEMENT:

Tranche 1	Tranche 2	Tranche 3	Tranche 4
15,00%	15,00%	15,00%	15,00%

RÉASSUREUR:

Nom et adresse du siège social du réassureur.

Annexe 1

Exclusions

1) *Exclusions générales*

Ne sont pas couverts au titre du présent Traité:

• les traités de réassurance obligatoire ou de rétrocession.

• les traités de réassurance facultative à base d'excédent de sinistre.

• la participation directe ou proportionnelle facultative aux polices en excédent, aux polices dites «*umbrella*», et aux polices dont la priorité dépasse le montant fixé aux **Conditions Particulières.**

• les couvertures rétroactives délivrées spécifiquement pour des sinistres connus ou pour des incidents et circonstances connus de la Cédante qui peuvent causer des dommages.

• les responsabilités résultant pour la Cédante de la reprise de sinistres en suspens d'une autre compagnie d'assurance.

• les polices conclues sur une base financière, c'est-à-dire les polices dans lesquelles le transfert de risque apparaît clairement secondaire par rapport à la transaction financière.

• les responsabilités résultant pour la Cédante de l'octroi de pouvoirs de souscription à des tiers, sauf si les conditions et les tarifs, y compris le matériel de souscription, ont été au préalable expressément agréés par la Cédante. Cette exclusion vise notamment les libertés de souscription accordées sous la désignation de «*binding authority*», «*automatic cover*», ou «*lineslip*».

• les obligations extracontractuelles, c'est-à-dire les obligations de la Cédante envers le preneur d'assurance ou un tiers qui ne rentrent pas dans le cadre de la garantie octroyée par une police couverte par le présent Traité, par exemple les dommages intérêts de tout type, notamment les dommages punitifs, exemplaires, compensatoires ou indirects, dus par la Cédante à un assuré ou à un tiers. Tout sinistre ou dommage résultant directement ou indirectement de guerre, invasion, acte d'ennemi étranger, hostilités ou opérations assimilées à des faits de guerre (avec ou sans déclaration de guerre), guerre civile, mutinerie, désordre public qui prend les proportions d'une insurrection populaire ou qui y est assimilé, révolte militaire, insurrection, rébellion, révolution, pouvoir militaire ou usurpé, loi martiale, confiscation, nationalisation, réquisition, destruction ou dommage à la propriété par ou sous les ordres de quelque gouvernement ou autorité locale que ce soit.

• les risques liés à l'énergie nucléaire selon la clause d'exclusion NMA 1975a et tout autre type de sinistre, pour des dommages, des pertes, des dépenses, des frais ou des coûts de quelque nature que ce soit, causé directement ou indirectement par une réaction nucléaire, un rayonnement nucléaire ou une contamination nucléaire.

Cette exclusion s'applique indépendamment de toute autre cause pouvant contribuer au, ou occasionner le dommage et ce quel que soit l'ordre de survenance des causes.

Ne sont pas concernés par cette exclusion les dommages, pertes, dépenses, frais ou coûts affectant des garanties d'assurance exclues du champ d'application de la clause NMA 1975a et pour lesquelles le Réassureur a expressément accordé sa couverture.

• les dommages automobiles sont exclus des tranches 3 et 4.

• les attentats et actes de terrorisme sont exclus de la tranche 4.

2) *Automobile*

• Les exclusions prévues dans les polices originales.

• Les affaires en provenance de pools y compris celles provenant du Pool GTAM, ou de tout Pool qui lui est substitué, ainsi que toute réassurance et rétrocession.

• Guerre, guerre civile, révolution, invasion, acte d'ennemi étranger, hostilité ou opération assimilée à des faits de guerre (que la guerre soit déclarée ou non).

• La réassurance de polices émises en dehors des pays de souscription indiqués au Traité.

• Les garanties relevant de la Loi no. 82-600 du 13 juillet 1982, relatives à l'indemnisation des victimes de catastrophes naturelles, modifiée par la Loi no. 90-509 du 25 juin 1990, et amendée par la Loi 91-5 du 3 janvier 1991.

• Les responsabilités encourues du fait de l'utilisation de véhicules ou engins à moteur de tout genre prenant part à des épreuves, courses, compétitions ou leurs essais, lorsque l'assuré participe en qualité de concurrent. Restent toutefois garantis les rallyes dits touristiques ou de concentration lorsque l'élément de vitesse n'est pas prépondérant.

• Les dommages dus au transport de sources de rayonnements ionisants lorsque celles-ci ont provoqué ou aggravé le sinistre.

• Les véhicules utilisés pour le transport de matières inflammables, explosives, corrosives, comburantes ou biologiquement dangereuses, dès lors que lesdites sources auraient provoqué ou aggravé le sinistre. Les dommages causés par lesdits véhicules restent cependant couverts lorsque le transport ne dépasse pas 500 kilogrammes ou 600 litres, y compris l'approvisionnement nécessaire au moteur.

• Les TPM (sauf pour propre compte), les TPV. Les flottes de véhicules ne sont pas expressément exclues, mais doivent faire l'objet d'un rapport semestriel sur base d'informations détaillées, transmis au Réassureur apériteur.

3) *RC Générale – Liste d'exclusions/limitations du marché français (RCE 94)*

• La réassurance des polices émises en dehors des pays de souscription indiqués au Traité.

• Les assurances dites en second risque ou en lignes successives, sauf si la Cédante participe à toutes les lignes depuis la base avec le même pourcentage, ou une part qui au niveau des lignes successives ne dépasse pas le pourcentage souscrit en première ligne.

• Les polices ou les programmes internationaux dits *umbrella* avec des garanties en différence de conditions (DIC) et/ou de limites (DIL).

• La responsabilité résultant d'opérations d'exportation vers les Etats-Unis et/ou au Canada.

• Les affaires en provenance de pools, ainsi que toutes réassurances et rétrocessions autres que les réassurances facultatives en quote-part.

• Les transferts de portefeuille de toute nature.

• Les responsabilités résultant pour la Cédante de l'octroi de pouvoirs de souscription à des tiers, sauf si les conditions (y compris le matériel de souscription) ont été préalablement spécifiées et agréées par la Cédante.

• Les risques acceptés dans le cadre de couvertures automatiques, «*binding authorities*» et «*line-slips*» (liberté de souscription accordée sous ces désignations) ou similaires.

• Les risques de guerre étrangère déclarée ou non, de guerre civile, émeutes, mouvements populaires, sabotage et tout événement assimilable à ceux précités, ainsi que les accidents dus à des engins de guerre.

• Les risques liés à l'énergie nucléaire selon la clause LNMA 75 (94) en annexe, et, d'une façon générale, tous les dommages ou l'aggravation des dommages causés:

a) par des armes ou engins destinés à exploser par modification de structure du noyau de l'atome.
b) par toute source de rayonnements ionisants (en particulier radio-isotope) dépassant un curie, utilisé ou destiné à être utilisé hors d'une installation nucléaire et dont l'assuré ou toute personne dont il répond à la propriété, la garde ou l'usage ou dont il peut être tenu pour responsable du fait de sa conception, sa fabrication ou son conditionnement.

• Les pénalités, astreintes et amendes infligées à la Cédante du fait de son comportement dans l'exécution de ses obligations contractuelles ainsi que les indemnités payées au-delà de la somme assurée d'une police d'assurance.

Toutefois, si une offre de règlement d'un sinistre établie de concert entre la Cédante et le Réassureur est jugée manifestement insuffisante par une juridiction compétente et que l'assureur est condamné à payer une indemnité compensatoire excédant la somme assurée de la police d'assurance concernée, le dépassement de la somme assurée sera reparti entre la Cédante et le Réassureur au marc le franc des portions d'indemnité qui leur incombent dans le cadre de la somme assurée du contrat.

• Les couvertures rétroactives délivrées spécifiquement pour des sinistres et/ou des incidents ou circonstances connus.

• Les risques liés à la navigation aérienne et spatiale:

a) la navigation elle-même, l'exploitation des aérodromes et spatiodromes, ainsi que de leurs services auxiliaires.

b) la fabrication de tout véhicule aérien ou spatial et de leurs composants spécifiques répondant à des normes aviation, leur entretien, transformation, réparation, ainsi que ravitaillement.

• Les responsabilités encourues du fait de l'utilisation de véhicules ou engins à moteur de tout genre prenant part à des épreuves, courses, compétitions ou leurs essais, lorsque l'assuré participe en qualité de concurrent ou d'organisateur.

Restent toutefois garantis dans le cadre de cette convention les rallyes dits touristiques ou de concentration lorsque l'élément de vitesse n'est pas prépondérant.

• L'exploitation des chemins de fer, les tramways et risques similaires, sauf en ce qui concerne les risques afférents aux embranchements particuliers.

• Les risques relevant en France de l'assurance de responsabilité décennale prévue aux articles 1792 et suivants du Code Civil, ainsi que les assurances d'autres pays ayant le même objet.

• Les couvertures RC après livraison, RC Produits et après travaux ne comportant pas une limitation annuelle de la somme assurée (*aggregate limit*).

• L'assurance garantie de produits, c'est-à-dire la couverture des frais de réparation, de remplacement ou de remboursement des produits défectueux ou présumés l'être, ainsi que toute garantie de performance, de résultat et de délai.

• La couverture des frais engagés par l'assuré du fait d'une opération de retrait de produits défectueux ou présumés l'être (frais d'avertissement, de rapatriement, de destruction, etc.).

• Les assurances «perte d'exploitation» en général, y compris celles consécutives à un sinistre RC, ainsi que la partie dommages des polices combinées (Multirisques, Tous Risques Sauf).

• Les assurances RC professionnelles des professions libérales et en général de tout prestataire de services couvrant les conséquences pécuniaires d'erreur, faute ou manquement dans la gestion des intérêts d'autrui (par exemple la RC professionnelle des instituts financiers, des intermédiaires d'assurance et/ou de réassurance, des prestataires informatiques, des sociétés de révision et d'audit, des notaires, des architectes).

• La RC des dirigeants et des mandataires sociaux.

• Les risques d'atteintes à l'environnement selon la clause jointe.

Il est en outre précisé que la pollution non accidentelle et graduelle est strictement exclue.

• Les produits d'origine humaine.

• La garanties des recherches biomédicales visées par la loi française du 20.12.1988, modifiée par la loi du 23.01.1990, ainsi que les décrets 90-872 du 27.09.1990 et 91-440 du 14.05.1991.

• L'extraction, l'exploitation de l'amiante, ainsi que toute exécution de travaux où l'amiante constitue la matière principale utilisée. Est également exclue la fourniture de tous produits constitués principalement d'amiante.

• Les risques de mines en général, sauf à ciel ouvert.

• La RC des propriétaires et exploitants de barrages et batardeaux dans la mesure où ces ouvrages excèdent 15 mètres de hauteur.

• Les fabriques d'explosifs de quelque nature que ce soit, qu'il s'agisse de la fabrication proprement dite, du conditionnement, du chargement d'engins, du transport, de la distribution ou du magasinage.

• Les fabriques de produits chimiques explosibles, inflammables, corrosifs ou biologiquement dangereux, qu'il s'agisse de la fabrication proprement dite, du conditionnement, du chargement d'engins, du transport, de la distribution ou du magasinage.

• Les risques suivants liés à la navigation fluviale et maritime:

a) les risques portuaires tels que la manutention portuaire, les arrimeurs et les propriétaires ou exploitants de docks, quais, appontements, sauf amarrage des bateaux de plaisance.

b) la navigation à plus de 20 milles des côtes; est cependant couverte la navigation de bateaux de plaisance au-delà de 20 milles des côtes si la longueur des unités n'excède pas 15 mètres et si la capacité de transport par unité ne dépasse pas 10 personnes.

c) à moins de 20 milles des côtes et dans les eaux intérieures, le risque de navigation est exclu pour les navires excédant 200 tonneaux de jauge brute ou ayant une capacité supérieure à 50 personnes.

d) les garanties «corps» de navires restent en tout état de cause exclues.

• Les risques relevant de la responsabilité contractuelle du transporteur tant maritime que terrestre ou aérien, ainsi que les garanties recours des tiers des polices corps de navire.

• Les opérations d'unités offshore; les dommages trouvant leur origine dans la fourniture de produits ou de services spécialement destinés à la technologie offshore.

• La construction, la réparation et l'entretien de navires de plus de 200 tonneaux de jauge brute et d'unités offshore.

• Les risques de recherche, forage, extraction, raffinage, traitement, transport, stockage, distribution (y compris les pipe-lines) de produits combustibles gazeux ou liquides (sauf pour les grossistes et détaillants).

• Les entreprises spécialisées dans la démolition.

• Les entreprises d'approvisionnement en électricité et en gaz.

Annexe 2

Clause de définition du sinistre et de l'événement

Constitue un seul et même «sinistre» au sens du présent Traité l'ensemble des indemnités d'assurance dues au titre du même événement dommageable. Plusieurs dommages qui ont la même cause sont réputés constituer un seul et même sinistre quel que soit le nombre des polices d'assurance frappées, selon les modalités ci-après.

I. Responsabilité Civile Générale:

Le sinistre garanti par le Traité (définition, datation, affectation, cumul, exceptions).

A) Cas d'un sinistre affectant une seule police – ou plusieurs polices en ligne – d'un seul assuré

1) Définition et datation du sinistre:

A l'exception de la RC des Particuliers, l'ensemble des souscriptions retiendra le critère de réclamation. Par conséquent, le fonctionnement de la réassurance se fera également en base de réclamation, suivant ainsi le sort des polices originales.

La définition du sinistre pris au sens du présent Traité est celle de la police originale.

La date du sinistre est également celle retenue par la police originale, étant entendu qu'en tout état de cause et quand bien même cette police n'aurait pas été mise à jour, il conviendra de retenir le critère retenu par les textes légaux d'ordre public applicables en la matière et qui sont:

- la date du fait dommageable

ou

- celle de la réclamation.

En l'absence de définition contractuelle du «sinistre sériel», les définitions légales sont applicables. La date attribuée à ce sinistre sériel est exclusivement celle du sinistre le plus ancien le composant telle que déterminée au 2e alinéa ci-dessus.

2) Cas particulier:

En cas d'ambiguïté sur la date du sinistre dans la police originale, et à défaut d'accord entre la Cédante et le Réassureur quant à son interprétation, le critère retenu pour la datation dudit sinistre est la «première constatation vérifiable» définie comme suit:

«Tout fait objectif établi par tout moyen de preuve recevable attestant pour la première fois de la réalité d'un dommage garanti».

3) Affectation du sinistre:

Le présent traité couvre tout sinistre dont la date déterminée ci-dessus est située pendant sa période de validité. Chaque sinistre est affecté à l'exercice correspondant à sa datation. Il est pris en charge par le présent traité, selon les modalités et dans la limite du montant prévus à l'article «Engagement du Réassureur». Pour les réclamations formulées pendant le délai subséquent de garantie, les sinistres sont pris en charge par le traité en vigueur à la date du dernier jour de validité de la garantie dont la suppression a fait naître le délai subséquent concerné.

B) Cas d'un cumul de sinistres affectant plusieurs garanties et/ou polices d'un ou plusieurs assuré(s):

Définition du cumul de sinistres:

Lorsque plusieurs sinistres entrent individuellement dans le cadre du présent Traité en application des dispositions du point A ci-dessus, et répondent également aux critères énumérés ci-après, les priorités relatives à ces sinistres individuels sont agrégées pour constituer un seul et même sinistre au sens du Traité.

1) Seuls les cas suivants permettent de constituer un cumul de sinistres:

a) un événement dommageable unique, limité dans le temps et dans l'espace, affectant:

- plusieurs garanties d'un seul assuré,
- plusieurs assurés.

b) en matière de Responsabilité Civile Produits, Après Livraison et Après Travaux:

L'ensemble des réclamations impliquant plusieurs assurés et consécutives à un défaut unique affectant un même produit conçu et réalisé pour une même consommation finale. En aucun cas une matière première ne peut être considérée comme un produit, au sens du présent Traité.

c) en matière de Responsabilité Civile Professionnelle:

L'ensemble des réclamations impliquant plusieurs assurés et consécutives à une même faute, consistant en un défaut de conseil lié à l'utilisation d'un même produit manufacturé et fourni par un tiers.

d) en cas de mise en jeu conjointe de garanties Responsabilité Civile produits, Après Livraison et Après Travaux d'une part, ainsi que Responsabilité Civile Professionnelle d'autre part:

Dans la limite des dispositions prévues au paragraphe b) ci-dessus, l'ensemble des réclamations impliquant un ou plusieurs assurés et consécutives à un défaut unique affectant un seul et même produit, lorsqu'il(s) est (sont) intervenu(s) dans sa conception, fabrication, installation ou fourniture.

2) Datation du cumul de sinistres:

La date attribuée à un cumul de sinistres est exclusivement celle du sinistre individuel le plus ancien le composant, telle que déterminée aux points A-1) et A-2) ci-dessus.

3) Affectation du cumul de sinistres:

Le présent Traité couvre chaque cumul de sinistres dont la date, telle que déterminée au point B 2) ci-dessus, est située pendant sa période de validité. Chaque cumul de sinistres est affecté à l'exercice correspondant à sa datation. Il est pris en charge par le présent Traité, selon les modalités et dans la limite du montant prévus à l'article «Engagement du Réassureur».

C) Exceptions

Pour les polices et/ou garanties énumérées ci-après, et nonobstant les dispositions de la police originale, du point A et du point B, il est expressément convenu que le sinistre pris au sens du Traité s'entend d'un sinistre par victime, quel que soit le nombre de victimes:

• RC médicale,

• RC chef d'entreprise à l'égard des préposés, dans le cadre de l'indemnisation des maladies professionnelles, ainsi que pour tout autre produit couvrant les conséquences des maladies professionnelles.

II. Événements Naturels et Troubles sociaux:

1) Le terme «Evénement» signifie un cumul de sinistres individuels couverts par les polices originales, relevant exclusivement des garanties ci-après:

A) En cas de phénomènes naturels, l'ensemble des sinistres dus à la même cause.

La cause étant définie comme suit:

• Pour un tremblement de terre, un séisme sous-marin: la même secousse tellurique d'origine tectonique, ses répliques dans un rayon de 100 kilomètres autour de l'épicentre et les raz de marée en résultant, pendant 168 heures consécutives au maximum.

• Pour une éruption volcanique: la même éruption, ses éruptions secondaires, ses coulées et les raz de marée en résultant pendant 168 heures consécutives au maximum.

• Pour une inondation: la même crue dans un bassin versant donné pendant 504 heures consécutives au maximum.

• Pour une tempête, cyclone, ouragan, tornade: la même perturbation atmosphérique identifiée et ininterrompue pendant 72 heures consécutives au maximum.

• Pour la grêle: le même front thermique pendant un jour civil. Il est convenu que les sinistres résultant d'un même front thermique qui se prolonge après minuit, sont indemnisés au titre du même événement.

• Pour une avalanche, un glissement de terrain: une même coulée.

• Pour le poids de la neige ou de la glace sur toiture: un cumul de précipitations qui provoque des effondrements pendant 168 heures consécutives au maximum.

B) En cas de troubles sociaux, l'ensemble des sinistres survenus dans la même commune et résultant:

• De grèves, émeutes, mouvements populaires pendant 72 heures consécutives au maximum.

• D'attentats pendant 72 heures consécutives au maximum.

2) Un événement débute au plus tôt à la survenance du premier sinistre à la charge de la cédante. Un «phénomène naturel» ou des «troubles sociaux» qui se poursuivraient au-delà des durées maximales spécifiées constituent plusieurs événements.

3) En cas de divergences sur des questions scientifiques, les parties conviennent de demander une expertise auprès d'une institution neutre et mutuellement reconnue.

4) Toutes les autres garanties offertes au titre du présent Traité, ne faisant pas l'objet d'une définition sous les paragraphes A ou B, notamment le gel, doivent faire l'objet d'une convention particulière.

5) Cette définition fait partie intégrante du présent Traité. Elle ne déroge en rien aux exclusions et limites mentionnées par ailleurs.

Annexe 3

Clause des rentes indemnitaires (méthode additionnelle)

Si un sinistre donne lieu au paiement soit d'une rente temporaire ou viagère non indexée, soit d'une rente dont l'indexation est prise en charge par un fonds et ne reste pas à la charge de la Cédante, le capital constitutif de la rente est calculé sur la base de l'annuité de départ et d'après le barème de capitalisation de l'arrêté du 20 Décembre 1996 (table de mortalité TD 88-90 – taux de capitalisation 60% du TME et au maximum 3,5%) et le Réassureur participe à la provision pour sinistres en suspens sur cette base.

Pour tout sinistre donnant lieu au paiement d'une rente temporaire ou viagère indexée et dont l'indexation n'est pas prise en charge par l'état ou par tout organisme créé à cet effet, l'intervention du Réassureur sera déterminée de la même manière que pour les rentes non indexées. Toutefois, l'engagement du même réassureur en ce qui concerne la partie supplémentaire des arrérages due au jeu de l'indexation sera limité à une fois le capital constitutif initial calculé sur la base susmentionnée. Il est tenu compte de cette limite dans le cadre du calcul du provisionnement des rentes indexées.

Le Réassureur suit le service de la rente jusqu'à son extinction selon la méthode dite méthode additionnelle: chaque arrérage de rente est considéré comme un règlement distinct et la clause de stabilité du Traité est appliquée à chacun de ces règlements en fonction de la date réelle du paiement de l'arrérage de rente.

Le Réassureur intervient alors dans le paiement du sinistre selon le fonctionnement classique du Traité, c'est-à-dire lorsque la somme des règlements dépasse la priorité.

Il est entendu que la Cédante et le Réassureur peuvent décider à l'issue d'une période assez longue le rachat de certaines rentes à des conditions qui seront à définir d'un commun accord et qui devront prendre en considération l'espérance de vie attendue et le taux de rendement du marché financier au moment de ce rachat.

Annexe 4

Clause des pénalités «Loi Badinter:

N'entrent pas dans le calcul de la perte nette définitive les pénalités stipulées aux art. L 211-13 et L 211-18, livre II du Code des assurances. Restent ainsi à la charge exclusive de la Cédante les majorations du taux d'intérêt légal consécutives à la tardiveté d'une offre de règlement ou du paiement de l'indemnité.

Les éventuelles condamnations pour offres manifestement insuffisantes, prononcées en application de l'art. L 211-14, livre II, dudit Code, sont quant à elles supportées par la Cédante et par le Réassureur au marc le franc des portions d'indemnités et de frais qui leur incombent lorsque l'offre jugée manifestement insuffisante a été établie de concert avec le Réassureur.

Annexe 5

Clause de partage des intérêts, Condamnations au-delà des limites de la police originale

Le Traité prend en charge, mais au maximum jusqu'aux limites de souscription applicables fixées dans la Note de Couverture, les condamnations judiciaires passées en force de chose jugée obligeant la Cédante à régler au titre d'un sinistre, en principal, frais et intérêts, une somme globale d'un montant supérieur aux limites de la police originale, sous les réserves suivantes:

- Les pénalités, astreintes et amendes infligées à la Cédante du fait de son comportement dans l'exécution de ses obligations contractuelles restent exclues du champ d'application du présent Traité.
- Si une offre de règlement d'un sinistre établie de concert entre la Cédante et le Réassureur est jugée manifestement insuffisante par une juridiction compétente et que l'assureur est condamné à payer une indemnité compensatoire excédant la somme assurée de la police d'assurance concernée, le dépassement de la somme assurée sera réparti entre la Cédante et le Réassureur au marc le franc des portions d'indemnités qui leur incombent dans le cadre de la somme assurée du contrat.
- Les dispositions de la présente clause ne s'appliquent pas aux pénalités prévues par la loi Badinter, selon la clause annexée au présent Traité.
- La clause de partage des intérêts s'applique également aux intérêts moratoires dépassant les limites de la police originale.

Annexe 6

Clause de stabilité

Lorsqu'un sinistre affecte le présent Traité, la priorité de la Cédante et l'engagement des Réassureurs seront ajustés de la manière suivante:

Pour chaque règlement de sinistre effectué dans le cadre du présent Traité, la Cédante devra soumettre aux Réassureurs une liste de tous les montants individuels qui auront été nécessaires au règlement de ce sinistre, ainsi que la date à laquelle ces paiements/ réserves auront été effectués.

Par date du paiement on entend:

- La date du jour du paiement. Si le paiement est relatif à des prestations échelonnées régulièrement sur une période donnée, on retiendra la date médiane de la période concernée.
- Lorsque le jugement, une expertise ou autre pièce figurant au dossier donne à l'indemnité ou partie de cette indemnité une valeur certaine définitive, la date du paiement sera le jour repère de la fixation de l'indemnité. Pour la détermination de ce jour repère, on retiendra dès lors la date de l'accident ou celle où a été prononcé le jugement, selon que l'indemnité aura été calculée d'après le gain de la victime au moment de l'accident ou du jugement. En cas d'accord transactionnel, c'est la date de ce dernier qui sera prise en considération.
- Pour les recours on retiendra la date originale du paiement et non pas celle du remboursement suite au recours.
- Pour tout sinistre donnant lieu au paiement d'une rente temporaire ou viagère, la date déterminante pour l'ajustement de la provision mathématique de la rente concernée est celle du jugement, de l'accident ou de la transaction en application des principes généraux de la présente clause.

Le montant de chaque paiement/réserve sera ajusté au moyen de la formule ci-dessous:

$$\frac{\text{Montant effectif du paiement} \times \text{Indice de base}}{\text{Indice du trimestre précédant la date du paiement}} = \text{montant ajusté du paiement}$$

$$\frac{\text{Montant effectif de la réserve} \times \text{Indice de base}}{\text{Indice du trimestre précédant la date du réserve}} = \text{montant ajusté de la réserve}$$

Pour la partie du sinistre donnant lieu au paiement d'une rente indemnitaire, la contribution à la perte nette définitive est définie par le capital constitutif de la rente initiale concernée, calculé sur la base de la table TD 88-90 (Arrêté du 20.12.1996) et d'un taux d'actualisation de 60% du TME et au maximum 3.50%. Il est précisé que pour les rentes indexées, la capitalisation s'effectue sans tenir compte de l'indexation.

Ces ajustements ne seront effectués que si l'indice du trimestre précédant la date de paiement/de la réserve accuse un écart supérieur à 10% par rapport à l'indice de base.

Les paiements/réserves effectifs et les montants ajustés seront alors additionnés séparément.

La priorité de la Cédante et l'engagement des Réassureurs seront ensuite multipliés par le facteur suivant:

$$\frac{\text{Total des paiements/des réserves}}{\text{Total des montants ajustés}}$$

Définition des indices:

• Indices de référence:

Indice des salaires mensuels bruts (base 39 heures) des ouvriers – Ensemble des ouvriers, publié par le Groupe des Industries Métallurgiques de la Région Parisienne («G.I.M.R.P.»), base 100 en décembre 1980.

• Indice de base:

L'indice de base pour l'application du présent Traité est celui du 4e trimestre 2006.

Exemple hypothétique d'application de la clause de stabilité:

Données de base:

Réassurance:

- Priorité de la Cédante: 1.000.000 EUR
- Engagement des Réassureurs, 1re tranche: 3.000.000 EUR
- Engagement des Réassureurs, 2e tranche: illimitée

Indice de base: 100

Sinistre de 9.005.000 EUR, réglé en trois paiements:

- 3.550.000 EUR lorsque l'indice est de 105
- 3.960.000 EUR lorsque l'indice est de 120
- 1.495.000 EUR lorsque l'indice est de 130

Calcul de la charge de la Cédante et des Réassureurs:

a) Coût des paiements ramenés à l'indice 100

- 1er paiement (variation inférieure à 10%) = 3.550.000 EUR
- 2e paiement: € 3.960.000 × (100/120) = 3.300.000 EUR
- 3e paiement: € 1.495.000 × (100/130) = 1.150.000 EUR

b) Répartition du sinistre selon la formule:

$$\frac{\text{Montant total réel des paiements (soit 9.005.000)}}{\text{Montant total ajusté du sinistre (soit 8.000.000)}}$$

Soit, un engagement pour:

- la priorité: $1.000.000 \times \dfrac{9.005.000}{8.000.000} = 1.125.625$ EUR
- la 1re tranche: $3.000.000 \times \dfrac{9.005.000}{8.000.000} = 3.376.875$ EUR
- la 2e tranche: $4.000.000 \times \dfrac{9.005.000}{8.000.000} = 4.502.500$ EUR

Total égal au coût réel du sinistre = 9.005.000 EUR

Annexe 7

Clause d'exclusion des risques liés à l'énergie nucléaire (NMA 1975a (94) Monde Entier sauf Etats-Unis et Canada)

Sont exclus les risques liés à l'énergie nucléaire, que ces risques soient souscrits directement et/ou en réassurance et/ou au travers de pools ou associations.

Pour tout ce qui concerne l'application de cet accord, les risques nucléaires sont définis comme les assurances ou réassurances de dommages ou à l'égard des tiers (autres que les accidents du travail et/ou la responsabilité patronale) s'appliquant à:

i. L'ensemble des biens situés sur le site d'une centrale nucléaire.
   Les réacteurs nucléaires situés sur un site autre que celui d'une centrale nucléaire, y compris les locaux les abritant et le contenu (équipements et matériels) de ces locaux.
ii. L'ensemble des biens situés sur un ou plusieurs autres sites, quelle qu'en soit la nature (c'est-à-dire y compris, mais sans y être limité, les sites mentionnés au chapitre (I) ci – dessus), utilisés ou ayant été utilisés pour:
   a) la production d'énergie nucléaire, ou
   b) la production, l'utilisation ou le stockage de matières nucléaires.
iii. Tous les autres biens susceptibles d'être assurés par tout pool ou association nucléaire territorialement compétent, mais seulement dans la limite des règles d'un tel pool ou d'une telle association.
iv. La fourniture de biens et de services aux sites mentionnés aux chapitres (I) à (III) ci-dessus, à moins que ces assurances ou réassurances n'excluent spécifiquement les risques d'irradiation et de contamination par matières nucléaires.

A l'exception de ce qui est stipulé ci-après, il est entendu que les risques d'énergie nucléaire ne comprennent pas:

1. Les assurances ou réassurances relatives à la construction et/ou l'érection et/ou l'installation et/ou le remplacement et/ou la réparation et/ou la maintenance et/ou le déclassement des biens décrits aux chapitres I) à III) ci-dessus (y compris matériels et équipements de chantier).
2. Toutes autres assurances ou réassurances Bris de Machines ou de risques techniques, quelle qu'en soit la nature, n'entrant pas dans le cadre du chapitre I) ci-dessus.

Etant toujours entendu que ces assurances ou réassurances excluent les risques d'irradiation ou de contamination par des matières nucléaires.

Toutefois, l'exception ci-dessus ne s'applique pas:

1) aux garanties, de quelque type que ce soit, accordées dans le cadre d'assurances ou de réassurances s'appliquant:
   a) aux matières nucléaires.
   b) à tous biens situés dans la zone ou aire de haute radioactivité de toute installation nucléaire à compter du moment de l'introduction de matières nucléaires ou – pour les réacteurs – à partir du chargement en combustible nucléaire ou de la première divergence, en fonction de ce qui a été convenu avec le pool et/ou l'association nucléaire territorialement compétent.
2) aux garanties, de quelque type que ce soit, accordées dans le cadre d'assurances ou de réassurances couvrant les risques suivants:
   - incendie, foudre, explosion,
   - tremblement de terre,
   - aéronefs et autres appareils aériens ou toute chute d'objet en provenance de ces aéronefs ou appareils,
   - irradiation et contamination radioactive,
   - tous les autres risques assurés par le pool ou l'association nucléaire territorialement compétent.

et s'appliquant à tous les biens autres que ceux décrits au chapitre 1) ci-dessus et ayant un lien direct avec la production, l'utilisation ou le stockage de matières nucléaires à compter du moment de l'introduction de matières nucléaires à l'intérieur de ces biens.

Définitions:

On entend par «matière nucléaire»:

(i) tout combustible nucléaire, autre que l'uranium naturel ou l'uranium appauvri, capable de produire de l'énergie par un processus auto-entretenu de fission nucléaire à l'extérieur d'un réacteur nucléaire, seul ou en combinaison avec d'autres substances nucléaires, et

(ii) tout produit ou déchet radioactif.

On entend par «produit ou déchet radioactif» toutes les substances radioactives produites dans un réacteur nucléaire, ou toute substance rendue radioactive par exposition à des rayonnements entrant dans le cadre de la production ou de l'utilisation de combustible nucléaire, mais pas les isotopes radioactifs ayant subi les traitements successifs permettant d'en faire un usage scientifique, médical, agricole, commercial ou industriel.

On entend par «installations nucléaires»:

(i) tout réacteur nucléaire,

(ii) toute installation utilisant du combustible nucléaire pour la production de matières nucléaires, ou toute installation de traitement de matières nucléaires, y compris les installations de retraitement de combustible nucléaire irradié, et toute installation utilisée pour le stockage de matières nucléaires autre que le stockage susceptible d'intervenir dans le cadre du transport de ces matières.

On entend par «réacteur nucléaire» toute structure contenant du combustible nucléaire dont la configuration permet à une réaction auto-entretenue de fission nucléaire de se produire sans apport extérieur de neutrons.

On entend par «production, utilisation ou stockage de matières nucléaires» les opérations de production, fabrication, enrichissement, conditionnement, traitement, retraitement, utilisation, manutention de stockage et élimination de matières nucléaires.

On entend par «biens» tout terrain, bâtiment, structure, matériel, équipement, véhicule, contenu (y compris, mais sans y être limité, tous produits liquides ou gazeux), ainsi que tous objets et installations de quelque type que ce soit, fixes ou non.

On entend par «zone ou aire de haute radioactivité»:

(i) pour les centrales nucléaires et les réacteurs nucléaires: le caisson ou la structure abritant directement le cœur (y compris soutènements et enveloppe de protection) et son contenu, les barres de combustible et de contrôle ainsi que la zone de stockage du combustible irradié.

(ii) pour les installations nucléaires ne comprenant pas de réacteur, toute zone dans laquelle le niveau de radioactivité requiert la mise en place d'un bouclier biologique.

N.B.:

Il est entendu que le terme «accord», lorsqu'il est utilisé dans la présente clause, doit être considéré comme ayant le sens de «convention», «contrat», «réassurance», «traité» ou tout autre terme susceptible d'être utilisé dans le texte contractuel auquel la présente clause est annexée pour désigner le document en question.

Annexe 8

Clause d'atteinte à l'environnement

1. *Définition de l'atteinte à l'environnement*

Par atteinte à l'environnement, on entend:

- la rémission, la dispersion, le rejet ou le dépôt de toute substance solide, liquide, ou gazeuse, polluant l'atmosphère, les eaux ou le sol.
- la production d'odeurs, bruits, vibrations, ondes, radiations, rayonnements ou variations de température excédant la mesure des obligations ordinaires de voisinage.

2. *Exclusion*

La couverture du Traité ne s'applique pas aux dommages corporels, matériels et immatériels causés aux tiers par toute atteinte à l'environnement, ainsi qu'au remboursement des dépenses engagées par un assuré, entraînées par l'accomplissement d'opérations visant à neutraliser, isoler ou éliminer les substances polluantes.

Cette exclusion vise la responsabilité encourue en cas de dommages causés par:

- une entreprise industrielle, agricole, commerciale, un artisan, un exploitant agricole, un commerçant, un établissement de soins médicaux ou d'hospitalisation public, semi-public ou privé, du fait ou à l'occasion de l'exercice de l'activité garantie à l'intérieur de l'enceinte permanente de l'exploitation.
- une collectivité publique du fait de l'exploitation industrielle, agricole ou commerciale par elle d'une installation terrestre fixe ou d'une installation classée régie par la loi du 19.7.1976.
- un exploitant de centre de traitement et/ou d'enfouissement technique de déchets.
- une entreprise de travaux spécialisée dans le domaine de la dépollution.
- un prestataire de services spécialisé en matière d'environnement (conception, contrôle, entretien, maintenance, ainsi que l'audit de sites).

L'exclusion s'applique également aux risques non énumérés ci-dessus; cependant, pour ces derniers les dommages qui résultent d'une atteinte à l'environnement d'origine accidentelle, c'est-à-dire celle qui est la conséquence d'un événement soudain, imprévu et extérieur à la victime ou à la chose endommagée, restent couverts.

Il est par ailleurs précisé que l'ensemble des dispositions ci-dessus ne vise pas:

- en RC Exploitation: les dommages aux préposés dont le chef d'entreprise peut être rendu responsable de par la législation (par exemple faute inexcusable, faute intentionnelle,...).
- en RC Après livraison: les dommages causés par les produits, objets, travaux ou ouvrages et qui surviennent après livraison, remise de produits ou objets, terminaison de travaux ou ouvrages.

d) Exemple de texte contractuel pour un traité de réassurance en excédent de plein décès / invalidité

TRAITÉ DE RÉASSURANCE
(excédent de sommes)
DÉCÈS / INVALIDITÉ à prime nivelée

entre

La Cédante,

et

Le Réassureur

il est arrêté et convenu ce qui suit:

CONDITIONS GÉNÉRALES

Article 1

Cession

La cédante s'engage à céder au réassureur, qui l'accepte, une partie de tous les risques, comme décrits dans les conditions particulières et souscrits par celle-ci.

L'engagement maximum couvert par le présent traité, ainsi que la part du réassureur, sont déterminés dans les conditions particulières.

Article 2

Conditions générales de police et tarifs

Les conditions générales de police et les tarifs actuellement en vigueur sont annexés au présent traité et en font partie intégrante. Toute modification ultérieure doit être communiquée au réassureur. Lorsqu'une modification est susceptible d'influencer ou de modifier l'étendue des obligations du réassureur, elle doit être soumise à son accord.

Article 3

Risques exclus

Risque de guerre: le décès ou l'invalidité suite à la participation active de l'assuré à un fait de guerre, de guerre civile, d'émeute ou tout autre événement à caractère militaire.

De plus, le réassureur s'engage à suivre les exclusions prévues dans les conditions générales et particulières des polices de la cédante.

Article 4

Formalités médicales

Les risques souscrits qui tombent dans le cadre de ce traité sont liés aux formalités médicales annexées à la présente.

Toute modification ultérieure doit être soumise à l'accord du réassureur.

Article 5

Conservation de la cédante

La conservation de la cédante est la partie du capital sous risque que la cédante garde pour son propre compte. Le surplus constitue l'excédent réassuré (voir article 6). Pour l'application de ce traité, nous entendons par capital sous risque le capital décès et/ ou le capital constitutif de la rente, diminué du montant de la réserve mathématique constituée.

La conservation actuelle de la cédante est mentionnée dans les conditions particulières.

La conservation peut être adaptée annuellement à condition toutefois que le réassureur en soit averti par écrit au moins quatre mois à l'avance.

Si une modification est apportée à la conservation, le réassureur se réserve le droit de modifier la prime et/ou les conditions du présent traité à partir de la date d'entrée en vigueur de cette modification.

Article 6

Engagement du réassureur

Le capital sous risque réassuré est la partie du risque qui dépasse la conservation de la cédante. La capacité et la limite de ce traité de réassurance, ainsi que l'engagement du réassureur, sont déterminés dans les conditions particulières.

Article 7

Prime de réassurance

La prime de réassurance pour la partie obligatoire est déterminée comme suit:

1. La prime provisoire pour une année de réassurance est déterminée par l'application du tarif, mentionné dans les conditions particulières, sur les capitaux sous risque à la date d'effet de l'année de réassurance considérée. Une année de réassurance couvre une période de douze mois, prenant effet à la date d'effet mentionnée aux conditions particulières.

2. Le taux de prime nivelé pour cette année de réassurance est égal à la proportion de cette prime provisoire par rapport à la somme des capitaux de risque réassurés à la date d'effet de l'année de réassurance considérée.

3. La cédante versera au réassureur la prime provisoire telle qu'elle est formulée au point 1., selon les modalités décrites dans les conditions particulières.

4. A la fin de chaque année de réassurance, la prime de réassurance définitive est calculée par application du taux de prime nivelé, comme décrit au point 2., à la moyenne de la somme des capitaux sous risque réassurés à la date d'effet et à la date terme de l'année de réassurance concernée pour le portefeuille de réassurance considéré.

5. Après le calcul de la prime définitive, une correction de prime est effectuée, qui est égale à la différence entre:

- la prime de réassurance définitive et
- la prime provisoire.

6. Les nouvelles polices et les modifications aux polices existantes faisant partie du portefeuille réassuré sont couvertes sans supplément de prime. L'annulation d'une police ne donne pas lieu à un remboursement de prime.

Pour les affaires facultatives, la prime de réassurance est déterminée et calculée individuellement.

Article 8

Age de l'assuré

Par «âge de l'assuré» on entend l'âge utilisé pour le calcul de la prime de réassurance. Cet âge est égal à la différence entre l'année de réassurance et l'année de naissance.

Article 9

Informations à fournir

Au début de chaque année de réassurance, la cédante fournira au réassureur un support informatique reprenant sa composition comme détaillée dans les conditions particulières. Ce support informatique peut être remplacé par une liste. Les assurés se trouvant en invalidité sont également mentionnés. La description des informations nécessaires est reprise dans les conditions particulières.

Article 10

Sinistre

Le réassureur n'a aucun droit de contester les paiements effectués par la cédante. Chaque fois que la cédante doit effectuer un paiement en vertu d'un risque réassuré, elle en avertira immédiatement le réassureur et lui communiquera le montant de l'intervention, le nom de l'assuré, la date du sinistre ainsi que sa cause probable.

En cas de décès, le réassureur s'engage à régler sa part pour celui-ci endéans les huit jours à dater de la réception de l'avis.

L'intervention du réassureur en vertu de la couverture invalidité est réglée au terme de chaque période prévue de par les conditions particulières.

Si, par suite d'une décision judiciaire, les montants payés sont remboursés totalement ou en partie, le réassureur aura droit à une récupération proportionnelle à sa participation.

Article 11

Recouvrements

Tous les paiements que la cédante peut recouvrer auprès d'un tiers responsable ou de toute autre manière, seront proportionnellement affectés à la décharge du traité de réassurance, pour autant que ces recouvrements se rapportent à un sinistre pour lequel le réassureur est intervenu.

Article 12

Rachat de la rente en cours

Après écoulement d'un délai de cinq ans, le réassureur a la possibilité de racheter la rente en cours. Une distinction est faite entre les sinistres occasionnés par accident et les sinistres occasionnés par maladie.

A. *Sinistres occasionnés par accident*

Ces cas sont rachetés par le réassureur contre paiement à la cédante de la valeur de rachat. Les modalités de calcul de la valeur de rachat sont décrites dans les conditions particulières.

B. *Sinistres occasionnés par maladie*

Afin d'arriver à un accord sur la valeur de rachat, la cédante transmettra au réassureur le montant de rachat proposé ainsi que le dossier médical de l'assuré. Le réassureur examinera cas par cas les dossiers et communiquera sa décision à la cédante. Si les deux parties n'arrivent pas à un accord, le réassureur continuera à payer les rentes jusqu'à l'échéance ou la consolidation complète.

Aussitôt qu'une rente en cours est rachetée, les améliorations ou les aggravations de l'invalidité de l'assuré tombent en faveur, ou respectivement à décharge, de la cédante, exception faite des recouvrements comme prévus à l'article 11 et de fraude éventuelle de la part de la victime. La valeur de rachat est reprise dans le premier décompte qui suit l'accord.

Article 13

Décomptes

Au début de chaque période prévue dans les conditions particulières, la cédante transmettra au réassureur un extrait de compte mentionnant la prime provisoire pour la période correspondante, ainsi que les interventions du réassureur, tant pour la couverture invalidité que pour la couverture décès, pour la période précédente.

Dans les quatre mois suivant la fin de chaque année de réassurance, la cédante transmettra un décompte définitif au réassureur.

Le réassureur est tenu de vérifier ces décomptes dans le mois à dater de leur réception. Si le réassureur ne lui communique pas de remarques avant la fin de cette période, les chiffres de la cédante seront considérés comme exacts.

La prime provisoire et définitive pour chaque année de réassurance sera calculée par le réassureur sur base des informations fournies par la cédante suite à l'article 9.

Article 14

Participation bénéficiaire

Le réassureur versera à la cédante une participation bénéficiaire sur le bénéfice technique des réassurances faisant l'objet du présent traité, exception faite des affaires facultatives. Les modalités de calcul sont reprises dans les conditions particulières. A cet effet, le compte de pertes et profits sera établi comme suit:

Débits:

1) les primes de réassurance de l'année concernée;
2) le report des réserves mathématiques pour les sinistres encore à régler de l'année de réassurance précédente.

Crédits:

1) les sinistres réglés;

2) les réserves mathématiques pour les sinistres encore à régler à la fin de l'année de réassurance;
3) les frais de gestion du réassureur;
4) le report éventuel du solde déficitaire des années de réassurance précédentes.

Article 15

Droit de regard

Le réassureur a le droit de consulter, dans les bureaux de la cédante, toutes pièces ayant trait à la réassurance faisant l'objet du présent traité. A cette fin, le réassureur enverra un représentant dûment délégué.

Le réassureur est tenu d'aviser la cédante de son intention de faire appel à son droit de regard au moins 48 heures à l'avance.

Le réassureur peut faire usage de son droit tant qu'une des parties exprime une revendication concernant les affaires relevant de ce traité, même dans le cas où il serait résilié.

La cédante est tenue, sur demande du réassureur et moyennant paiement par ce dernier, de fournir des copies de toutes les pièces concernant les affaires cédées dans le cadre de ce traité.

Article 16

Erreurs et omissions

Les erreurs et omissions commises de bonne foi à l'occasion de la rédaction et de l'exécution de ce traité de réassurance ne pourront nuire aux droits et obligations réciproques des parties.

La cédante et le réassureur s'engagent à rectifier immédiatement les erreurs et omissions constatées.

Article 17

Arbitrage

Tous les différends relatifs au présent traité seront soumis à un tribunal arbitral siégeant à Bruxelles et composé de trois arbitres choisis parmi les directeurs de compagnies d'assurance ou de réassurance.

La partie qui entend porter un différend devant un tribunal arbitral en donne notification à la partie adverse. La notification doit se référer à la convention d'arbitrage et indiquer l'objet du litige. En outre, elle contiendra la désignation de son arbitre et une invitation à la partie adverse à désigner le sien.

Faute de désigner son arbitre par la partie à laquelle a été faite la notification dans un délai d'un mois à partir de la notification, la nomination en est faite par le Président du Tribunal de Première Instance de Bruxelles, à la requête de la partie la plus diligente.

Les deux arbitres en désignent un troisième qui sera le Président du tribunal arbitral. A défaut d'accord sur cette nomination, il y est procédé par le Président du Tribunal de Première Instance de Bruxelles, à la requête de la partie la plus diligente. Cette requête peut lui être adressée après un délai d'un mois après que le dernier arbitre ait accepté sa mission ou dès que le défaut d'accord a été constaté.

Les arbitres jugeront en dernière instance sans recours ni appel. Ils seront tenus de rendre leur jugement dans un délai de trois mois à dater de la constitution du tribunal arbitral. Le tribunal arbitral décidera à qui incomberont les frais d'arbitrage.

En vertu du présent article, la sixième partie du Code Judiciaire Belge, instaurée par la loi du 4 juillet 1972 (*M.B.* du 08.08.72), est d'application.

Article 18

Modification du traité

Toute modification au présent traité devra être actée par avenant signé par les deux parties. De tels avenants feront partie intégrante du traité.

Article 19

Début – Durée – Résiliation

Ce traité prend effet à la date et suivant les modalités prévues dans les conditions particulières. Chaque partie a le droit de résilier le traité moyennant notification préalable à l'autre partie. Le délai de préavis qui doit être observé à cet effet est défini dans les conditions particulières. Les parties contractantes ont toutefois le droit de résilier le traité à tout moment, sans préavis et avec effet rétroactif au début de l'année de réassurance en cours:

a) si l'exécution du traité devient impossible “de jure et de facto” pour une raison qui n'est pas imputable à la partie qui résilie;
b) si l'autre partie a des difficultés de paiement, est impliquée dans une procédure de faillite ou de liquidation, ou en cas de retrait de l'agrément;
c) si l'autre partie perd tout ou partie de son fonds social;
d) si l'autre partie ne remplit plus ses obligations contractuelles;
e) si, par suite de guerre, d'une action ou d'une décision émanant des autorités, il n'est plus possible de remplir les obligations découlant du présent traité;
f) en cas de fusion, de reprise ou d'assimilation.

Toute résiliation doit se faire par lettre recommandée, fax ou e-mail, adressé au siège principal du destinataire.

Article 20

Modalités en cas de résiliation

En cas de résiliation ou de rupture du présent traité, le portefeuille de réassurance est racheté au moment où la résiliation ou la rupture entre en vigueur.

Les obligations du réassureur subsistent toutefois pour tous les sinistres non réglés à la date où la résiliation ou la rupture prend effet.

Article 21

Droit et for applicable

Ce traité est gouverné et interprété conformément à la législation belge en la matière et relève de la seule compétence des tribunaux belges.

CONDITIONS PARTICULIÈRES

1. **Cession (Article 1)**:

- Les capitaux de risque réassurés pour les risques suivants:
- la couverture "décès",
- la couverture "complémentaire en cas de décès accidentel",
- la couverture "invalidité",
- la couverture "exonération du paiement des primes en cas d'invalidité".

2. **Conditions générales de police et tarif (Article 2)**:

- En dépit des modalités des conditions générales de police, les obligations du réassureur arrivent à leur terme au jour du 65ième anniversaire de l'affilié.

3. **Conservation de la cédante (Article 5)**:

- 500.000 EUR.

4. **Engagement du réassureur (Article 6)**:

A. <u>Partie obligatoire</u>:

- Pour la couverture décès: (la couverture complémentaire en cas de décès accidentel comprise): maximum € 500.000 par tête.
- Pour la couverture exonération du paiement des primes et la couverture invalidité (exprimée en rente annuelle): maximum € 35.000 par tête.

B. <u>Partie facultative</u>:

- L'excédent éventuel est offert facultativement.

5. **Prime de réassurance (Article 7)**:

- Tarifs pour:
- décès: 67% qx (MK-FK') — tableaux en annexe.
- invalidité: 1,54% de la rente annuelle réassurée.

6. **Informations à fournir (par assuré) (Article 9):**

- nom de l'assuré,
- numéro d'affiliation de l'assuré,
- date de naissance de l'assuré,
- sexe de l'assuré,
- date d'affiliation,
- le capital décès réassuré à la date d'effet ou à la date terme de l'année de réassurance,
- la contribution à prendre en considération pour l'application de la couverture invalidité à la date d'effet ou à la date terme de l'année de réassurance,
- pourcentage de la surprime pour le risque décès,
- pourcentage de la surprime pour le risque invalidité,
- la prime de réassurance exacte.

7. **Sinistre (Article 10)**:

- intervention pour un sinistre invalidité: à la fin de chaque trimestre.

8. **Rachat de la rente en cours (Article 12)**:

- Sinistres occasionnés par accident.
  90% du capital constitutif de la rente calculé selon les bases techniques suivantes:
  Table de mortalité: HFR (68–72)
  Taux d'intérêt technique: 3,25%.
  Correction d'âge: –2 ans pour les femmes
  +2 ans pour les hommes

Le capital constitutif est calculé en fonction du type de la rente, de la périodicité des paiements et du degré d'invalidité.

- Sinistres occasionnés par maladie.
  Date: au plus tôt 5 ans après la survenance du sinistre.
  Valeur: à convenir.

9. **Décomptes (Article 13)**:

- prime provisoire: au début de chaque trimestre.
- prime définitive: à la fin de chaque année de réassurance.

10. **Participation bénéficiaire (Article 12)**:

- Le fonctionnement est le suivant: un compte de pertes et de profits est établi d'après les éléments suivant ci-après:

Crédit:

- toutes les primes nettes perçues pour l'année de réassurance.
- les réserves éventuelles pour les sinistres encore à régler au terme de l'année de réassurance précédente.
- le report du solde du bénéfice éventuel du compte de pertes et profits de l'année de réassurance précédente.

Débit:

- tous les sinistres réglés.
- frais du réassureur (10%) sur les primes perçues.
- les réserves pour les sinistres encore à régler au terme de l'année de réassurance.
- le report du solde des pertes éventuelles du compte de pertes et profits de l'année de réassurance précédente.

Le calcul s'effectue par périodes de trois années, la première période allant du 01.01.2006 au 31.12.2008.

Du résultat positif, 25% est payé à la cédante.

Après chaque période de trois années, aucun transfert de pertes n'est plus possible.

11. **Début et durée (Article 17)**:

- Date d'effet: 01.01.2006.
- Durée: par période de trois années, après chaque fois tacitement reconduit par période de trois années, sauf en cas de résiliation valide par une des deux parties.
- Délai de préavis: trois mois.

12. **Part du réassureur**:

- 50%.

ANNEXE 1: Tables de mortalité MK / FK'

Âge	qx femmes (FK')	qx hommes (MK)	Âge	qx femmes (FK')	qx hommes (MK)
18	0.000837	0.001169	42	0.002235	0.003846
19	0.000849	0.001198	43	0.002417	0.004152
20	0.000862	0.001230	44	0.002621	0.004489
21	0.000876	0.001265	45	0.002850	0.004862
22	0.000892	0.001303	46	0.003107	0.005273
23	0.000911	0.001346	47	0.003395	0.005726
24	0.000931	0.001393	48	0.003718	0.006227
25	0.000954	0.001445	49	0.004081	0.006779
26	0.000980	0.001502	50	0.004487	0.007388
27	0.001009	0.001565	51	0.004943	0.008059
28	0.001041	0.001635	52	0.005454	0.008800
29	0.001077	0.001712	53	0.006027	0.009617
30	0.001118	0.001797	54	0.006670	0.010519
31	0.001164	0.001891	55	0.007391	0.011512
32	0.001215	0.001994	56	0.008199	0.012608
33	0.001273	0.002108	57	0.009104	0.013816
34	0.001337	0.002234	58	0.010120	0.015148
35	0.001410	0.002373	59	0.011257	0.016616
36	0.001491	0.002527	60	0.012533	0.018234
37	0.001583	0.002696	61	0.013962	0.020016
38	0.001685	0.002883	62	0.015562	0.021980
39	0.001800	0.003089	63	0.017355	0.024143
40	0.001929	0.003317	64	0.019363	0.026526
41	0.002073	0.003568	65	0.021610	0.029148

ANNEXE 2: Acceptation médicale pour les contrats d'assurance de groupe

Les formalités médicales concernent les nouvelles personnes à affilier.

Les personnes étant en invalidité au moment de l'entrée en vigueur de l'assurance ne seront admises dans la réassurance qu'à partir de la reprise du travail et après un éventuel examen médical.

formalités médicales	capital décès (€)	rente d'invalidité (€)
néant	0 – 300.000	0 – 15.000
questionnaire médical	pas d'application	15.000 – 30.000
questionnaire médical + tests sanguins (1)	300.000 – 625.000	30.000 – 45.000
examen médical + examen cardiologique + tests sanguins (2) + tests des urines (3)	625.000 – ...	45.000 – ...

Explication des différents tests

les tests sanguins (1) comprennent:

- hématologie: vitesse de sédimentation, globules rouges et blancs, hémoglobine;
- biochimie: cholestérol total, gamma-GT, triglycérides, glucose à jeun);
- virologie: VIH (1+2).

les tests sanguins (2) comprennent:

- tests sanguins (1);
- hématologie: hématocrite, thrombocytes, MCV, MCH, MCHC;
- biochimie: créatinine, acide urique, cholestérol HDL et LDL, GOT, GPT;
- virologie: HBeAg, HBsAg.

les tests de l'urine (3) comprennent:

- albumine;
- glucose;
- examen microscopique du sédiment.

Remarque

Les formalités médicales peuvent être étendues en fonction des déclarations de l'affilié, ou du questionnaire médical ou de l'examen médical.

ANNEXE 3: Acceptation médicale pour les contrats individuels

Les formalités médicales concernent les nouvelles personnes à assurer.

Les personnes étant en invalidité au moment de l'entrée en vigueur de l'assurance ne seront admises dans la réassurance qu'à partir de la reprise du travail et après un éventuel examen médical.

capital décès (€)				rente d'invalidité (€)
formalités médicales	**âge à la souscription n ≤ 45 ans**	**âge à la souscription 46 – 55 ans**	**âge à la souscription ≥ 56 ans**	
déclaration de santé	0 – 75.000	0 – 75.000	0 – 37.500	pas d'application
questionnaire médical	75.000 – 150.000	75.000 – 150.000	37.500 – 75.000	0 – 9.125
examen médical	150.000 – 250.000	150.000 – 200.000	75.000 – 150.000	9.125 – 18.750
examen médical + examen cardiologique + tests sanguins (1)	250.000 – 312.500	200.000 – 250.000	150.000 – 200.000	18.750 – 25.000

capital décès (€)				rente d'invalidité (€)
formalités médicales	**âge à la souscription n ≤ 45 ans**	**âge à la souscription 46 - 55 ans**	**âge à la souscription ≥ 56 ans**	
examen médical + examen cardio-logique + RX thorax + tests sanguins (2) + tests des urines (3)	312.500 -	250.000 -	200.000 -....	25.000 - ....

Explication des différents tests

les tests sanguins (1) comprennent:

- hématologie: vitesse de sédimentation, globules rouges et blancs, hémoglobine;
- biochimie: cholestérol total, gamma-GT, triglycérides, glucose à jeun);
- virologie: VIH (1+2).

les tests sanguins (2) comprennent:

- tests sanguins (1);
- hématologie: hématocrite, thrombocytes, MCV, MCH, MCHC;
- biochimie: créatinine, acide urique, cholestérol HDL et LDL, GOT, GPT;
- virologie: HBeAg, HBsAg.

les tests de l'urine (3) comprennent:

- albumine;
- glucose;
- examen microscopique du sédiment.

Remarque

Les formalités médicales peuvent être étendues en fonction des déclarations de l'assuré, ou du questionnaire médical ou de l'examen médical.

e) Exemple de texte contractuel pour un traité de type CAT XL

TRAITÉ DE RÉASSURANCE VIE

COUVERTURE CATASTROPHE EN EXCÉDENT DE SINISTRE

Entre

L'assureur

et

Le réassureur

il est convenu ce qui suit:

CONDITIONS GÉNÉRALES

Article 1

Objet du traité

Le présent traité a pour objet la couverture du risque de cumul à la suite d'une catastrophe touchant la conservation de l'Assureur dans les branches décrites dans les Conditions Particulières.

Article 2

Définition d'une catastrophe

Par catastrophe on entend tout accident ou série d'accidents suite à une seule et même cause, entraînant la mort dans un délai de douze mois à compter du jour du premier accident ou série d'accidents d'un nombre minimal de victimes, mentionné dans les conditions particulières.

Les sinistres successifs dans une période de 72 heures suite à un tremblement de terre, un ouragan ou une inondation seront considérés comme résultant d'une seule et même cause.

Les sinistres suite à une épidémie résultant d'une catastrophe couverte par le présent traité, seront considérés comme résultant de cette catastrophe.

Article 3

Risques exclus

Le risque de guerre:

les sinistres résultant directement ou indirectement d'un fait de guerre, d'une guerre civile, d'une émeute ou de tout autre événement à caractère militaire.

Le risque nucléaire:

les sinistres causés directement ou indirectement par des éléments radioactifs, toxiques, explosifs ou d'autres effets dangereux liés à la scission d'atomes, aux produits radioactifs, aux déchets nucléaires ou à toute autre source de rayonnement nucléaire.

Les sinistres résultant de troubles civils, d'actes de violence collectifs d'inspiration politique, idéologique ou sociale, accompagnés ou non de rébellion contre tout pouvoir investi, dans la mesure où les assurés y ont pris part volontairement et activement.

Les épidémies telles quelles.

Les conditions préexistantes.

Article 4

Coût total d'une catastrophe

Pour l'application de ce traité, le coût total d'une catastrophe est défini comme étant la somme de tous les montants de sinistre en rétention à payer par l'Assureur suite à une seule et même catastrophe, majorée des frais de règlement.

La détermination des montants de sinistre en rétention est reprise dans les Conditions Particulières.

Les paiements aux agents, inspecteurs et employés ainsi que les frais d'administration de l'Assureur ne sont pas considérés comme des frais de règlement pour la détermination du coût total.

Article 5

Conservation maximale

La conservation maximale par tête de l'Assureur est déterminée dans les Conditions Particulières.

La conservation peut être adaptée annuellement à condition toutefois que le Réassureur en soit averti par écrit au moins quatre mois à l'avance.

Si une modification est apportée à la conservation, le Réassureur se réserve le droit de modifier la prime et/ou les conditions du présent traité à partir de l'entrée en vigueur de cette modification.

Article 6

Priorité et Engagement du Réassureur

Le Réassureur intervient à concurrence de sa part dans la part du coût total d'une catastrophe qui dépasse la priorité.

L'intervention maximale du Réassureur par catastrophe est limitée à sa part de l'engagement.

Les valeurs de la priorité et de l'engagement sont déterminées dans les Conditions Particulières ainsi que la part du Réassureur.

Article 7

Prime de réassurance

La prime minimale à payer au Réassureur pour la couverture susmentionnée est définie dans les Conditions Particulières et est payable selon les modalités décrites dans les Conditions Particulières.

La prime de réassurance définitive est calculée à la fin de l'année de réassurance selon les modalités décrites dans les Conditions Particulières.

Si la différence entre la prime définitive et la prime minimale est positive, elle sera versée au Réassureur lors du décompte définitif.

Article 8

Déclaration de sinistre

Dès que l'Assureur a connaissance d'une catastrophe dont le coût total est susceptible de dépasser la priorité, elle est tenue d'en informer le Réassureur par écrit.

L'Assureur communiquera au Réassureur les informations suivantes:

- le nom des victimes;
- pour chacune des victimes, le capital sous risque conservé;
- la date et les circonstances de la catastrophe.

Toutes les informations qui pourraient présenter un intérêt pour le Réassureur seront jointes à ces données.

Article 9

Recouvrements

Tous les paiements que l'Assureur peut recouvrer suite à une décision judiciaire ou à toute autre raison seront prioritairement affectés à la décharge du traité de réassurance, pour autant que ces recouvrements se rapportent à une catastrophe pour laquelle le Réassureur est intervenu.

Article 10

Intervention du Réassureur et dépôt de sinistres

Lorsque le Réassureur est tenu de payer en vertu des conditions du présent traité, le montant dû est acquitté par le Réassureur, sur requête de l'Assureur, dans les quinze jours à dater de la réception des données à fournir.

Les réserves de sinistres seront déposées par le Réassureur, pour la part qui le concerne, auprès de l'Assureur sous la forme définie dans les Conditions Particulières.

Article 11

Décomptes

Dans les deux mois suivant la fin de chaque année de réassurance, l'Assureur transmettra un décompte définitif au Réassureur.

Le Réassureur est tenu de vérifier ce décompte dans les quinze jours à dater de sa réception. Si le Réassureur ne lui communique pas de remarques avant la fin de cette période, les chiffres de l'Assureur seront considérés comme exacts.

Article 12

Droit de regard

Le Réassureur a le droit de consulter, à tout moment, dans les bureaux de l'Assureur toutes pièces ayant trait au présent traité. A cette fin le Réassureur enverra un représentant dûment délégué.

Le Réassureur avise l'Assureur de son intention de faire appel à son droit de regard au moins 48 heures à l'avance.

Le Réassureur peut faire usage de son droit tant qu'une des parties exprime une revendication concernant les affaires relevant de ce traité, même dans le cas où il serait résilié.

L'Assureur est tenu, sur demande du Réassureur et moyennant paiement par ce dernier, de fournir des copies de toutes les pièces concernant les affaires cédées dans le cadre de ce traité.

Article 13

Erreurs et omissions

Les erreurs et omissions commises de bonne foi à l'occasion de la rédaction et de l'exécution de ce traité de réassurance ne pourront nuire aux droits et obligations réciproques des parties.

L'Assureur et le Réassureur s'engagent à rectifier immédiatement les erreurs et omissions constatées.

Article 14

Arbitrage

Tous les différends relatifs au présent traité seront soumis à un tribunal arbitral siégeant à Bruxelles et composé de trois arbitres choisis parmi les directeurs de compagnies d'assurance ou de réassurance.

La partie qui entend porter un différend devant un tribunal arbitral en donne notification à la partie adverse. La notification doit se référer à la convention d'arbitrage et indiquer l'objet du litige. En outre, elle contiendra la désignation de son arbitre et une invitation à la partie adverse à désigner le sien.

Faute par la partie à laquelle a été faite la notification de désigner son arbitre dans un délai d'un mois à partir de la notification, la nomination en est faite par le Président du Tribunal de Première Instance de Bruxelles à la requête de la partie la plus diligente.

Les deux arbitres en désignent un troisième qui sera le Président du tribunal arbitral. A défaut d'accord sur cette nomination, il y est procédé par le Président du Tribunal de Première Instance de Bruxelles à la requête de la partie la plus diligente. Cette requête peut lui être adressée après un délai de un mois après que le dernier arbitre ait accepté sa mission ou dès que le défaut d'accord a été constaté.

Les arbitres jugeront en dernière instance sans recours ni appel. Ils seront tenus de rendre leur jugement dans un délai de trois mois à dater de la constitution du tribunal arbitral. Le tribunal arbitral décidera à qui incomberont les frais d'arbitrage.

En vertu du présent article, la sixième partie du Code Judiciaire Belge, instaurée par la loi du 4 juillet 1972 (*M.B.* du 08.08.72), est d'application.

Article 15

Modification du traité

Toute modification au présent traité devra être actée par avenant signé par les deux parties. Ces avenants font partie intégrante du traité.

Article 16

Début – Durée – Résiliation

Ce traité prend effet à la date prévue dans les Conditions Particulières et reste en vigueur pour une durée indéterminée. Chaque partie a le droit de résilier le traité au 31 décembre de chaque année moyennant notification préalable à l'autre partie.

Le délai de préavis qui doit être observé à cet effet est défini dans les Conditions Particulières.

Les parties contractantes ont toutefois le droit de résilier le traité à tout moment, sans préavis et avec effet rétroactif au 1 janvier de l'année de réassurance en cours:

a) si l'exécution du traité devient impossible «de jure et de facto» pour une raison indépendante de la partie qui résilie;
b) si l'autre partie a des difficultés de paiement, est impliquée dans une procédure de faillite ou de liquidation, ou en cas de retrait de l'agrément;
c) si l'autre partie perd tout ou partie de son fonds social;
d) si l'autre partie ne remplit plus ses obligations contractuelles;
e) si par suite de guerre, d'une action ou d'une décision émanant des autorités, il n'est plus possible de remplir les obligations découlant du présent traité.

Toute résiliation doit se faire par lettre recommandée ou fax adressés au siège principal du destinataire.

TRAITÉ DE RÉASSURANCE VIE
COUVERTURE CATASTROPHE EN EXCÉDENT DE SINISTRE

CONDITIONS PARTICULIÈRES

1. ***Risques couverts*** (article 1):
   - Décès
2. ***Nombre minimal de victimes*** (article 2): 3
3. ***Détermination du montant de sinistre*** (article 4):
   - Somme des capitaux sous risque en rétention (mode de détermination)
4. ***Conservation maximale*** (article 5):
   - 600.000 EUR de capital sous risque par tête
5. ***Priorité - Portée - Reconstitution - Part*** (article 6):
   - Priorité (franchise par catastrophe): 1.200.000 EUR par catastrophe;
   - Portée (engagement du réassureur): 4.800.000 EUR par catastrophe;
   - Reconstitution (rétablissement de l'engagement du réassureur après une catastrophe): une reconstitution payable à 100%;
   - Part du Réassureur: 50%.
6. ***Prime de réassurance*** (article 7):
   - Prime de réassurance minimale: 300.000 EUR payable au 1er janvier;
   - Taux de prime de réassurance définitive: 0.014%;
   - Base de calcul: la somme des capitaux sous risque en rétention au 31/12 de l'année de réassurance.
7. ***Dépôt*** (article 10): néant
8. ***Début - Durée - Résiliation*** (article 16):
   - Date d'effet: 1er janvier 2006;
   - Durée: douze mois;
   - Délai de préavis: trois mois.